IL N'Y A PAS QUE LE FOOT DANS LA VIE

GUY ROUX
avec Denis Chaumier

IL N'Y A PAS QUE LE FOOT DANS LA VIE

ARCHIPOCHE

La présente édition des mémoires de Guy Roux comporte un chapitre inédit, « Un Brésil à multiples facettes », (p. 359 et suivantes).

Notre catalogue est consultable à l'adresse suivante :
www.archipoche.com

Éditions Archipoche,
34, rue des Bourdonnais
75001 Paris.

ISBN 978-2-35287-715-8

Prologue

Un après-midi, j'étais arrêté à un feu rouge où une classe d'élèves de cours préparatoire patientait avant de traverser la rue. Un gamin âgé de 6 ou 7 ans m'a alors reconnu : « Guy Roux ! C'est Guy Roux ! C'est Guy Roux ! » Tous les mômes se précipitèrent autour de ma voiture en criant et en s'agitant, sous le regard de leurs éducateurs qui tentaient de remettre de l'ordre dans les rangs de la petite troupe. J'ai alors baissé ma vitre, salué tout le monde, adressé des signes de la main et signé les cahiers ou les bouts de papier qu'ils me tendaient. J'ai vraiment eu l'impression, ce jour-là, d'être l'ours Colargol en vadrouille. Celui que l'on prend tendrement dans ses bras avant d'aller se coucher. Et celui qui chante, sur un ton entraînant : « Mauvais élève à l'école, mais premier au music-hall… » Je ne pouvais pas représenter autre chose pour tous ces gamins qui, bien sûr, ignoraient qui j'étais vraiment. Moi, un ancien entraîneur de football, plus de cinquante ans au service de l'AJ Auxerre ! Mais par quel miracle le sauraient-ils ? Et que pourraient bien signifier, pour eux, cette activité et ce parcours ? Quand je croise un groupe d'adolescents, casquettes vissées sur la tête, de préférence de travers, ils m'interpellent : « Oh, Guy Roux ! Arrête-toi, arrête-toi, eh ! Guy Roux, t'es une légende… » Ils n'ont qu'une très vague idée de ce que j'ai pu accomplir dans ma vie, probablement soufflée par leurs grands frères ou leurs parents. Auxerre, le football, le championnat de France, la Coupe d'Europe, la télévision... Tout doit se mêler et s'entremêler, dans leurs têtes. Mais, pour eux, je fais partie de la «légende». Je bénéficie également d'une certaine cote auprès des papis et des mamies, ces dernières toujours très attentionnées à mon égard. Une fois, il a fallu que je monte dans un bus de personnes âgées pour faire la bise à tout le monde. Alors, je leur ai demandé: «Êtes-vous déjà allés voir un match de football dans un stade?» «Nous, jamais, mais on vous connaît. On vous a vu à la télévision, dans des émissions et dans des publicités...» Elles ne pouvaient pas mieux résumer la façon dont je suis parfois perçu par une partie de la population. Le football? Peut-être, mais il n'y a pas que ça. Vis-à-vis du public, l'image compte aussi. Par exemple, jeune, je pesais autour de 75 kilos. Sur ma balance, aujourd'hui, j'accuse quelques kilos supplémentaires. Si j'étais maigre, je n'aurais sans doute pas le même succès. On m'apprécie parce que je me porte bien. Tout en rondeur. Tout en bonhomie.

Qu'il ait 7 ou 77 ans, mon «public» est vaste. Au-delà des générations et des conditions sociales, c'est à lui que je veux m'adresser, avec ce livre de souvenirs qui s'étirent sur un demi-siècle. *Il n'y a pas que le foot dans la vie...*, vous l'aurez compris, ne vise pas à raconter, par le menu, ma carrière d'entraîneur. 894 matchs en Liguex 1 – c'est le record –, 100 en Coupe d'Europe, un titre de champion de France, quatre Coupes de France, et des milliers de matchs dirigés depuis mon banc de touche: mon palmarès est là pour rappeler que je suis connu – et même reconnu – grâce à ce merveilleux sport auquel j'ai consacré mon existence. Mais j'ai fait tellement d'autres choses tout au long d'une vie riche en rencontres en tout genre: maître d'internat, footballeur, maréchal des logis, agent général d'assurances, manager, conseiller, consultant, conférencier, auteur, acteur… Je me suis retrouvé au cœur de tant et tant d'histoires, petites ou grandes, qui n'ont pas forcément un lien direct avec le football, que je ne résiste pas à l'envie de vous les faire partager. Chefs d'État, hommes et femmes politiques, dirigeants, sportifs, comédiens, chanteurs, artistes, publicitaires, animateurs de télévision, médecins : au hasard de mes pérégrinations, j'ai côtoyé bon nombre de personnalités et vécu, auprès d'elles, des situations originales, parfois même incroyables. Je vais vous les raconter, dans un ordre qui suivra le fil de ma pensée. Sans chronologie ni parti pris. On dit qu'« un homme sans souvenirs est un homme perdu ». Je peux vous le garantir : ce n'est pas mon cas. On dit aussi que « rien n'est plus vivant qu'un souvenir ». Je peux aussi vous le garantir : d'ailleurs, je relève le gant. Il n'y a pas que le foot dans la vie ? Vous en avez la preuve entre les mains…

1

Et une Coupe pour finir!

Les Blancs à droite, les Noirs à gauche

C'est peut-être la perspective imminente de mon dernier match avec Auxerre qui m'inspira cette remarque, sortie tout droit du cœur, avant le déjeuner pris en commun: «Vous ne distinguez pas à quel point notre équipe est merveilleuse? Vous ne vous en rendez pas compte, mais regardez-vous: si le monde entier pouvait être à votre image, il se porterait bien mieux...» Je m'étais mis à rêver tout éveillé. Ces mots paisibles et sincères prononcés dans notre salle de restaurant reçurent un bel accueil de la part des joueurs. Il ne s'agissait pas d'un discours de circonstance. À table, depuis quatre bonnes années, mon effectif se décomposait en deux parts sensiblement égales: une moitié d'Européens, une moitié d'Africains. Seize professionnels, huit Blancs, huit Noirs. Sans que cette répartition équitable n'ait été le résultat d'une stratégie calculée.

J'aurais pu jouer aux dames, avec eux. Les Blancs se regroupaient à droite, les Noirs à gauche. Sauf Yann Lachuer qui, en capitaine intelligent, soucieux des équilibres, se glissait au beau milieu des Noirs. Il n'entretenait pas de relations amicales avec l'un d'eux en particulier mais il estimait que sa fonction lui imposait de se fondre dans leur groupe. Comme pour assurer un lien, et faciliter l'intégration de chacun. Je ne lui avais rien demandé, ni même suggéré, il avait pris cette initiative de lui-même. Une belle démarche, qui l'honorait.

Je m'asseyais toujours, pour ma part, dans une position centrale. Je présidais tous les repas. Le kiné s'installait à côté de moi et Mwaruwari Benjani me faisait face. Il parlait un mauvais anglais qui présentait un immense avantage à mes oreilles : je le comprenais. Il nous permettait de dialoguer, dans un langage qui mêlait les genres. Je ne m'en privais pas. Benjani venait de l'hémisphère Sud. Chez lui, le soleil était différent. Il ne voyait pas les mêmes étoiles. C'est ce qu'il me disait.

Pour la finale de la Coupe de France 2005 Auxerre-Sedan qui se profilait, il allait jouer un rôle singulier mais, pour l'heure, je pensais surtout à Bonaventure Kalou, qui ne partageait pas notre préparation d'avant match. Et pour cause : il se trouvait au même instant à Tripoli !

Une sacrée aventure pour Bonaventure

Bonaventure Kalou était parti le dimanche précédent de Roissy pour participer, à la Borghesiana, dans les environs de Rome, au rassemblement de la sélection de la Côte d'Ivoire, en vue d'un match éliminatoire de Coupe du monde en Libye, qui se déroulait le vendredi, la veille de notre finale. Les règlements internationaux l'autorisant à disputer, vingt-quatre heures après, un autre match officiel, je m'étais résolu à le récupérer pour le rendez-vous au Stade de France. Mon dernier en tant qu'entraîneur. Celui que je ne devais pas rater, sous aucun prétexte. Je ne voulais pas entonner le chant du cygne, ni terminer ma carrière en sortant par la petite porte.

J'avais rencontré le troisième fils de Mouammar Kadhafi, une fois dans ma vie, grâce à Charles Villeneuve qui possède de très nombreuses relations au Proche-Orient et au Moyen-Orient. La scène se déroula dans un restaurant à Bruges pendant l'Euro 2000, alors que j'étais consultant pour le compte de TF1. Invité à leur table, j'avais sympathisé avec Saadi Kadhafi qui s'était montré très aimable avec moi. Homme d'affaires multicartes allant jusqu'à investir dans le grand club italien de la Juventus de Turin, il connaissait parfaitement les arcanes du football international. Nous avions discuté pendant plus d'une heure, de façon très agréable, d'un sujet qui, visiblement, le passionnait.

Je me suis souvenu de cette rencontre quand le cas Bonaventure Kalou s'est posé à moi, cinq ans plus tard. Tout en m'assurant qu'il ne jouerait qu'une heure avec la Côte d'Ivoire, afin de le ménager pour le lendemain, j'avais cherché à organiser son départ rapide du stade pour favoriser son retour vers Paris. Mais, là, sans le concours des autorités libyennes, je ne pouvais absolument rien entreprendre. Il fallait que j'imagine une solution et que je force les portes – ce que, en toute modestie, je sais faire. Sollicité par mes soins, le fils Kadhafi, fort heureusement, se rappela notre déjeuner à Bruges, qui lui avait laissé un bon souvenir. Il me promit de faire le nécessaire. Une promesse qui serait tenue, je n'en doutais pas en raison du contexte local où il dictait sa loi auprès de toutes les autorités, administratives et sportives. Il exigea que le public reste bloqué un quart d'heure dans le stade au coup de sifflet final du match opposant la Libye à la Côte d'Ivoire, et que la route menant à l'aéroport soit entièrement dégagée pour permettre au convoi d'avancer à toute vitesse. Il mit à la disposition de Bonaventure Kalou une Mercedes flambant neuve où prit place Gérard Bourgoin, qui à ma demande s'était déplacé avec son Falcon pour le rapatrier au plus vite à l'aéroport du Bourget.

J'avais prévenu mon joueur avant qu'il ne rejoigne sa sélection : « Tu sortiras à l'heure de jeu, à peu près, et le lendemain, avec nous, tu entreras en cours de match, en deuxième mi-temps. Toi, tu auras joué la veille mais les finalistes, eux, commenceront à faiblir physiquement avec une bonne heure dans les jambes. Tu seras l'homme le plus frais sur le terrain et tu feras la décision. Tu verras… » Il avait acquiescé, l'air de dire qu'il mettrait tout en œuvre pour réaliser ce projet un peu fou et qu'il répondrait à mon attente.

Le plan fut respecté à la lettre, au-delà de toutes mes espérances. À Tripoli, le vendredi, Bonaventure Kalou céda sa place un peu plus tard que prévu, à la 74e minute, au Nantais Gilles Yapi-Yapo. Au moment où ses coéquipiers prenaient encore leur douche dans le vestiaire, il s'engouffrait dans l'avion qui l'attendait sur la piste, où il put manger, puis s'allonger et profiter de la présence d'un kiné qui le massa en cours de vol. À 2 heures du matin, le jet privé de Gérard Bourgoin se posait au Bourget et, une heure plus tard, Bonaventure Kalou arrivait à Gouvieux, dans l'Oise, où nous avions organisé notre rassemblement.

La première partie de l'opération se terminait par un franc succès. Il restait à assurer la même réussite sur le second volet.

Je l'avais dispensé du réveil musculaire aménagé, au petit matin, pour l'ensemble du groupe, les titulaires comme les remplaçants. Il sacrifia même à une longue sieste l'après-midi, si bien qu'il paraissait en pleine possession de ses moyens au moment du coup d'envoi du match. Oubliée, la fatigue ! Ne restait que l'excitation d'une finale à jouer. Pour un peu, il se déclarait prêt à y participer d'entrée mais il ne foula la pelouse qu'à la 72e minute pour remplacer Yann Lachuer, comme nous l'avions imaginé. Dès son premier ballon, il enchaîna plusieurs dribbles ravageurs qu'il termina tout près du but du gardien de Sedan. Le ton était donné.

« Tu feras la décision... », lui avais-je répété, dans les vestiaires. Comme une prémonition. À la dernière seconde de jeu, sur un centre parfait de Kanga Akalé, un autre Ivoirien, Bonaventure Kalou, se débrouilla pour marquer le but vainqueur, mettant un point d'honneur à boucler une aventure extraordinaire. La quatrième Coupe de France du club était remportée grâce à l'action décisive d'un joueur qui, vingt heures auparavant, disputait un match officiel de Coupe du monde à deux mille kilomètres du Stade de France. Il n'avait jamais si bien porté son prénom de Bonaventure.

J'étais certes un entraîneur en fin de parcours. Mais un entraîneur comblé.

Vol retardé pour Johannesburg

Je ne fus pas confronté qu'à ce seul problème lors de mon ultime tour de piste. J'en ai eu un autre, bien plus délicat, mais je suis parvenu à le résoudre au prix de tractations incroyables. Mwaruwari Benjani, international de l'équipe du Zimbabwe, devait lui aussi honorer une sélection pour une rencontre qualificative à la Coupe du monde face au Gabon, à Harare, la capitale de son pays, distante de sept mille neuf cents kilomètres de Paris. Contrairement à celui de Bonaventure Kalou, son match n'était pas programmé la veille de notre finale mais le lendemain ! Et dans l'après-midi, comme pour compliquer un peu plus une situation déjà fort mal embarquée au départ.

La Fédération du Zimbabwe avait exigé, dans un fax adressé au club d'Auxerre, que le joueur soit présent sur place dès le lundi précédant la rencontre, pour être à la disposition du sélectionneur qui comptait d'autant plus sur lui qu'il était le meilleur joueur de l'équipe. J'avais prétexté une maladie soudaine et implacable pour le garder au chaud, chez lui, à Auxerre. Mais, dès le lundi soir, les services de l'ambassade du Zimbabwe à Paris se manifestèrent au téléphone, me sommant de le conduire à l'aéroport de Roissy pour le déposer dans l'avion au plus vite. « D'accord, d'accord, on fera de notre mieux, demain, en fonction de son rétablissement... » Et le mardi, je leur avais fourni la même réponse évasive. « Il va un peu mieux mais il n'est pas encore en état d'accomplir un aussi long voyage. Demain, il pourra sans doute partir... ». Le mercredi, mêmes complaintes des deux côtés. Jusqu'à ce que je me décide à prendre ma voiture pour venir m'expliquer de vive voix à Paris, dans le XVIIe arrondissement, auprès d'une personne éminente de l'ambassade. Il valait mieux affronter directement le problème plutôt que de continuer à le fuir.

Une très grande courtoisie présida à notre tête-à-tête. Je jouais pourtant une partie serrée et ma marge de manœuvre était si infime que je devais placer tous les atouts de mon côté. « Benjani sera à pied d'œuvre sur le terrain pour le match de dimanche, ne vous inquiétez pas ! Mais il ne partira que samedi soir de Paris, après la finale. Je m'engage auprès de vous à trouver la solution la plus appropriée... » Après une négociation âpre de plusieurs dizaines de minutes, il accepta finalement ma proposition qui, après mûre réflexion, lui parut réaliste. Ma force de conviction l'avait emporté.

Il n'était pas question que je me prive de Mwaruwari Benjani pour une finale que je n'envisageais pas une seule seconde de perdre. Au fond de lui-même, il rêvait aussi d'un second succès personnel en Coupe de France avec l'AJA, après celui de 2003. Entré en cours de jeu, il avait même été à l'origine du but inscrit par Jean-Alain Boumsong, anéantissant tous les espoirs du Paris Saint-Germain.

Je me retrouvai face à une sacrée équation à résoudre. Sachant que la finale de la Coupe de France se terminait à Saint-Denis aux alentours de 22h35 et que l'avion décollait de Roissy, à destination de Johannesburg, à 23h10, était-il envisageable que Mwaruwari Benjani ne réussisse pas à arriver dans les délais pour embarquer? La réponse s'imposait d'elle-même : oui, évidemment. Une demi-heure pour rallier l'aéroport, c'était juste. Beaucoup trop juste. En plus, je ne prenais même pas en compte la possibilité que la finale s'étire jusqu'à la prolongation, voire aux tirs au but, dans une nuit sans fin. Rien que d'y penser, j'en avais des sueurs froides.

Il fallait que je trouve une solution. Je n'en voyais qu'une : retarder l'heure de départ de l'avion. A priori, c'était impensable. À moins que... Je réussis à entrer en contact avec un cadre supérieur d'Air France, espérant qu'il m'aiderait à surmonter ma contrariété. Et à résoudre mon problème, surtout.

« Mais vous n'y pensez pas, monsieur Roux! La dernière fois que nous avons différé de quelques minutes le décollage d'un avion, c'était à la demande de Jacques Chirac qui partait en vacances à l'île Maurice. On avait eu droit à une page entière dans *Le Canard enchaîné* ! Je ne tiens pas à ce que cela se reproduise. »

« Pourtant, je peux vous assurer que je ne suis pas toujours parti à l'heure avec Air France ! »

« C'est bien possible, mais il devait y avoir des éléments extérieurs qui ne nous avaient pas permis de respecter notre plan de vol. Ce que vous me demandez, ce n'est pas pareil… »

En raccrochant, je me suis longuement interrogé, au point de retourner l'affaire dans tous les sens. Pour en conclure que je n'avais guère le choix : je devais créer moi-même les conditions qui permettraient de repousser l'heure du départ.

Le samedi 4 juin 2005, l'avion à destination de Johannesburg fut retardé. Et, au lieu de décoller à 23 h 10, comme le tableau d'affichage l'indiquait, il quitta le sol à 23 h 32 exactement. Soit vingt-deux minutes plus tard que prévu. Vingt-deux minutes qui changèrent tout car Benjani, accouru au dernier moment, put s'installer à son bord.

Au cours de la finale, il fut mon joueur le plus dangereux pour la défense adverse. Il réalisa plusieurs gestes remarquables et ouvrit même la marque sur un but de toute beauté. Quand Bonaventure Kalou nous donna la victoire dans le temps additionnel, à la 94e minute, alors que se profilait l'ombre de la prolongation, je ne sais plus ce qui m'empêcha de me précipiter vers lui pour le remercier. Pour la conquête de la Coupe, naturellement. Mais aussi pour cette action de l'ultime seconde qui permettait à Benjani de partir au plus vite pour sauter dans son avion !

Au coup de sifflet final, je n'avais qu'une idée en tête : envoyer immédiatement ce dernier sous la douche et le conduire ensuite vers la moto-taxi qui l'attendait dans le sous-sol du Stade de France. Une personne du club s'était déjà occupée de ses nombreux bagages, enregistrés dans l'après-midi, probablement dans la soute de l'avion depuis une bonne demi-heure. Il avait dû payer un excédent tant ses valises étaient chargées. Près des vestiaires, Gérard Bourgoin m'apostropha : « Attends, Guy, ne laisse pas partir Benjani, le tirage au sort pour le contrôle antidopage n'est pas encore effectué ! » Panique générale. Il était totalement sorti de mon esprit, celui-là : le test antidopage, mais c'est bien sûr ! Il ne manquerait plus que Mwaruwari Benjani soit désigné, il raterait alors son avion, et je serais mal vis-à-vis des autorités du Zimbabwe. Je criai à la cantonade : « Où est le docteur ? Où est le docteur ? » Je courais dans tous les sens, pour mettre la main dessus. Il se promenait sur la pelouse pour regarder la cérémonie de remise des médailles distribuées aux vaincus. Sur ma réclamation expresse, il procéda immédiatement au tirage au sort et, autant par chance que par bonheur, le nom de Benjani ne fut pas extrait du chapeau. Ouf, j'avais frôlé l'incident diplomatique !

Il pouvait partir.

Je me souviens que, dans la semaine, il avait vidé une partie de son compte en banque pour y retirer ses économies. Et qu'il devait bien avoir enfoui quelques dizaines de milliers de dollars en liquide dans une large ceinture entourant son torse, sous son vêtement qui présentait une forme beaucoup plus bombée que d'habitude.

Pendant la cérémonie protocolaire d'après-finale, à laquelle il n'assista pas, j'oubliai, dans la tourmente, de récupérer sa médaille. Du coup, je lui donnai la mienne à son retour d'Harare où, légèrement touché à une cuisse, il resta sur le banc de touche durant toute la rencontre et assista à la victoire de son équipe nationale sur le Gabon.

Terminer en beauté

Je savais que cette finale de Coupe de France Auxerre-Sedan, vers laquelle toutes mes pensées convergeaient depuis plusieurs jours, clôturerait ma carrière. Il y avait un avant-finale, il n'y aurait pas d'après. Ma décision était prise. Je voulais absolument la gagner pour terminer en beauté.

Et tout mettre en œuvre, y compris en coulisse, pour parvenir à mes fins. Sans Benjani ni Kalou, je me serais présenté avec les deux ailes de mon équipe coupées – et le risque évident qu'elle tombe et s'écrase au sol. Il n'en était pas question. Avec Mwaruwari Benjani en premier buteur et Bonaventure Kalou en héros de la dernière seconde, mon combat inlassable et invisible pour remuer ciel et terre, et convaincre leurs dirigeants de laisser ces joueurs à ma disposition avait trouvé sa justification.

Ma détermination avait payé.

Le succès était au bout de mes efforts.

Et s'il fut accompagné de légers accommodements avec les usages, il serait bien dérisoire de me le reprocher, non?

2

Viré en un quart d'heure

« Guy, vous gênez… »

Je sentais mes jambes flageoler, comme si je perdais contact avec le sol. Je me demande même si tout mon corps, des pieds à la tête, ne tremblait pas. En fait, je voulais m'échapper de cet endroit maléfique, sans vraiment le pouvoir. J'étais comme un zombie. KO debout, la tête sonnée, les yeux dans le vague. En total désarroi, physique et psychique.

J'avais tout donné pour l'AJ Auxerre depuis 1961, pour que le club existe, qu'il grandisse, qu'il monte, qu'il se maintienne, qu'il progresse, qu'il gagne, qu'il brille. Pour qu'il soit exemplaire et reconnu, en France et en Europe. Je m'étais investi corps et âme pendant près de cinquante ans, sans jamais compter mes heures, encore moins mes efforts. Et ces damnées quinze minutes qui flanquaient tout par terre. Comme si rien n'avait jamais existé. Comme s'il fallait tirer un trait définitif sur toute cette œuvre entreprise. L'œuvre d'une vie.

Quelle profonde injustice de me virer ainsi, du jour au lendemain !

J'étais meurtri dans ma chair.

Pourtant, en arrivant au domicile de Jean-Claude Hamel, je ne pensais pas une seule seconde que la discussion dévierait sur ma situation personnelle. Je croyais que nous allions aborder, ensemble, la campagne de recrutement pour la saison 2007-2008. L'équipe avait bouclé son parcours à la 8e place du classement de Ligue 1, à trois points d'une qualification européenne, et il fallait la renforcer à petites touches pour lui ouvrir de nouvelles perspectives. J'avais planché sur le sujet, évidemment. Mes arguments étaient prêts, mes dossiers aussi. Mais je n'ai même pas eu besoin de les sortir. Inutile : c'était moi que l'on voulait sortir !

Un indice aurait dû m'alerter. Jean-Claude Hamel m'invitait parfois à déjeuner chez lui en tête à tête. Cette fois, il m'avait simplement demandé de passer le voir. « Gérard et Jean seront là aussi, on se verra ensemble », prit-il le soin de me dire sans que leur présence n'éveille en moi le moindre soupçon.

En entrant, je vis effectivement dans la pièce Bourgoin et Fernandez, que je saluai. À peine le temps d'échanger quelques banalités et le président attaqua pied au plancher.

« Écoutez, Guy, il faut que l'on revoie votre situation contractuelle. Vous coûtez cher au club. »

« Cher, moi ? On a revu mon salaire à la baisse par rapport à ce que je touchais lorsque j'étais entraîneur. C'était normal, je l'ai accepté, sans aucun problème. Vous voulez encore le réduire ? »

« Bon, Guy, autant vous le dire : le problème, c'est que vous gênez Jean ! Hein, Jean, c'est vrai ? Hein, Jean ? »

Pris à témoin, Fernandez acquiesçait sans toutefois prononcer le moindre mot. J'avais pourtant mis des garde-fous, pour éviter tout embarras. Depuis deux ans, je m'interdisais d'assister au moindre entraînement et de franchir la porte d'entrée du vestiaire des joueurs. Troisième précaution que je m'imposais : pas une seule déclaration dans la presse sur l'équipe professionnelle de l'AJA ! Je vivais la plupart du temps volontairement à l'écart, au centre de formation. En quoi pouvais-je le gêner ?

« Comment ça, je gêne ? »

« Oui, comprenez-le, Guy. Quand vous êtes assis dans les tribunes du stade et que l'équipe perd, vous êtes, comment dire... vous êtes une espèce de reproche vivant ! »

« Comment ça, une espèce de reproche vivant ? Je n'y peux rien si des gens le pensent. Je ne suis pas dans leur tête. Je vous le répète : je ne fais jamais aucun commentaire sur les matchs de l'équipe d'Auxerre. On a beau me solliciter, je refuse. Bon, écoutez, s'il faut vraiment mettre tout le monde à l'aise, je n'irai plus au stade. Je resterai au centre de formation. »

« Mais pour la formation, c'est la même chose, Guy ! Jean voudrait imprimer sa méthode... qui n'est pas forcément la vôtre. Vous contrariez son influence en assistant à tous les matchs des équipes de jeunes. Hein, Jean ? Hein, Jean ? »

Et Fernandez opinait du chef, naturellement.

« Si vous ne voulez plus que je voie les matchs des jeunes, eh bien, tant pis, je m'en passerai, à l'avenir. Ce n'est pas grave ! Je resterai chez moi, à Appoigny, le dimanche... »

« Et puis, Guy, il faut que je vous l'avoue : nous avons besoin de récupérer votre bureau ! »

« Alors là, ça commence à faire beaucoup ! Si vous m'enlevez ma paie, que vous me privez de mon bureau et que vous exigez de moi que je ne mette plus les pieds au stade, ça veut dire que je suis viré ! C'est bien ça ? Je ne me trompe pas ? Je suis viré ? »

Il se fâcha aussitôt.

« Ah, non ! Je vous interdis de dire une chose pareille ! »

« Si je ne suis pas viré, je suis quoi, alors ? Trouvez-moi un mot ! Écarté, peut-être ? »

« Voilà, c'est un peu ça, écarté... »

En résumé, Jean-Claude Hamel entonnait l'air du « Tout sauf Guy Roux » sans oser le scander franchement.

Habitant ma coquille, replié sur moi-même et sur le travail à accomplir dans mes nouvelles fonctions de conseiller, je ne m'étais sans doute pas bien rendu compte de la façon dont on me percevait. J'avais sous-estimé ma notoriété et, du coup, je n'avais pas pensé un seul instant que je pouvais gêner certaines personnes du club. Que je pouvais même leur faire de l'ombre, y compris en dormant.

Mais le constat était là. Dur, éprouvant, blessant, mortel.

J'interrogeais Bourgoin du regard, l'autre compagnon de toutes nos aventures auxerroises. Il souriait. Lui, des cadres, supérieurs, moyens ou autres, il en avait tellement viré pendant toute sa vie professionnelle qu'il prenait cette affaire avec un certain détachement. Il ne disait mot – et qui ne dit mot consent.

« Eh bien, qu'est-ce que je vais faire maintenant ? »

Il sauta sur l'occasion pour me proposer un poste d'ambassadeur de l'AJ Auxerre. Et même bien plus que ça.

« Comme tous les chefs d'État africains te connaissent, tu vas aller les voir pour représenter le club et, par la même occasion, tu m'aideras à obtenir des puits de pétrole. »

Je ne sais pas s'il maniait l'humour ou s'il parlait sérieusement. Un peu des deux, sans doute. Mais ce n'était pas acceptable. Et puis quoi encore ? Qu'allaient-ils m'inventer, tous les trois, pour me voir déguerpir au plus vite ?

Je répondis par ce mot de Talleyrand : « Quand on nomme quelqu'un ambassadeur, on l'envoie loin pour s'en débarrasser. »

On avait fait le tour de la question.

Rien d'autre à se dire. Le débat était clos. Mais y en avait-il eu un ?

Lens, un aller et… un retour

Je n'ai même pas eu le temps de m'interroger sur ce que j'allais bien pouvoir devenir. Fallait-il que je reste à Auxerre en attendant des jours meilleurs ? Le pouvais-je sans perdre la face ? Ne valait-il pas mieux que je parte ? Mais pour faire quoi ? Et pour aller où ? En fin d'après-midi, Alain Migliaccio et Jean-Pierre Bernès m'appelèrent pour prendre des nouvelles. « Il paraît que vous êtes libre, c'est vrai ? »

Je connaissais bien Migliaccio : il était l'agent de Laurent Blanc et son influence, auprès de lui, avait été déterminante pour qu'il nous rejoigne en 1995 en acceptant d'importantes concessions financières. Un an plus tard, tout le monde se frottait les mains : Auxerre remportait le seul doublé championnat-Coupe de France de son histoire. Du gagnant-gagnant. Migliaccio était un très bon agent, loyal, correct. Jamais il ne me proposa une entourloupe ou une affaire tordue. Il était aussi l'ami de Bourgoin avec lequel il lui arrivait de passer quelques jours de vacances. Je le savais. Et, du coup, je commençais à comprendre la manœuvre. D'un côté, Bourgoin m'avait laissé tomber, de l'autre, il cherchait à m'aider à me relever… par l'intermédiaire de son ami Migliaccio ! Je lui en fis la remarque mais, en guise de réponse, il préféra rigoler.

Migliaccio avança ses billes.

« Si vous le voulez, Guy, je vous trouve un poste d'entraîneur sur-le-champ. Vous avez le choix entre Bordeaux, Monaco et Lens, qui cherchent tous un coach. Ça vous dit, Guy ? Si tel est le cas, je leur demande de vous appeler sans tarder. »

Il n'entrait nullement dans mes projets de repiquer au jeu. La preuve : j'avais loué une maison pour partir en vacances en Corse, du 15 au 30 juillet, avec mes petits-enfants. Mais, en réfléchissant à la situation, je me suis dit que je devais m'engager dans une nouvelle voie. Je n'avais pas d'autre choix. Elle me permettrait « d'évacuer » le traumatisme de mon éviction, de ne pas ressasser les belles heures du passé et de vite rebondir avec un challenge sportif différent. J'en étais arrivé à la conclusion que j'allais satisfaire la bande des trois, Hamel, Bourgoin et Fernandez, en disparaissant du paysage. Partir, c'était dorénavant le seul moyen de dissocier mon image de celle de l'AJA. Qu'ils se façonnent une image tout seuls, sans moi, et qu'ils obtiennent des résultats ! Je ne pensais pas : qu'ils aillent au diable ! Mais c'était tout comme.

Monaco ne prit jamais contact avec moi. Car l'opération ressemblait, en vérité, à un jeu de billard à trois bandes. Ricardo avait prévu de quitter Bordeaux et de signer pour le club de la Principauté – peut-être pour des raisons fiscales. Il était leur premier choix, en tout cas. Du coup, sa place se libérait chez les Girondins. Elle pouvait me revenir. Jean-Louis Triaud chercha à m'attirer : « Venez chez nous. C'est ma femme qui vous réclame ! » Je l'aime bien, M. Triaud : il manie l'humour avec une certaine facilité et sa façon de jouer avec les mots me plaît. Pour sa part, Nicolas de Tavernost développa des arguments de patron. Ils étaient séduisants. Ils se montrèrent l'un et l'autre insistants. Mais j'avais un doute – qui peut paraître curieux –, et il pesa dans ma décision. Bordeaux collectionnait de nombreux Sud-Américains dans ses rangs. Moi, je n'en avais entraîné qu'un seul dans ma vie, Pedro Reyes, le défenseur chilien. Eh bien, j'avais peur de ne pas savoir les gérer !

En fait, ma rencontre à Paris avec Gervais Martel et Francis Collado se révéla déterminante. Le président de Lens aligna sur un paperboard la liste des joueurs qu'il souhaitait recruter, où figuraient les noms d'Hugo Lloris et de Bafé Gomis. Il me promit que l'effectif ne bougerait pas. Garder les joueurs, en recruter d'autres : sur le plan sportif, l'intérêt était manifeste. Il me parla de l'esprit généreux qui soufflait dans son club, des gens du Nord, de la chaleur de leur accueil, et de ce football qui fait partie de leur vie. Il n'avait pas besoin de me faire l'article. Le jour de mes 60 ans, Auxerre était venu jouer à Lens. Dans toutes les tribunes du stade Félix-Bollaert, se levèrent plusieurs banderoles où l'on pouvait lire : « Bon anniversaire, Guy ! », avec des lampes de mineur allumées dans le public. Le club m'en avait offert une en guise de souvenir. Ce fut peut-être l'un des plus beaux soirs de ma carrière d'entraîneur en dehors des finales de Coupe de France gagnées avec l'AJA.

Va pour Lens, donc ! Lens, plutôt que Bordeaux ! Pas si simple, toutefois : la Charte du football professionnel fixait un âge limite pour exercer le métier d'entraîneur : 65 ans. Or, j'en avais trois de plus. Un feu nourri se concentra sur moi, de la part de l'Unecatee, notamment, qui ne me fit aucun cadeau. L'affaire déclencha beaucoup de réactions dans le pays, au-delà même des cercles sportifs. Nicolas Sarkozy monta même au créneau pour me défendre et, finalement, le texte fut abrogé. L'Assemblée nationale vota un amendement contre la discrimination par l'âge. Il s'agissait de ne pas perdre en chemin des compétences comme celle du professeur Montagnier, parti exercer son métier aux États-Unis après 65 ans, ou la mienne.

Gervais Martel me fixa des objectifs précis : « Je veux terminer troisième au classement et battre Lille deux fois lors de nos derbys. » Mais je me suis rendu compte assez rapidement que les actes ne correspondaient pas tout à fait aux prévisions. Il se sépara de Charles Itandje, le gardien de but, et de Daniel Cousin, qui avait adressé un doigt d'honneur aux supporters. Seydou Keita s'en alla, lui, à Séville. Les joueurs abandonnaient le navire les uns après les autres, et les maigres renforts ne parvenaient pas à combler les départs importants. Je voyais bien que tout deviendrait beaucoup plus compliqué que ce que nous avions envisagé. Je mis Gervais Martel face à ses responsabilités. Et aux miennes : « Vaincre Lille deux fois, c'est possible, mais atteindre la troisième place, c'est impossible. » Après cinq journées de compétition, nous occupions la 17e place au classement, avec cependant un match en retard à disputer, et je me rendis compte que j'avais fait fausse route. J'avais qualifié Lens pour la Coupe de l'UEFA par le biais de l'Intertoto ? C'est vrai. Mais l'avenir me paraissait moins réjouissant : il valait mieux ne pas insister.

J'avais été assailli par le doute au soir de Lens-Valenciennes, qui se solda par un résultat nul (0-0). Dans le vestiaire, à la mi-temps, je n'ai pas ressenti une poussée d'adrénaline. Je n'avais plus la *grinta*, comme prisonnier des bêta-bloquants que je prenais suite à mes problèmes cardiaques. Ils m'enlevaient toute émotion et toute colère, ce qui est incompatible avec le caractère d'un entraîneur. Il me manquait l'enthousiasme et la conviction qui transforment un nul en victoire.

Gervais Martel accepta de me libérer de mon engagement contractuel. J'aurais pu attendre tranquillement qu'il me renvoie pendant la trêve hivernale. J'aurais fait le dos rond, il m'aurait réglé des indemnités confortables, et je serais devenu l'homme le plus riche de l'Yonne... mais aussi le plus honteux !

Je ne le voulais pas.

J'ai beaucoup regretté d'avoir causé de la peine au public lensois, et aux dirigeants du club. Sur le plan humain, j'avais rencontré des gens formidables avec lesquels le courant passait très bien, mais je ne pouvais pas rester. Impossible.

Je rentrai donc à Auxerre.

On veut toujours retrouver ses racines.

Des ressources dilapidées

J'en ai longtemps voulu à Jean-Claude Hamel qui, souhaitant conserver le leadership sur l'AJA, m'a sacrifié. Mais au nom de quels intérêts ? Quand il m'indiqua le chemin de la sortie, Auxerre pouvait se prévaloir d'une santé économique éclatante : il devait être le club le plus prospère du pays. Il comptait dans ses rangs, en outre, des joueurs de toute première catégorie comme Younès Kaboul, Bacary Sagna et Abou Diaby, qui représentaient une forte valeur marchande. N'ont-ils pas été vendus en Angleterre, peu après mon départ, le premier à Tottenham, les deux autres à Arsenal, pour des montants élevés, plus de 30 millions d'euros ?

Qu'a-t-on bien pu faire de tout cet argent ? Comment l'a-t-on utilisé ? Cinq ans plus tard, le club était exsangue financièrement. Auxerre recruta quarante-cinq joueurs en cinq saisons, au bas mot, venus des quatre coins de l'Europe et du monde entier. Une petite douzaine, tout juste, parvint à tirer son épingle du jeu. Un véritable gâchis pour un club dont toutes les ressources furent vite dilapidées.

Je l'ai dit un jour à Jean-Claude Hamel : « Vous m'avez soutenu pendant quarante-trois ans et vous m'avez haï pendant sept ans. »

43-7, c'est un beau score de rugby.

Alors restons-en là !

Et sans rancune…

3

Un compagnon nommé François Mitterrand

Hôtel du Vieux Morvan, chambre n° 15

J'ai découvert Château-Chinon au beau milieu des années 1960, lorsque ma passion pour le cyclisme m'entraîna dans le haut Morvan pour assister au critérium d'après Tour de France, disputé chaque année dans une ambiance de kermesse. Juchée à six cents mètres d'altitude, la cité possédait plusieurs atouts essentiels, à mes yeux. L'air vif et tonifiant, d'abord. Très bon pour les sportifs. Le terrain de football, ensuite : le plus élevé de la région, il paraissait idéal pour l'organisation de stages. Enfin, pas la moindre discothèque implantée dans les parages : de quoi vraiment me satisfaire ! Toutes les conditions me semblaient réunies pour y emmener « mes » joueurs.

J'avais décidé, par conséquent, d'organiser nos mises au vert à Château-Chinon et de séjourner à l'hôtel du Vieux Morvan les veilles de match important. L'établissement, propriété de Jean et Ginette Chevrier, datait de l'avant-guerre et affichait deux étoiles à sa devanture. Les marches des escaliers n'étaient pas toutes de la même taille, la tuyauterie couinait à tous les étages dès que vous faisiez couler l'eau du robinet, mais l'atmosphère qui y régnait avait un côté désuet qui ne me déplaisait pas. Autre avantage qui entra en ligne de compte dans mon choix : la cuisine servie y était généreuse et correspondait à ce que je recherchais.

C'est dans cet hôtel-restaurant que je fis la connaissance, aux alentours de l'année 1970, de François Mitterrand, qui fréquentait les lieux dès qu'il séjournait dans cette ville dont il était le maire. Il n'y possédait pas d'autre attache, excepté un étang dont il était le propriétaire. Je le revois encore apparaître à la porte d'entrée de l'hôtel, sa petite valise à la main, sans bruit, marchant à pas mesurés. Il saluait l'assistance, serrait quelques mains, disait deux ou trois mots, et réclamait la clé de sa chambre. La même, invariablement. La chambre n° 15, dix mètres carrés, austère, sans décorum, située au calme, au premier étage, à l'arrière du bâtiment, avec deux fenêtres plongeant sur la campagne du Morvan. C'est peut-être dans cette chambre qu'il puisa son inspiration pour la campagne présidentielle de 1981 – restée fameuse pour cette photo d'un village de France barrée du slogan « La force tranquille », qui fit mouche auprès des électeurs. Depuis son élection à la mairie de Château-Chinon, en 1959, Mitterrand y passa d'innombrables nuits, et toutes ses soirées électorales, locales comme nationales.

Un jour, sa chambre fut attribuée par erreur à l'un de mes joueurs, Paul Brot, créant un certain embarras au sein de la direction de l'hôtel, qui ne savait pas comment réparer sa bévue. Mais il ne s'en offusqua pas et refusa qu'on procède à un quelconque échange. Mme Chevrier se mettait toujours en quatre pour lui être utile. N'ayant toujours qu'un seul costume à sa disposition, il le laissait à l'accueil pour qu'on le lui repasse et elle remontait dans sa chambre quelques minutes plus tard pour le déposer. Elle faisait un peu office de gouvernante, au moins au début.

Je le voyais déjeuner dans la salle à manger entouré de ses conseillers, au nombre de six, huit ou dix, tous endimanchés : costume impeccable, chemise sobre et cravate sombre. Au Vieux Morvan, on servait un pâté de tête réputé et un verre de vin blanc très apprécié, avant le gigot aux cèpes accompagné de flageolets, qui assurait la réputation du cuisinier. Attablés, fourchette et couteau en main, Mitterrand et son entourage donnaient l'impression de se sentir à l'aise dans ce lieu très accueillant.

Parfois, il m'arrivait d'aller prendre un café à sa table, ou même dehors, sur la terrasse. On échangeait tous les deux sur l'état de la France, on commentait les derniers événements politiques en date ou on évoquait la situation des forces locales à Château-Chinon. Il avait été ministre des Anciens Combattants, de l'Information, de la France d'Outre-Mer et même ministre délégué au Conseil de l'Europe. Onze fois ministre de la République ! C'était quelqu'un, comme on dit. Les sujets de conversation ne manquaient pas. Je me rappelle lui avoir dit un jour : « De Gaulle ne vous a pas oublié : vous avez obtenu des crédits importants de sa part, qui vous ont permis de réhabiliter cette belle ville. » Il me répliqua, droit dans les yeux : « Monsieur Roux, la qualité première d'un homme politique qui veut réaliser ses projets, c'est d'imaginer et de susciter de bons plans. J'ai fait appel à d'excellents architectes qui ont accompli ce que j'attendais d'eux. Il n'y avait qu'à débloquer de l'argent pour que j'en fasse bon usage… » Et puis, il eut une phrase du genre : « On respecte toujours les maillots jaunes. » Il voulut sans doute me signifier, à mots à peine couverts, qu'il appartenait, comme de Gaulle, à une confrérie singulière. Celle des « grands ».

Un soir de décembre 1974, le patron du Vieux Morvan annonça sur un ton mystérieux que le président du conseil général, c'est-à-dire François Mitterrand, offrait une tournée à tous ceux qui se trouvaient dans l'établissement. Il fallait que chacun se tienne prêt. À ma grande surprise, personne ne prit la parole pour le discours que tout le monde attendait. Mais pourquoi un tel silence ? On buvait sans raison apparente ? J'avais cherché la cause qui justifiait ces réjouissances, sans que l'explication ne me soit explicitement communiquée. La direction me souffla simplement, d'un air entendu : « Le président est papa. » Je n'appris que très longtemps après quel enfant nous avions eu l'honneur de fêter. La petite Mazarine, dont le visage et le prénom s'étalèrent plus tard sur les couvertures des journaux.

Mitterrand possédait une personnalité qui me séduisait. Le fil de nos discussions nous conduisait, parfois, à dialoguer ensemble sur la vie du football et ses aléas. Il me racontait ses matchs de gamin dans la cour de récréation de l'école Sainte-Marie de Jarnac où il tentait de se hisser au niveau de son frère Robert, plus talentueux que lui. Un jour, il vint s'asseoir auprès de moi sur le banc de touche, au stade de Château-Chinon, pour voir mon équipe à l'œuvre. Sans chercher à extérioriser une passion qui ne l'animait pas, il s'intéressa à ce qu'il regardait sur le terrain et me posa de nombreuses questions. Sur le rôle des uns et des autres. Sur l'organisation de l'équipe. Sur le football français. Il me pria de conclure un match entre Auxerre et l'équipe de Château-Chinon qui évoluait en deuxième division de district. J'avais considéré que cette proposition, louable en soi, n'était pas très raisonnable compte tenu de la différence de niveau entre les deux équipes ; il le comprit immédiatement. Tout bien réfléchi, on mélangea les deux équipes et la rencontre permit de ménager une vraie opposition. Mitterrand avait été ravi par cette initiative qui répondait à son attente, et tout se termina dans la bonne humeur au Vieux Morvan. Un verre d'Orangina à la main.

Un service en vaut bien un autre

Jean Chevrier décéda en 1989, à l'hôpital Saint-Louis, à Paris, dans les bras de François Mitterrand qui était son ami. Quelques jours plus tard, en plein Conseil des ministres, le président de la République interpella Jean-Pierre Soisson, à l'époque ministre du Travail, de l'Emploi et de la Formation professionnelle : « Demandez à Guy Roux qu'il organise un match pour honorer la mémoire de Jean Chevrier… » L'événement eut lieu le samedi 29 avril 1989 à Château-Chinon. J'étais allé sur place en repérage pour me rendre compte des conditions de jeu. La pelouse étant innommable, j'avais exigé l'intervention d'une escouade d'agents municipaux d'Auxerre qui l'avait sablée puis passée au rouleau. Elle était nettement plus convenable au moment du coup d'envoi du match de gala opposant Auxerre à Montceau-les-Mines.

La délégation présidentielle surgit à bord d'un hélicoptère. Mitterrand fut le premier à en sortir, et une foule compacte l'escorta jusqu'à la stèle dédiée à son ami, qu'il inaugura. Il prononça un discours poignant : « Le temps fuit si vite, nous sommes là autour d'une pierre dressée, autour d'un nom gravé et cela peut paraître dérisoire au regard de toutes les chaleurs perdues… » Il se fit présenter les joueurs des deux équipes, alignés en rang d'oignons. Arrivé face à Didier Otokoré, il l'interrogea : « Vous êtes ivoirien ? Je connais bien Houphouët-Boigny... » Ce même Otokoré qui ne serra pas la main du président, un peu plus tard, dans le vestiaire, sous prétexte qu'ils s'étaient déjà salués quelque temps auparavant, sur le terrain. Il provoqua l'incrédulité générale. Mitterrand nous quitta rapidement après le match : il ne pouvait pas rester en notre compagnie pour partager le vin d'honneur, comme il s'y était engagé. Le secrétaire général des Nations unies venait de décider de faire escale à Paris avant de rallier Moscou. Un rendez-vous d'une demi-heure avait été programmé à l'improviste. Il ne pouvait pas y échapper. L'hélicoptère le déposa à Nevers où l'attendait un avion militaire pour l'emmener d'urgence à Villacoublay.

J'avais eu l'occasion de lui accorder une faveur pendant la campagne présidentielle de 1981, dont il me fut toujours reconnaissant. Jean Glavany m'appela un matin d'avril. Il m'expliqua qu'il serait le futur chef de cabinet de l'Élysée, en cas de victoire. En attendant, il lui fallait réaliser une photographie de François Mitterrand avec une équipe de football pour illustrer une longue interview à paraître dans les colonnes du *Times* de Londres. « Je pense que les Anglais apprécieraient », me dit-il pour justifier le bien-fondé de sa démarche. Je n'y voyais pas d'inconvénient. Rendre service à celui avec qui je partageais le café au Vieux Morvan entrait dans l'ordre des choses.

J'avais jugé préférable de ne pas en parler à Jean-Claude Hamel qui, en tant que conseiller municipal RPR, aurait sûrement trouvé à redire. En revanche, je mis Gérard Bourgoin dans la confidence. Il n'en fut pas offusqué – ce n'était pas son genre – et fit même floquer des maillots neufs pour cette séance un peu spéciale. La prise de vue ne pouvant être organisée à Auxerre, j'avais indiqué aux joueurs que l'entraînement se déroulerait exceptionnellement à Château-Chinon, sans leur en fournir la raison. Hamel s'en étonna. « Mais pourquoi allez-vous vous entraîner là-bas, Guy? » Pour noyer le poisson, je lui avais expliqué que, pour la mobilisation du public régional et la recherche de nouveaux abonnés, ce type d'initiative pouvait être judicieux. « On va élargir notre base de fidèles! » Il se laissa convaincre.

À 15 heures, ce jour-là, l'équipe d'Auxerre au grand complet se dirigea vers le rond central du terrain de Château-Chinon. Quelle ne fut pas sa surprise de voir débarquer par la route un long cortège de voitures, qui s'engouffra par l'entrée principale du stade! Mitterrand sortit de l'une d'elles et, entouré d'une nuée de caméras, il se rapprocha de nous. Toutes les conditions étaient désormais réunies pour que le cliché tant souhaité puisse s'effectuer. Très nombreux, les photographes entrèrent en action et nous mitraillèrent. Je tenais un ballon dans les mains que je lui tendais, comme une offrande. Je lui dis: « Le football est vraiment une activité universelle. Regardez, pour vous ce côté-là, c'est la droite; pour moi, c'est la gauche. Et ce ballon ne fait qu'un. » Il s'en alla parler avec les Africains puis avec les Polonais de mon équipe pour les interroger sur la situation de leur pays, et les liens qu'ils entretenaient encore avec lui. Tout se passa à merveille. Glavany profita de l'occasion pour me présenter Béatrice Marre, sous-préfète de la Nièvre. « Elle viendra avec nous à l'Élysée! » En me quittant, Mitterrand me remercia. Il m'assura de son soutien, ou de son aide, devant tous ses collaborateurs réunis autour de lui: « Si vous avez un jour un quelconque problème, surtout appelez-moi. »

Sa proposition n'était pas tombée dans l'oreille d'un sourd...

J'appris près d'une décennie plus tard, dans le courant du mois de mai 1990, que le président de la République devait venir s'exprimer à Auxerre devant les assises nationales des Missions locales pour l'emploi, dont il présidait la clôture des travaux. Pour moi, ce fut comme une évidence : il n'était pas question qu'il vienne dans notre ville sans passer par la case AJA ! Quel formidable coup de publicité pour le club s'il acceptait de se rendre au stade ! Il fallait que son hélicoptère atterrisse sur les terrains du centre de formation ! Ce fut tout le sens de mon intervention auprès de Jean-Pierre Soisson qui, visiblement mal à l'aise, botta en touche.

« Ça n'est pas possible, Guy. Le protocole est déjà réglé, l'hélicoptère du président se posera dans la cour de la gendarmerie, le moindre grenier sera fouillé, les murs seront repeints, le circuit est tracé, tout est prévu depuis plusieurs semaines. Le programme est balisé. C'est peine perdue. »

« Bon, puisqu'il en est ainsi, j'appelle l'Élysée ! »

« Mais vous n'y pensez pas, Guy ! Tout est déjà sur les rails, il n'y a pas lieu de revenir sur ce qui a été décidé ! »

« Écoutez, Jean-Pierre, vous devez savoir que François Mitterrand m'a assuré que je pouvais l'appeler en cas de besoin. Eh bien, j'ai besoin de lui, je vais donc décrocher mon téléphone ! »

Glavany ayant quitté l'Élysée en 1988 pour prendre en charge l'organisation des jeux Olympiques d'Albertville en qualité de préfet, je pris contact avec Béatrice Marre, qui l'avait remplacé à son poste de chef de cabinet.

« Bonjour, Béatrice, Guy Roux à l'appareil. Vous vous souvenez sans aucun doute de la promesse de François Mitterrand à Château-Chinon. Vous étiez à côté de lui lorsqu'il me l'a faite. Vous êtes jeune et brillante, vous devez avoir une excellente mémoire. Pouvez-vous aller le voir de ma part ? »

«Il est actuellement en Conseil des ministres. Je ne peux absolument pas le déranger.»

«Ça ne fait rien, allez le voir à la fin du Conseil, et faites-lui part de mon appel. Voilà de quoi il s'agit…»

Et je lui avais expliqué l'objet de ma requête, qui la laissa pantoise.

«Franchement, Guy, je n'imagine pas une seule seconde que l'emploi du temps et le trajet du président puissent être bousculés…»

«Nous verrons bien, Béatrice, essayons et attendons de voir ce que le président dira.»

Elle me rappela dans l'après-midi.

«Il n'y a que les cinglés qui réussissent sur Terre. Le président de la République a accepté de passer par le club de football. Le chef du protocole, qui a été averti, est furieux. Furieux contre le président, et surtout furieux contre vous, mais il n'a pas le choix. Tout le programme est en passe d'être modifié. Il y aura deux hélicoptères, l'un pour le président, l'autre pour les ministres qui l'accompagneront. Ils atterriront tous les deux chez vous. Vous avez gagné, Guy!»

«Merci Béatrice, je savais que je pouvais compter sur vous.»

Du côté de l'AJA, Daniel Rolland devint lui aussi furieux lorsqu'il apprit le nouveau programme présidentiel. Les hélicoptères risquaient de provoquer des dégâts sur le terrain gazonné du centre de formation où il encadrait l'entraînement des jeunes. Ce fut bien sûr le cas: il y eut quelques trous, ici et là, qu'il fallut combler pour retrouver une surface plane. Mais on ne fait pas une omelette sans casser des œufs.

Les services de la présidence nous avaient ordonné de ne prévoir ni drapeaux ni bouquets de fleurs où, à les entendre, il était possible de cacher des engins explosifs.

Il régnait une sorte de psychose d'attentat, et il fallut se soumettre à un cahier des charges très strict. J'avais néanmoins fait confectionner des bouquets bleu-blanc-rouge, que des enfants du club tenaient dans leurs mains. Ils formaient un demi-cercle, prêts à accueillir la délégation exceptionnelle qui nous rendait visite. J'avais sélectionné un gamin, dans la semaine, afin qu'il apprenne par cœur un texte d'une dizaine de lignes sur les valeurs de la République tiré d'un livre de cours moyen. Il le récita à la perfection devant François Mitterrand qui, ravi d'un tel accueil, s'arrêta face à moi : « Vraiment, à Auxerre, ce n'est jamais comme ailleurs ! » Le compliment m'alla droit au cœur. Il était 10 h 55. Deux ministres issus de la région de Bourgogne, Jean-Pierre Soisson et Henri Nallet, se trouvaient dans son sillage. Ils ne devaient pas être trop mécontents, eux non plus, de l'initiative que j'avais prise. Le temps de présence du président au stade frisa la demi-heure, au lieu des trois minutes envisagées par le chef du protocole, qui trouva une occasion supplémentaire de ruminer contre moi.

Mitterrand prononça ensuite, au théâtre d'Auxerre, un long discours axé sur la lutte contre l'exclusion et les injustices sociales. Une très belle déclaration qui toucha les milliers de personnes qui constituaient l'assemblée : « Aujourd'hui, on peut s'enrichir en dormant, il suffit d'être propriétaire de bonnes valeurs mobilières ou propriétaire de bons terrains, et il suffit de regarder le temps passer. Quand on pense à l'effort exigé des travailleurs manuels qui doivent consacrer tant d'heures de leur journée sans obtenir la moindre récompense, sans avoir la moindre réponse à leurs aspirations, il y a une injustice que je ressens particulièrement… » Qui ne se souvient de sa phrase-choc qui fut reprise en boucle, et dont on reparle aujourd'hui encore : « On peut s'enrichir en dormant… » ?

Il s'offrit ensuite un bain de foule en descendant la rue du Pont en direction du pont Paul-Bert. Après un déjeuner à L'Hostellerie des Clos, à Chablis, il effectua une balade dans les rues de la ville puis en forêt de Pontigny, où la visite s'acheva à 15 h 30 et d'où redécolla l'hélicoptère du président. Une belle journée qui avait magnifiquement commencé, au stade Abbé-Deschamps, comme le notèrent la plupart des médias présents sur les lieux.

Un président, une reine, un « King »

Pendant les séances d'entraînement de l'AJ Auxerre, je ne voulais être dérangé sous aucun prétexte. La préparation physique, tactique et technique des joueurs réclamait une attention toute particulière de ma part que rien ne justifiait d'interrompre – pas plus qu'on interrompt un Conseil des ministres. La secrétaire du club le savait, qui avait pour consigne de ne m'alerter que s'il survenait un malheur à mon fils ou au président Hamel. Tout le reste pouvait attendre. Sinon, je n'aurais jamais cessé d'être sollicité car j'occupais en même temps le rôle de manager général.

Lorsqu'elle se précipita, un jour, vers la grille du terrain annexe où je me trouvais, au milieu d'un groupe de joueurs à qui je faisais répéter leurs gammes, mon sang ne fit qu'un tour. Qu'était-il arrivé à mon fils? À mon président? Ou aux deux? J'étais pétrifié.

« Mais qu'y a-t-il? Qu'y a-t-il? »

« Mme Cantona est au téléphone! »

J'étais presque soulagé.

J'élevais la voix.

« Et que voulez-vous que ça me fasse? »

« C'est très grave, c'est très grave… »

«Comment ça, très grave?»

«Elle me dit que son fils est en prison et qu'il faut agir vite pour qu'il en sorte. Elle est affolée.»

«Ah bon? Dites-lui que je la rappellerai à la fin de l'entraînement, dans une demi-heure.»

Je connaissais la maman d'Éric, à laquelle j'adressais mes vœux chaque année au mois de janvier. Mais nos rapports s'arrêtaient là. Quand un problème surgissait avec Éric, il ne servait à rien de solliciter l'intervention de ses parents : il fallait le régler avec lui, et lui seul, en tête à tête. Sous peine d'essuyer un échec.

Il avait quitté le club depuis sept ans et, après de très nombreuses péripéties, sa carrière avait pris une tournure spectaculaire à Manchester United, où il était devenu le «King». Que pouvais-je bien faire pour venir en aide à un joueur dont les écarts de conduite étaient fréquents mais qui ne se situait plus dans ma zone d'influence?

Depuis le 25 janvier 1995, date de l'incident, les télévisions passaient en boucle les images de son désastreux coup de pied contre un spectateur de Crystal Palace, qui lui avait lancé des insultes xénophobes après une expulsion. Je les avais vues et revues, bien sûr. L'affaire avait fait grand bruit dans tous les médias français et étrangers, et je me doutais qu'il risquait gros. Une suspension de longue durée, probablement. Mais de là à imaginer qu'il puisse connaître la prison…

Mme Cantona m'exposa la situation en reprenant plusieurs fois son souffle, tellement elle était surexcitée.

«Éric est retenu au tribunal où il a été jugé, en Angleterre. Il est passible de quinze jours de prison, mais son appel sera examiné cet après-midi. Si jamais la sanction était maintenue, il a prévenu qu'il y aurait du grabuge dans la salle. Il est fou de rage. Il est prêt à en découdre avec le juge chargé du dossier! Et vous savez qu'il est capable de tout. Monsieur Roux, faites quelque chose, je vous en supplie ! »

Je me rendis aussitôt compte du danger potentiel. Car je savais, moi aussi, qu'il n'hésiterait pas à mettre sa menace à exécution, le cas échéant. Rien ne pourrait l'arrêter.

« Que voulez-vous que je fasse ? Je suis là, à Auxerre, et tout se passe à des centaines de kilomètres ! Mais si un coup de pied contre un supporter équivaut à quinze jours de prison, un coup de poing dans la figure d'un juge, en pleine séance au tribunal, ça doit coûter dans les dix ans ! Ah, ce n'est pas possible… Je vais voir ce que je peux faire… »

Béatrice Marre se doutait bien, en m'entendant au bout du fil, que j'avais encore besoin du président de la République pour une affaire qui sortait de l'ordinaire. Elle n'allait pas être déçue. Après lui avoir expliqué le fond de l'affaire, je lui demandais son aide.

« Béatrice, il faut que le président adresse un message de toute urgence à la reine d'Angleterre et qu'il lui dise que si Éric Cantona était condamné à une peine de prison ferme, tout à l'heure, les relations entre la jeunesse française et anglaise pourraient être sérieusement entachées. »

« Mais vous êtes fou, complètement fou ! Vous vous rendez bien compte de ce que vous me demandez ? De toute façon, le président n'est pas là aujourd'hui ! »

Béatrice Marre me traitait souvent de fou, mais elle transmettait toujours mes demandes, ce qui était bien là l'essentiel.

« Trouvez-le ! Vous devez bien savoir où il est. J'attends près de mon téléphone. S'il vous dit, comme vous, que je suis fou, vous me prévenez, on ne pourra rien faire, tant pis ! Il se passera alors ce qu'il devra se passer. Mais s'il ne pense pas comme vous… »

Une heure plus tard, elle me rappelait.

« Le président de la République a trouvé l'affaire suffisamment sérieuse pour la transmettre à la cellule diplomatique de l'Élysée qui est entrée immédiatement en action. Elle a envoyé un avis officiel en Angleterre mais je suis dans l'incapacité de vous dire où exactement et à qui. Le message est bien parti, c'est sûr. Il est bien arrivé, c'est tout aussi sûr. Mais c'est tout ce que je suis en mesure de vous dire. Attendons le résultat. Nous verrons bien. »

La séance d'appel fut finalement repoussée, et Cantona se présenta, plus tard, devant un nouveau tribunal pour l'examen de son affaire. Après moins d'une demi-heure de délibération, le juge anglais annonça qu'il avait retenu l'appel de Cantona. Et qu'il lui ordonnait, en lieu et place de sa condamnation à de la prison ferme, d'accomplir cent vingt heures de travaux d'intérêt communautaire avec des jeunes qui aspiraient à devenir footballeurs professionnels.

En quittant le tribunal, Éric prononça à l'adresse des journalistes qui lui faisaient face cette phrase en anglais, qui restera pour la postérité et qui contribua à sa propre légende : « Quand les mouettes suivent un chalutier, c'est qu'elles pensent qu'on va leur jeter des sardines. » Sans doute satisfait de l'effet produit, il s'en alla et disparut.

J'ignore si l'intervention de la présidence de la République avait été directement à l'origine de l'atténuation de sa peine. C'est fort possible, mais comment le garantir ? Le doute subsiste des années après, et rien ne permet de lever le mystère sur une décision qui soulagea Mme Cantona. De cela, j'en suis sûr !

Deux ans plus tard, j'étais envoyé par TF1 pour commenter la demi-finale retour de la Ligue des Champions opposant Manchester United au Borussia Dortmund. La direction de la chaîne m'avait supplié d'obtenir une interview d'Éric à la fin du match, qu'aucun journaliste du service des sports n'était en mesure de conclure. Elle estimait qu'il ne pourrait pas me la refuser. J'en fis la demande à Alex Ferguson, qui transmit la requête. La réponse d'Éric fut succincte: «Avec le coach, oui. Un caméraman et le coach, mais c'est tout! Personne d'autre dans les parages.»

Une demi-heure après le match que son équipe avait perdu et qui la condamnait à l'élimination, il arriva dans la salle où je l'attendais. Il fut très gentil avec moi, comme il l'était à chaque fois que nous nous retrouvions. J'avais beaucoup de questions à lui poser, et il accepta d'y répondre avec un très grand professionnalisme et des raisonnements qui se tenaient.

Mais je voulais aussi l'entretenir de l'affaire dont il avait fini par se dépêtrer: «Ta mère m'a défendu de te le dire, et je vais la trahir. Voilà ce qui s'est passé pour ton procès...» Je lui fis le récit exact de la longue chaîne qui s'était mise en marche pour lui porter assistance.

Il me regarda de haut, comme il en avait l'habitude avec ses interlocuteurs.

«Merci. Heureusement, parce que mes avocats étaient des billes et que je n'aurais eu aucune chance de m'en sortir avec eux seuls.»

J'eus la certitude, à l'entendre, que Mitterrand lui avait rendu un sacré service. Et que la reine avait sauvé la tête du «King»!

«Heureux homme!»

Lors de la présentation officielle des équipes avant la finale de la Coupe de France 1994, qui opposait Auxerre à Montpellier, au Parc des Princes, le président de la

République descendit de la tribune d'honneur pour se diriger vers les joueurs. Arrivé sur le terrain, il se posta devant moi et me glissa sous forme de confidence :

« Savez-vous où je me trouvais ce matin ? »

« Non, monsieur le président. »

« À Château-Chinon. »

« Heureux homme ! »

« Non, il pleuvait ! »

Il existait entre nous une sorte de connivence qui nous permettait d'échanger ce genre de propos personnels. Je ressentais une grande proximité et même, je peux l'avouer, une certaine chaleur dans nos relations, nées quelques années plus tôt dans le Morvan.

Je savais qu'il aimait aller ramasser les champignons, en ces samedis pluvieux. Ses copains de la région lui indiquaient les meilleurs endroits où il pouvait espérer en trouver. À la suite de quoi un discret peloton de gendarmerie encourageait les promeneurs du week-end à ne pas s'aventurer en forêt. Mitterrand effectuait rarement le voyage pour rien, le plus souvent il était accompagné de Jack Lang et de quelques ministres triés sur le volet.

À la fin de son second septennat, il paraissait très affaibli et son teint blême, presque parcheminé, ne laissait guère de doute sur le terrible mal qui le rongeait. J'avais demandé à son entourage s'il était possible que nous déjeunions ensemble, dans le courant du mois de décembre, en compagnie de Mme Chevrier, à La Côte d'Or, le restaurant gastronomique de Bernard Loiseau, à Saulieu. Je sentais que ce serait la dernière occasion de nous retrouver. Il me fit répondre qu'il en acceptait le principe mais qu'il faudrait patienter jusqu'au printemps pour qu'on en fixe la date précise.

À mon infinie tristesse, il s'éteignit le 8 janvier 1996.

4

Cuba si, Cuba no

« Une Mercedes vous conduira à La Havane »

« Toc, toc, toc… »

Je me demandais qui pouvait bien frapper à la porte de ma chambre à cette heure-là. Je n'avais pas commandé mon petit-déjeuner, ni demandé qu'on me réveille de si bon matin. À ma connaissance, il n'y avait pas eu d'alerte incendie non plus. Les aiguilles de ma montre indiquaient 5 heures, et je ne savais pas pourquoi je me levais sinon pour répondre.

« Toc, toc, toc… »

« J'arrive, j'arrive… »

J'ouvris la porte. Face à moi, un policier en civil me salua. Un large sourire barra son visage. Peut-être s'amusait-il de me voir en pyjama ?

« Bonjour, monsieur Roux. J'ai une invitation à vous transmettre de la part de notre chef de l'État, M. Fidel Alejandro Castro Ruz. Il vous convie à déjeuner aujourd'hui à La Havane. Une Mercedes vous y conduira dans la matinée et vous ramènera, ce soir, à votre hôtel. Veuillez prendre vos dispositions, s'il vous plaît. »

C'est tout juste s'il ne claqua pas les talons avant de me tourner le dos et de disparaître dans le couloir.

Depuis une semaine, je profitais des délices du climat de Cuba pour me reposer et visiter un pays très attirant où je n'avais encore jamais mis les pieds. Cayo Largo, une île de l'archipel des Canarreos, fut ma première destination. La légende veut que Christophe Colomb y ait séjourné, en 1494, lors de son deuxième voyage à travers les mers. Cinq siècles plus tard, je marchais sur ses traces !

Je résidais pour le moment à Varadero, sur la côte nord de l'île, à cent quarante kilomètres à l'est de La Havane. La station balnéaire, magnifique et baignée de soleil, était essentiellement fréquentée par des touristes européens.

Je souhaitais explorer Cuba depuis longtemps, et découvrir la réalité géopolitique de l'un des derniers États communistes au monde. J'avais eu l'occasion de fréquenter à de très nombreuses reprises la plupart des pays de l'Europe de l'Est, pour des raisons professionnelles. L'URSS, la Bulgarie, la Hongrie, la Pologne, la Yougoslavie, la Roumanie, ou encore l'Albanie… Plus aucun ne présentait de réels secrets pour moi, à force de m'y rendre. Là, je mettais le cap à l'ouest pour percer les mystères d'un communisme plus exotique.

Que les autorités cubaines aient eu vent de ma présence à Varadero ne m'étonna qu'à moitié. Je n'ignorais pas que les services de renseignements avaient pour mission de remonter en haut lieu toutes les informations en leur possession. Et, en particulier, tout signalement d'une personne soumise au contrôle de la douane et susceptible d'attiser leur curiosité.

J'intéressais le Lider Maximo, manifestement.

Vers 7h30, la Mercedes noire se gara devant l'entrée de l'hôtel, comme prévu. Je m'y engouffrai, ne sachant pas trop ce qui allait m'attendre à l'arrivée. Serais-je seul en tête à tête avec Fidel Castro? D'autres invités nous accompagneraient-ils? Le voyage dura un peu plus de deux heures, durant lesquelles je pus admirer les paysages et l'empreinte d'une civilisation espagnole largement mise en valeur sur la plupart des monuments et à la devanture des habitations.

La salle des hôtes d'honneur de La Havane était majestueuse. Mon regard tourna dans tous les sens et accrocha le moindre recoin pour mieux la «photographier». Quelle ne fut pas ma surprise de tomber nez à nez avec Gérard Bourgoin qui paradait dans la pièce! Je savais qu'il investissait dans la prospection pétrolière à Cuba avec Gérard Depardieu, et qu'il se flattait de compter parmi les amis personnels de Fidel Castro. Mais de là à le retrouver ici au moment même où je m'y rendais pour la première fois de ma vie... Ce ne devait pas être le simple fait du hasard, mais on ne m'avait rien dit à ce sujet.

Il était bien trop tôt pour se mettre à table. On nous proposa de partir avec quelques militaires pour effectuer une promenade en hélicoptère afin de survoler la région. Il s'agissait plutôt d'une sorte d'avion renifleur, car l'idée consistait à repérer les sites susceptibles de dissimuler du pétrole. En plusieurs endroits, notre attention fut en effet attirée par les indications d'un spécialiste. Bourgoin caressait l'espoir, pas du tout secret, d'engranger de nouveaux bénéfices – un objectif qu'il parvint à atteindre par la suite.

Et puis arriva l'heure tant attendue, qui excitait mon imagination depuis que le policier m'avait sorti du lit aux aurores. Dans le salon où nous attendions, Fidel Castro apparut dans l'embrasure d'une porte, vêtu de son traditionnel treillis militaire vert olive, la barbe parfaitement taillée, les yeux pétillants. Il ressemblait en tout point à l'image que j'en avais. Il écarta les bras dans ma direction et me salua avec la chaleur de celui qui sait recevoir. Le ton convivial qu'il employa d'entrée fit sauter toutes les barrières.

Bourgoin, lui, se sentait parfaitement à l'aise, un peu comme s'il se considérait chez lui. Il avait apporté plusieurs kilos de viande dans ses bagages. Il se mit rapidement à l'ouvrage : il découpa des steaks avec les couteaux de cuisine contenus dans une des sacoches dont il ne se séparait jamais. Il ne doutait pas de son coup de main : jeune, il avait passé avec succès son CAP de boucher. Il me prit à témoin, en rigolant. « Tu sais, Guy, la première fois que je suis venu ici, j'avais déjà tous mes ustensiles. J'avais à peine empoigné les couteaux que les membres du service de sécurité de Fidel Castro se sont précipités sur moi. Ils croyaient que je voulais m'en servir pour les lui planter dans le corps ! » L'anecdote m'arracha un large sourire. Je m'imaginais la scène. Gérard face à cinq colosses prêts à le plaquer au sol et à lui briser les côtes. J'aurais bien voulu voir ça.

Il n'oublia pas de déposer plusieurs bouteilles de chablis sur la table principale, où Raúl Castro, le frère du chef de l'État, me faisait face, de même que plusieurs ministres du gouvernement cubain. Ils allaient pouvoir goûter à l'un des plus beaux trésors de la Bourgogne. Sûr qu'ils ne seraient pas déçus !

Ne maîtrisant pas l'espagnol, j'avais eu recours à une traductrice qui se posta entre Fidel Castro et moi, légèrement en retrait. Elle traduisait notre conversation à une telle vitesse qu'au bout de cinq minutes j'avais presque oublié qu'on ne parlait pas la même langue. Notre propos fut courtois et il m'interrogea sur les conditions de mon séjour. Il voulait s'assurer que l'hôtellerie correspondait à mes attentes et savoir si, dans l'ensemble, j'étais satisfait de l'accueil de ses compatriotes. J'acquiesçai, même en l'absence de climatisation dans les chambres transformées parfois en véritables étuves. J'évitai aussi de lui révéler que l'eau de la piscine de l'hôtel n'était plus translucide en raison de la chaleur suffocante, et probablement d'un produit de nettoyage défaillant. Mais qu'importe ! Là n'était vraiment pas l'essentiel.

Je lui adressai des éloges sur le service médical de son pays car, ayant été victime d'un problème d'allergie, j'avais pu mesurer sa diligence et son efficacité. En vingt-quatre heures, il avait totalement disparu grâce à la prise d'un seul comprimé ! En France, on m'aurait sûrement imposé de prendre une boîte entière de médicaments pour me soigner. Un vrai gâchis dont on ne mesure pas suffisamment les effets désastreux pour l'équilibre de nos finances.

Par correction, je ne tenais pas trop à évoquer avec lui la situation politique de son pays, même si la tentation d'en savoir davantage existait. Une trentaine d'années auparavant, je m'étais intéressé au débarquement de la brigade composée d'exilés cubains financés et entraînés par la CIA, sur la Baie des Cochons. Les réactions immédiates du président Kennedy et les conséquences sur les relations américano-cubaines, sous très haute tension à l'époque, me passionnèrent. Mais je préférais ne pas aborder ces sujets sensibles, ni d'autres, plus récents, relatifs aux prisonniers politiques, par exemple. J'aurais eu le même comportement si je m'étais retrouvé à la table du général Videla, en Argentine, ou à celle de Nikita Khrouchtchev, en URSS. C'était plus une question d'éducation et de prudence que d'intérêt proprement dit, car l'histoire de la vie politique et économique des pays a toujours éveillé, en moi, un profond intérêt.

En revanche, le sport occupa l'essentiel de notre entretien. Il glissa, naturellement, vers les deux gloires de l'athlétisme cubain, Alberto Juantorena qui s'illustra sur 400 et 800 mètres aux jeux Olympiques de Montréal, en 1976, et Javier Sotomayor vainqueur de l'épreuve du saut en hauteur aux Jeux de Barcelone en 1992. Il me parla aussi d'Iván Pedroso, spécialiste du saut en longueur, qui commençait à accomplir de belles performances dans les compétitions internationales. Je ressentais, chez Fidel Castro, une immense fierté de pouvoir compter sur de tels champions qui contribuaient au rayonnement de Cuba. C'est aussi l'une des caractéristiques du sport : assurer la promotion d'un pays à l'échelle internationale, et son exposition planétaire pour des raisons nobles.

Et puis il enchaîna sur un thème qui m'est cher.

« Tu ne le sais sans doute pas mais j'ai joué au football, à la fin des années 1950, dans la Sierra Maestra, lorsque nous menions notre guérilla contre l'armée de Batista. Le soir, nous trouvions une clairière pour installer notre campement et il nous arrivait d'organiser un match. On avait un ballon dont les plaquettes de cuir étaient attachées avec des lacets. Je m'en souviens : il nous faisait très mal au front quand on voulait le reprendre de la tête ! »

Cette évocation nous renvoyait loin en arrière, et je lui demandai s'il avait aimé pratiquer ce sport.

« Oh, je jouais, bien sûr, mais je te dois la vérité : pas très bien, en fait. Disons que je participais au match avec mes possibilités, qui n'étaient pas illimitées. Dans la troupe, il y avait des joueurs bien meilleurs que moi. On sentait qu'ils prenaient du plaisir à jouer, et qu'ils savaient manier le ballon. »

Je n'eus pas la présence d'esprit de l'interroger au sujet d'Ernesto Che Guevarra. Peut-être figurait-il parmi ces footballeurs qui sortaient du lot?

C'est alors qu'il marqua une pause. Il me regarda avant de m'adresser une proposition inattendue.

« Je sais que tu es un entraîneur renommé en France, et que tu as réussi de belles choses avec ton club. Je t'offre la possibilité de nous rejoindre et de t'occuper de notre jeunesse. Si tu acceptes de venir chez nous et qu'au bout de deux ans les jeunes Cubains commencent à se détacher du base-ball et du football américain, qui occupent principalement leurs loisirs, pour jouer au *soccer*, je te donne une île ! »

Silence.

« Tu m'entends : je te donne une île ! »

Il détachait chacun de ses mots.

J'étais à la fois touché et gêné. Comment refuser son marché sans le froisser? Comment ne pas passer pour le goujat de service en lui disant que je ne me voyais pas débarquer un beau jour dans son pays pour m'y installer, ne serait-ce que temporairement? Il fallait que je trouve une porte de sortie. Je lui avouai que j'avais une belle équipe, à Auxerre, que de nombreux jeunes de talent prenaient tout juste leur envol, et que je souhaitais terminer avec eux ce que j'avais entrepris.

« Après, tout est possible, bien sûr… »

Ma formule, assez vague, sembla lui convenir. L'île, ce serait pour plus tard. Ou jamais…

Dans le convoi du chef de l'État

À la fin du déjeuner, Bourgoin invita Fidel Castro à le suivre. Il souhaitait lui faire découvrir son nouvel avion

Falcon, avec lequel il s'était déplacé. Tout le monde se leva pour emboîter le pas des deux hommes, presque bras dessus bras dessous, direction l'aérodrome.

Dans le vol Paris-La Havane qui m'avait conduit à Cuba, dix jours plus tôt, j'avais lu quelques magazines dont certains affirmaient que Fidel Castro courait un grave danger. Un attentat, paraît-il, était en cours de préparation contre lui. Cette menace était jugée à ce point sérieuse qu'il vivait cloîtré et que toute apparition publique lui était strictement interdite. C'est ce qui était écrit noir sur blanc. On disait aussi que le mécontentement de la population prenait une telle tournure qu'il valait mieux qu'il demeure caché, à l'abri de manifestations susceptibles de dégénérer. Presque une question de vie ou de mort pour lui !

Je pouvais vérifier, de visu, que la presse occidentale ne disait pas toujours l'exacte vérité et qu'elle s'accommodait même de quelques libertés avec la réalité.

Je me rappelle la composition du convoi qui se mit en branle sur une route encombrée par de très nombreux cyclistes : deux motards pour ouvrir la voie, suivis d'une Skoda avec quatre policiers à l'intérieur, d'une vieille Mercedes avec Fidel Castro assis à l'arrière, vitre ouverte, d'une Skoda dans laquelle je me trouvais, puis d'une dernière Skoda occupée par d'autres policiers. J'étais stupéfait : quatre modestes voitures, seulement, pour une délégation incluant le chef de l'État !

Et ce n'était pas tout. Fidel Castro, son fusil coincé entre les jambes, profitait de chaque feu rouge pour tendre la main aux personnes qui le regardaient. Elles lui tapaient dans sa paume en lançant des cris de joie. Pour un homme que la presse annonçait en grand péril, ce spectacle de rue m'étonna. Il contrastait singulièrement avec des situations que j'avais moi-même vécues. À Paris, par exemple, le bus de l'équipe d'Auxerre ne pouvait pas se rendre au Parc des Princes sans emprunter un trajet tenu secret pour feinter certains supporters belliqueux, prêts à en découdre, et prompts à lancer toutes sortes d'objets sur nous. À La Havane, on était très loin de ce climat délétère.

Le Falcon de Bourgoin sembla intéresser Fidel Castro, qui lui posa bon nombre de questions. Une très bonne humeur régnait dans la troupe accompagnatrice. La visite terminée, je regagnai mon hôtel à Varadero à bord de « ma » Mercedes noire, non sans avoir auparavant remercié mon hôte. J'avais passé un excellent moment.

Je ne suis plus jamais retourné à Cuba.

Deux ans après mon voyage, Fidel Castro effectua, le 15 mars 1995, sa première visite officielle en France. Dans son agenda surchargé, il programma une visite en Bourgogne, où son ami Bourgoin l'attendait avec ferveur. Il goûta un grand cru de chablis à l'hôtel des Clos et, après une rapide tournée dans les vignes et les caves, il fut intronisé à la confrérie des Piliers chablisiens. Au son des cors de chasse.

Il me fut malheureusement impossible d'aller à sa rencontre, et de partager une heure ou deux avec lui comme j'aurais aimé le faire.

Ma « belle équipe », celle-là même dont j'avais vanté les mérites auprès du Lider Maximo lors de notre déjeuner à La Havane, était en piste sur la scène européenne.

En quarts de finale retour de la Coupe des Coupes, l'AJ Auxerre tomba sous les assauts d'Arsenal, à l'Abbé-Deschamps. Au son des cris des supporters anglais.

C'était nettement moins agréable que les cors de chasse.

5

Bernard Tapie, décor joyeux de ma vie

Contact est pris

Il se fraya un passage au milieu des voyageurs. Il s'approcha de moi, un large sourire aux lèvres, me tendit la main et se présenta : « Bernard Tapie. » Je venais d'embarquer dans l'avion qui me menait à Marseille où j'avais prévu d'assister au match de championnat de l'OM, avant de poursuivre ma route vers Monaco, le lendemain, pour y observer l'équipe de la principauté. Il n'avait pas besoin de décliner son identité. Il m'était devenu familier grâce à la télévision : je ne manquais aucune de ses émissions. Il animait sur TF1 un rendez-vous mensuel original intitulé « Ambitions », mêlant l'économie et les variétés, dans un grand show médiatique qui rencontrait un très vif succès. Mais je le connaissais aussi pour ses activités dans le cyclisme, en tant que dirigeant de l'équipe La Vie Claire, avec laquelle il remporta les éditions 1985 et 1986 du Tour de France grâce à Bernard Hinault et Greg LeMond. Il me précisa qu'il ne comptait pas se rendre au Stade Vélodrome mais qu'il s'occuperait prochainement de l'Olympique de Marseille dont il deviendrait le président. Son objectif immédiat consistait à rallier au plus vite le port : il supervisait les ultimes travaux d'aménagement du *Phocéa*, le voilier d'Alain Colas dont il venait de faire l'acquisition. Il en parlait avec passion. Notre conversation fut courte et courtoise, elle effleura le football, sans plus. Un premier contact, qui en appela beaucoup d'autres.

Boli, Cantona : direction Marseille

Mes relations avec Tapie n'ont pas toujours eu le même ton policé. En novembre 1988, l'OM se déplaça à Auxerre avec sa grosse armada, son attaque Papin-Cantona, et son patron charismatique. Mais le scénario du match ne ressembla en rien à toutes les prévisions qui nous donnaient perdants. Prévisions que je ne partageais pas, bien sûr. Boli réalisa une performance défensive époustouflante et c'est Prunier qui, à une minute de la fin, marqua le seul but de la rencontre d'un coup de tête rageur. 1-0 en faveur du Petit Poucet auxerrois ! Il y avait une exaspération à peine contenue dans les rangs marseillais où la défaite passait mal. Dans le couloir qui menait aux vestiaires, Tapie m'agrippa le bras et commença à parlementer.

« Je veux t'acheter ton singe aux pieds carrés ! »

« C'est qui mon singe ? »

« Eh bien, Boli ! »

« Cette année, ce n'est même pas la peine d'y songer une seule minute. Oubliez ! Revenez nous voir la saison prochaine si vous le voulez toujours, et profitez-en pour faire des économies parce qu'il ne sera pas donné… »

« Ouais, ouais, on verra, on verra… »

« De toute façon, sachez que je ne discute jamais des prix. Vous traiterez avec Gérard Bourgoin et Jean-Claude Hamel. Mais je vous le répète : on le gardera encore un an et ça, je peux vous le dire, ce n'est pas négociable ! »

Quelques mois plus tard, Tapie persévéra dans son idée et appela Bourgoin pour fixer un rendez-vous à Marseille courant mai. Nous voilà tous partis, Gérard, Basile et moi, direction le Novotel de Vitrolles. Tapie s'enferma avec eux deux dans un salon. J'étais resté volontairement à l'écart car je n'avais pas pour habitude de participer aux négociations financières. Je ne voulais pas me retrouver prisonnier d'une discussion difficile au terme de laquelle un joueur aurait pu me reprocher de ne pas l'avoir soutenu.

Dans une pièce attenante, je me suis retrouvé en face d'un garçon assis dans un fauteuil, dont l'un des pieds était recouvert d'un plâtre. Son père l'accompagnait. Il se nommait Alain Roche. Jeune joueur de l'OM, il avait commencé sa carrière aux Girondins de Bordeaux. J'avais marqué une certaine surprise de le découvrir en ce lieu, en même temps que moi, avant de mieux saisir les raisons de sa présence.

« Tiens, Alain, que faites-vous là ? »

« Tapie m'a dit qu'il fallait que je vous voie. »

« Ah bon ? Me voir ? Et pour quelle raison ? »

« Je sais qu'il discute avec Basile pour le faire signer à Marseille. Il vient pour occuper mon poste. Je ne veux pas être remplaçant. Vous allez manquer d'un arrière central. Si vous voulez de moi, je suis disponible… »

C'était donc ça : en habile manœuvrier, Tapie avait organisé cette rencontre impromptue à mon insu. De la main droite il me prenait Basile, qu'il voulait, et me proposait Roche, dont il souhaitait se débarrasser, de la main gauche ! La discussion se poursuivit avec son père, qui se trouvait en possession de plusieurs radios et du dossier médical – il les avait apportés pour me les montrer et me rassurer. Il me donna le nom du chirurgien qui avait procédé à l'opération de son fils afin que le médecin d'Auxerre puisse le joindre. Au fil de notre échange, je me disais intérieurement : « Bon, il est jeune, il a la carrure d'un international, et même s'il n'a pas les qualités exceptionnelles de Basile, il a du talent et il peut nous rendre des services. » Lorsque Tapie apparut un peu plus tard devant nous, flanqué de Gérard et de Basile, il esquissa un clin d'œil. Je compris que l'accord avait été scellé : Boli appartenait déjà au passé d'Auxerre ! De mon côté, j'avais plutôt bien avancé et évalué le moment où Roche pourrait reprendre la compétition. Il fut le seul joueur invalide que j'aie recruté. Je n'eus pas à le regretter.

Avant Boli, un autre joueur symbole de l'AJA emprunta le long chemin qui menait jusqu'à Marseille : Éric Cantona. Sur la ligne de départ, ils furent nombreux à vouloir l'enrôler : le Bordeaux de Claude Bez, le Monaco de Jean-Louis Campora, le Paris de Francis Borelli, le Matra Racing de Jean-Luc Lagardère et l'OM de Bernard Tapie. Que du beau monde et l'assurance, pour nous, d'obtenir le prix réclamé. Un beau jour du printemps 1988, M. Lagardère me téléphona pour me demander la permission d'inviter Cantona et sa fiancée Isabelle à venir dîner à Paris. J'avais noué d'excellentes relations avec cet homme affable et j'avais immédiatement informé Éric de cette démarche qui me paraissait naturelle.

« Bon, Éric, M. Lagardère veut te recevoir chez lui. Il faut que tu y ailles, mais tu n'iras pas avec ton jean rapiécé. »

« Je dois mettre un costume comme le vôtre ? »

« Peut-être pas comme le mien, mais tu as besoin d'un costume. »

« Et comment je fais ? »

« Eh bien, tu vas tout de suite chez Patrick, le tailleur d'Auxerre, il va t'en confectionner un sur mesure, un beau, un costume de jeune. »

«De jeune? Ah bon!»

«Et tu n'oublies pas la cravate aussi…»

«Une cravate comme la vôtre?»

«Non, Éric, une cravate en cuir, fine. Une cravate de jeune. Ça t'ira très bien.»

«Et Isabelle, comment doit-elle s'habiller?»

«Une fille, elle sait, elle n'a besoin de personne, ne te casse pas la tête! Mais qu'elle mette une robe, bien sûr.»

Le jour J, il fila à Paris et, le lendemain, juste avant la séance d'entraînement, il me raconta sa soirée par le menu.

«Hou! là, là! Il y avait des serveurs à table, on aurait dit des juges anglais avec leurs perruques blanches. Et Mme Lagardère, qu'est-ce qu'elle est belle!»

«Alors, c'est bon, tu veux aller jouer là-bas?»

«On va voir, on va voir. Ils m'ont présenté de belles choses, je suis impressionné.»

«Inutile de cogiter sur le sujet: il y a un prix fixé, et il n'y aura pas de négociations entre les clubs. Tu iras où tu veux, Éric. Tu nous dis: je veux aller là, le lendemain tu y seras!»

Je sentais à certains détails qu'il avait été séduit par la mise en scène de sa visite à Paris, jusqu'au jour où Tapie débarqua… À la vitesse de l'éclair, et sans prendre de gants. Un soir, vers 19h30, 20 heures, il me téléphona pour m'avertir qu'il serait à Auxerre dans l'heure suivante. Je devais le conduire chez Cantona! C'était presque un ordre. Sur les coups de 21 heures, il arriva à l'aérodrome à bord de son avion et je l'emmenai sur-le-champ à Paroy-sur-Tholon, où Éric vivait dans une belle demeure bourgeoise décorée par ses propres tableaux. Tapie fut direct, et expéditif.

«Éric, tu me reconnais?»

«Ben, oui!»

«Et tu sais pourquoi je suis là?»

«Ben, oui!»

«Bon, t'es né où Éric?»

«Eh bien, à Marseille!»

«Bon, alors tu sais où tu joueras la saison prochaine!»

«Ben...»

«Bon, eh bien, c'est d'accord, tu joueras à Marseille, je dois repartir à Paris, salut!»

Et ce fut à peu près tout! Une apparition fugitive, quelques mots échangés, rien de concret, aussi vite reparti qu'arrivé. On ne pouvait pas dire que Tapie avait développé une argumentation fouillée pour le convaincre de porter le maillot de l'Olympique de Marseille mais, au final, il obtint avec une facilité presque déconcertante ce qu'il était venu chercher: Éric signa quelque temps plus tard à l'OM, laissant probablement le soin à son frère de négocier le volet financier de son contrat.

Ce transfert perturba beaucoup Éric, au point de le rendre particulièrement irascible, en fin de saison. Ayant été pris à partie par une frange du public auxerrois qui ne le trouvait pas suffisamment impliqué, il se promettait d'en découdre avec deux ou trois supporters à l'occasion de notre dernier match à domicile. Je me faisais beaucoup de souci: je n'ignorais rien de sa force herculéenne et j'étais convaincu que des videurs de discothèque ne parviendraient même pas à le contenir en cas de grabuge. L'histoire pouvait très mal se terminer. Là-dessus, bouffée d'oxygène, Tapie entra en piste sans que je m'y attende.

«Dis donc, ton match contre Cannes, tu n'en as plus rien à foutre!»

«Il ne changera rien à notre position cette saison, pourquoi?»

«Bon, très bien. Je veux que Cantona soit à Marseille samedi. On reçoit Monaco. L'idée, c'est que Giresse, qui va arrêter sa carrière, donne un coup d'envoi fictif pour Cantona, comme une passation de témoin entre eux. Ce serait chouette pour nos abonnements de la saison prochaine... »

« Écoutez, pour ne rien vous cacher, ça m'arrangerait plutôt de vous le laisser à disposition. Je suis d'accord sur le principe mais je dois demander l'autorisation à mon président. »

Jean-Claude Hamel ne voulut rien entendre, prétextant qu'on payait Cantona jusqu'au terme de son contrat et qu'il devait donc l'honorer, y compris lors de la 38e journée, même si celle-ci n'avait plus aucune influence sur le classement. J'eus beau le prévenir des dangers encourus et de la situation désastreuse à laquelle nous risquions de devoir faire face, aucun argument ne l'ébranla. Je lui avais demandé, par conséquent, de venir s'asseoir à titre exceptionnel sur le banc de touche auprès de moi, et de contrôler Éric au coup de sifflet final pour prévenir toute bagarre... C'est alors qu'il se souvint, opportunément, qu'il ne devait pas être présent au stade, pour des raisons personnelles. Tant mieux. « Faites comme vous voulez! », me lança-t-il. Je fus soulagé. Le vendredi soir, Éric participa à la mise au vert avec ses copains, m'obligeant à me transformer en gendarme pour qu'il les laisse dormir : pour sa dernière, il avait peut-être l'intention d'aller au bout de la nuit et d'entraîner tout le monde dans ses envies de fête. Le samedi matin, il prenait un avion pour Marseille où il retrouvait Tapie qui, sur le coup, m'avait sauvé.

Le transfert coûta 20 millions de francs à l'OM. 20 millions cash, une belle somme qui nous permit de construire la seule salle indoor conçue, en France, pour la pratique du football, longue de cinquante mètres, large de trente-cinq, recouverte de gazon synthétique.

Peu de temps après la transaction, Tapie nous sollicita pour que nous lui rendions un service : couper le règlement en deux, 10 millions à encaisser immédiatement, les 10 autres un an plus tard. Jean-Claude Hamel donna son accord, en imposant le calcul d'intérêts sur l'argent payable ultérieurement. Tapie nous adressa donc un nouveau chèque de 10 millions, avant même que nous lui ayons retourné son premier chèque de 20 millions, signé en bonne et due forme. Auxerre fut alors en possession d'une somme de 30 millions, assortie d'une promesse de 10 supplémentaires. Cette confiance à notre égard était à peine croyable. Mais nous n'en avons pas abusé.

Un seul mot : « prudence »

J'ai toujours entretenu de bonnes relations avec Tapie, détendues à défaut d'être toujours calmes. Il me chambrait beaucoup, il « jouait » avec moi, et semblait apprécier cette situation, mais, comme en face je faisais le poids, il savait jusqu'où il convenait de ne pas s'aventurer. Je me souviens d'un match décisif, au Stade Vélodrome, qui devait consacrer l'OM champion de France 1989. Dans les dernières minutes, je n'avais cessé d'haranguer mes joueurs pour les exhorter à aller de l'avant et à égaliser. J'adorais ce type de match où je réclamais de mes joueurs qu'ils aillent au-delà de leurs limites et qu'ils se surpassent. Me voyant à quatre pattes devant le banc de touche, il hurla : « Gros con, Guy Roux, gros con, rentre dans ta niche, rentre dans ta niche ! » Plus il hurlait, plus j'intensifiais mes encouragements et plus je n'avais qu'un seul souhait : marquer et continuer à le provoquer. Paradoxalement, je ne me sentais pas insulté. Je lui disais « Bonjour monsieur », je l'appelais Bernard et je le vouvoyais. Lui avait le tutoiement facile, surtout dans nos oppositions publiques et dans nos discussions acharnées. À la longue, je m'étais mis dans la peau de celui qui résistait, je faisais volontairement de l'anti-Tapie. Et, avec cette posture officielle, j'ai longtemps pu entretenir mon fonds de commerce.

Dans les premières heures du mois d'avril 1992, je reçus un appel téléphonique de Béatrice Marre, chef de cabinet de François Mitterrand, l'ancienne sous-préfète de Château-Chinon. Le président de la République, me dit-elle, sollicite votre avis au sujet de l'action de Bernard Tapie dans le football.

« C'est pour le nommer ministre ? »

« Oui. »

« Alors, rappelez-moi dans deux heures, le temps que je réfléchisse. »

Il n'était pas question que je me défile mais qu'exprimer de pertinent qu'il ne sache déjà ? Les qualités de Tapie, le président devait les connaître pour penser le nommer ministre de la République. Il n'avait pas besoin de moi pour en dresser l'inventaire. Pas facile de répondre. Une idée me traversa cependant la tête, qui ne me quitta plus. Deux heures plus tard, je la partageai avec mon interlocutrice.

« Béatrice, prenez un papier et un crayon. Et inscrivez le mot "prudence", qui résume le fond de ma pensée. Voilà, c'est tout. C'est mon opinion. »

Le soir même, j'appris que Tapie appartenait au nouveau gouvernement en qualité de ministre de la Ville.

« Prudence », parce que j'estimais que Tapie brassait beaucoup autour de lui et que son hyperactivité représentait un réel danger, pour lui-même comme pour celui qui l'employait. Je me situe plutôt du côté droit de l'échiquier politique mais j'ai beaucoup de respect pour la bonne marche de la République et j'avais une affection infinie pour François Mitterrand. Je ne souhaitais aucune dérive.

« Prudence », ce simple mot avait une valeur d'avertissement très fort. Et je m'interrogeais : mais dans quoi s'embarquent-ils ? Que va-t-il bien leur arriver ? Tout ne risque-t-il pas d'exploser, un jour ou l'autre ?

Mitterrand était à l'époque un homme âgé, atteint par une maladie qu'il n'avait jamais voulu avouer publiquement, et qui le condamnait à moyen terme. Il avait sans doute ressenti le besoin de lancer des feux d'artifice pour réveiller le pays. C'est probablement la raison pour laquelle il fit appel à Tapie. Avec sa « gueule », ses sourires, son bagout, son bateau, ses émissions de télévision et son équipe de football, il introduisait dans l'esprit de la population une notion de rêve que la France recherchait. Il était aussi celui qui savait entreprendre et gagner, et ces atouts ne devaient pas laisser Mitterrand insensible.

Une seule fois, Tapie se déplaça à Auxerre à la tête de l'OM dans son costume de ministre. C'était au mois de janvier 1993. Mon banc de touche reposait sur des parpaings et j'avais décidé d'en installer deux rangées supplémentaires, si bien qu'il s'élevait de 40 centimètres par rapport au banc de touche des visiteurs, en l'occurrence celui des Marseillais. Tapie le remarqua et s'en offusqua. « Comme vous êtes ministre, lui avais-je répliqué, il fallait que je me hisse un peu à votre niveau pour être à la hauteur de la situation. » J'aimais le titiller, et cette simple anecdote fit partie des petites escarmouches qui émaillèrent nos rencontres.

Lorsque *Paris Match* souhaita un jour me consacrer un article, le journaliste se présenta dans ma propriété de campagne en compagnie d'un photographe. Sur l'étang que je possède reposait une barque sur laquelle un garagiste avait cloué, à ma demande, une plaque où il était inscrit : *Phocéa 2*. Je m'étais déguisé en pêcheur, une canne à la main, et le cliché fut publié. Il s'agissait, bien sûr, d'un clin d'œil à Tapie, une sorte de parodie. Lui sur son yacht, moi sur ma barque. Chacun son style, chacun sa vie. Le journal eut tout lieu de s'en féliciter : son célèbre slogan, « Le poids des mots, le choc des photos » prit, une nouvelle fois, un certain relief.

Il n'est pas établi que Tapie ait toujours goûté mes facéties. Ainsi, en 1989, avant de pénétrer sur la pelouse du Stade Vélodrome, j'avais averti toute mon équipe : « Si les Marseillais sont champions de France à la fin du match, chacun se précipite sur un adversaire pour échanger son maillot avec le sien. Vous récupérerez la tunique du champion, ce sera formidable pour vous, et vous garderez un excellent souvenir de la soirée. » Résultat : pendant toute la durée de la fête qui célébra l'attribution du titre, les joueurs de l'OM défilèrent devant les caméras de télévision avec le maillot « Chaillotine » sur le dos, la marque de notre sponsor, ravi d'une pareille publicité, aussi inattendue que gratuite. Tapie ne me sermonna jamais ouvertement mais je me doute bien qu'on lui en fit la remarque. Et, probablement, le reproche.

Sur fond de corruption

Avec lui, il valait mieux rester sur ses gardes. Je ne relâchais jamais ma vigilance. Je n'avais pas intérêt. Néanmoins, il en racontait beaucoup plus qu'il n'en faisait, souvent par vantardise et simple bravade. Le jour de son retour à Auxerre avec l'équipe de Marseille, en décembre 1990, Boli avait recueilli cette confidence de Tapie, exprimée paraît-il sur le ton de la plaisanterie, quelques heures avant le début de la rencontre : « J'ai sept de tes anciens copains dans la fouille. Ce match, on va le gagner facilement… » À l'arrivée, mon équipe l'emporta 4-0, ne laissant pas l'ombre d'une chance à son adversaire qu'elle surclassa du début à la fin. Un résultat qui, en passant, coûta sa place d'entraîneur à Franz Beckenbauer lui-même ! Rigolard, Basile se précipita sur Tapie dès la fin du match et le prit par les épaules : « T'as vu mes quatre ex-potes que tu n'avais pas dans la poche comme ils ont bien joué, hein ! »

Comment démêler le vrai du faux dans tout ce qui se racontait ? Comment faire la part des choses entre la réalité et le roman dans tout ce qui s'écrivait ? Qu'il y ait eu corruption lors du match disputé à Valenciennes, en 1993, ça ne fait aucun doute : les preuves irréfutables ont été apportées, les aveux d'Eydelie ont été formulés et l'affaire a été jugée. Mais le reste ? Toutes ces rumeurs colportées et ces murmures propagés ? Pour ma part, je demeure campé sur une position, dont je ne démords pas : en droit pénal, il n'est pas possible de porter des accusations sans fournir des éléments probants et des témoignages dignes de foi. Moi, je n'en ai jamais eus. D'autres en possèdent peut-être, mais pas moi.

Bien entendu, je pourrais reprendre toutes mes confrontations face à l'OM et retrouver des décisions arbitrales contestables. Je me rappelle en particulier d'un match au Vélodrome. L'arbitre siffla un premier penalty imaginaire pour Marseille. Martini l'arrêta. Puis un second penalty, quelques minutes plus tard, inventé comme le premier. Martini le stoppa, une nouvelle fois. Devant mon banc de touche, je ne cessais de crier à destination de l'arbitre : « Encore un, encore un, encore un ! » Un troisième penalty dans la même soirée : on serait entré dans le *Livre des Records* ! Je pouvais observer au centre du terrain cet homme habillé de noir, agréable, estimable, intelligent, qui avait probablement succombé ce jour-là à un moment de faiblesse. Peut-être avait-il été victime d'une pression quelconque? Où s'arrête la pression et où débute la corruption? Vaste sujet. Un de mes amis prétend que la corruption commence dès que l'on accepte une invitation à boire un café… C'est dire si les frontières, selon lui, peuvent être ténues entre la bonne conduite et l'immoralité.

La vérité m'oblige à dire que des penalties indus, j'en ai concédé face à d'autres équipes. Et que des équipes qui s'estimèrent lésées face à Auxerre à cause d'un arbitrage jugé tendancieux, il en existe aussi. En football, on suppose souvent que les arbitres vous en veulent, mais surtout lorsque le mouvement du ballon ne vous est pas favorable.

Quelques jours seulement après la finale de la Ligue des Champions 1993 remportée par l'OM face à Milan, Bourgoin me proposa d'accomplir un mini-tour de France avec lui dans la version modernisée du Falcon mis à sa disposition, à titre d'essai, par la société Dassault. «Il y aura aussi Tapie à bord», me précisa-t-il, histoire que je ne sois pas surpris en montant dans l'avion. Il passa me récupérer à Auxerre, direction Genève puis Marseille. Tapie se trouvait en position de deuxième pilote à l'aller. Au retour, il laissa sa place à Bourgoin et vint s'asseoir à côté de moi.

L'envie de l'asticoter fut plus forte que moi.

«Il était à qui l'arbitre, l'autre soir, à Munich?»

«À ma pomme, évidemment!»

«Et les juges de touche?»

«Tu as vu? Il y en a un qui était avec Berlusconi. Il ne levait jamais le drapeau. Les Italiens étaient hors-jeu, eh bien, il ne levait pas! Il était à Berlusconi, je te dis!»

«Et l'autre?»

«L'autre, c'était un vrai con. Il n'était à personne!»

Le tout évoqué sur le mode d'une conversation au second degré où personne n'avance véritablement à visage découvert. En revanche, il ne fut pas question entre nous de VA-OM, sur lequel quelques éléments d'informations très contrariants pour le champion d'Europe commençaient à fuiter.

Pour ma part, en qualité de membre du conseil d'administration de la Ligue nationale du football, je connaissais tous les détails de l'affaire, décortiquée au cours d'une de nos réunions à Cannes. Ils paraissaient accablants pour Tapie. À la demande de Noël Le Graët, qui avait pris le dossier en main et qui voulait sanctionner la direction de l'OM, j'eus la lourde charge de convoquer, un lundi matin, au siège de la Ligue, rue de Courcelles à Paris, tous les entraîneurs de Première division, sauf celui de Marseille. Le résultat du vote à bulletins secrets, effectué sous le contrôle de Le Graët et de Jacques Thébault, directeur général de la Ligue, ne laissa pas planer la moindre hésitation: les dix-neuf entraîneurs, dont moi bien sûr, considéraient qu'il fallait poursuivre en justice les dirigeants de l'OM et, éventuellement, ceux de Valenciennes, puisque les faits de corruption étaient avérés. Notre profession se voulait solidaire de la Ligue qui avait décidé de porter plainte.

En tant que président des éducateurs et rapporteur de séance, c'est à moi que revint la responsabilité de l'annoncer à la presse, en particulier au journal télévisé de 13 heures dont je fus l'invité principal. Cette intervention médiatique me valut, pendant dix bonnes années, de recevoir un torrent d'injures lorsque je mettais les pieds au Stade Vélodrome et que le speaker énonçait mon nom. Quand les haut-parleurs crachaient: «Entraîneur:

Guy Roux », les supporters répondaient : « Enculé ! » C'est pourquoi je ne pus m'empêcher de rigoler quand on accabla Anelka pour avoir, paraît-il, marmonné le même mot dans un vestiaire en Afrique du Sud, devant une vingtaine de personnes ! Ce mot, je l'ai entendu proférer à mon encontre par des millions de spectateurs à Marseille, comme au Parc des Princes, et je n'ai jamais rameuté quiconque pour me plaindre, comme ce fut le cas en 2010. Ni même entendu qui que ce soit déplorer le traitement qu'on m'infligeait.

Dans cette affaire de corruption, Tapie fut condamné avec sévérité. Je pense que, s'il n'avait pas cherché à se mettre autant en avant lors de l'instruction, il n'aurait pas connu l'outrage de la prison. Les autorités décidèrent de le placer à l'ombre parce qu'il accaparait trop la lumière.

PSG, deuxième au classement, refusa de récupérer le titre de champion de France 1993 auquel il pouvait prétendre puisque l'OM en était dépossédé. Je me souviens encore de cette réunion du CA de la Ligue où Pierre Lescure nous expliqua, grosso modo, que Canal+ ne voulait pas prendre le risque de perdre ses abonnés marseillais. Et où Jacques Chirac en personne, alors maire de Paris, téléphona pendant notre séance, pour nous dire la même chose pour des raisons différentes : il n'avait aucune intention de compromettre sa campagne pour l'élection présidentielle de 1995 ! Nous nous retrouvions au beau milieu d'enjeux financiers et politiques qui nous dépassaient et qui sont historiquement intéressants. Noël Le Graët accepta de ne pas attribuer le titre de champion de France 1993 pour ne pas déstabiliser Canal+, principal pourvoyeur de fonds du football français. Il négocia en coulisses avec Jean-Louis Campora pour que Monaco prenne finalement la place de l'OM en Ligue des Champions. Tout le monde sauvait ainsi la face au prix de quelques petits arrangements entre amis facilités, sans aucun doute, par un Jean-Claude Darmon toujours prompt à se rendre utile.

Le discrédit qui tomba sur l'OM eut une heureuse conséquence pour Auxerre, qui s'empara d'une place en Coupe d'Europe, à laquelle sa sixième position en championnat ne lui donnait pas droit. Il fallut néanmoins que je me batte avec virulence pour l'obtenir, notamment contre le représentant de Bordeaux, Jean-Didier Lange, qui aurait préféré que les clubs qualifiés se partagent le gâteau européen sans nous. Il n'en était évidemment pas question.

Une place de choix

Au risque de surprendre, je sais gré à Tapie d'avoir insufflé un vent de fraîcheur dans un football français austère, auquel il apporta une dimension spectaculaire nouvelle. Grâce à son dynamisme et à son inventivité, il a réussi l'exploit d'amener le football à la une de tous les médias, y compris ceux qui ne s'y intéressaient pas.

Il enveloppa Marseille d'un univers de fête. Il créa de toutes pièces une grande équipe, avec des moyens financiers importants, et bouscula le train-train d'un championnat qui ronronnait. Il contribua à garnir les stades, le sien et ceux des autres. Il recruta la plupart de ses joueurs en France, en injectant de l'argent dans l'économie des clubs, comme le fit Jean-Michel Aulas après lui, et comme s'y refusent aujourd'hui les Qataris du PSG et le Russe de Monaco. Il permit à une équipe française de participer à deux finales de Ligue des Champions, et d'en gagner une. Ce fut un immense événement pour notre pays, qui ne connut aucune autre réussite dans la plus grande des compétitions de clubs. Il dénicha des joueurs, un peu partout en Europe, dont il assura la promotion au point de les propulser au sommet de la hiérarchie européenne. Je pense en particulier à Waddle et à Boksic. Il avait une réelle sensibilité pour le jeu et pour la tactique, et une grande habileté à discerner les qualités et les défauts d'un joueur. Il ne se trompait pas, ou rarement. Quand il recruta Boli, il savait qu'il engageait un défenseur qui pouvait prendre le ballon dans les pieds de n'importe quel attaquant dans la surface sans commettre la moindre faute. En considérant son activité à la tête de l'OM, je jugeais qu'il possédait au moins 80 % des connaissances d'un entraîneur de premier plan.

Je peux le constater, tout en affirmant que je n'aurais jamais pu devenir l'entraîneur d'un club dirigé par un président comme Tapie. Je l'imagine déjà changer la composition de mon équipe, au dernier moment, dans le vestiaire ! Prendre l'éponge et effacer deux ou trois noms sur le tableau noir. En écrire d'autres, et modifier la tactique prévue. Il y aurait eu des étincelles. Et il se serait vite retrouvé tout seul sur le banc de touche. Sans moi.

Lorsqu'il tenta de revenir à l'OM, au début des années 2000, à l'appel de Robert Louis-Dreyfus, le charme était rompu. Le monde du football avait sans doute eu sa dose de Tapie et, au fond, il ne désirait plus sa présence. Lui-même ne possédait plus cette magie qui le transformait, aux yeux du public, en faiseur de miracles. S'il manifeste parfois encore l'intention de revenir, je perçois surtout l'attitude d'un vieil amoureux qui ne veut pas admettre que le temps de ses premières amours est définitivement passé.

Quand je porte un regard en arrière, sur l'ensemble de ma vie professionnelle, beaucoup de personnalités émergent. Parmi elles, Tapie occupe une place de choix. J'avoue m'être servi de lui pour avancer et pour permettre à Auxerre de… grandir. Pour mobiliser un public, remplir des tribunes, assurer un spectacle et captiver les télévisions, si vous ne construisez pas une légende, vous n'y arrivez pas. Quand je ne voulais pas répondre aux questions d'un journaliste sur un sujet qui ne me convenait pas, je le détournais immédiatement sur Tapie. Je savais qu'il aurait alors de la matière et, souvent, l'occasion de rédiger un bon article. Le face-à-face Roux-Tapie : une vieille ficelle, qui fonctionnait remarquablement bien ! Tapie était un tremplin idéal pour rebondir. Il m'a été très utile.

Il fit partie des décors de ma vie, et de ses décors joyeux, car je peux le dire sans exagération : j'ai pris du plaisir à le côtoyer et à m'opposer à lui.

6

Ouvert sur le monde

Disciple de Pierre Flamion

Au FC Limoges, où j'avais une licence amateur en 1958, l'animation sportive du club reposait sur la compétence de deux entraîneurs : Pierre Flamion, qui s'occupait de l'équipe première, et Maurice Cailleton, son adjoint, qui dirigeait la réserve. Vers 20 ans, j'ai voulu savoir auprès de Flamion si je pouvais devenir un bon professionnel de Première division. Sa réponse ne se fit pas attendre cinq secondes. Elle avait le mérite de la franchise. « Non, tu es trop lent, tu manques de vivacité ; en revanche, tu pourrais faire carrière en Deuxième division car tu as une bonne technique et un bon physique. » Je rêvais de Marseille et de Saint-Étienne, il me répondait Perpignan et Besançon ! On n'était pas vraiment sur la même longueur d'onde. Mais il argumenta avec l'art et la manière de celui qui a le don du management : sans provoquer mon accablement, en tout cas sans que je me mette en colère. Il savait « envelopper » ses décisions, et les accompagner par le geste et la parole. Il prenait le joueur par la taille, il lui chuchotait deux ou trois mots à l'oreille, il blaguait avec lui, il ne lui faisait pas la bise mais c'était tout juste. Il mettait tout le monde dans sa poche.

Un jour, il me prit à part pour m'expliquer la différence entre un amateur et un professionnel. « Quand l'amateur reçoit la balle, il regarde puis il joue. Quand un professionnel reçoit la balle, il joue avant même d'avoir regardé. » Il voulait me faire comprendre que la *vista*, la clairvoyance, la rapidité représentaient des atouts fondamentaux pour le haut niveau.

Pierre Flamion était un intuitif, qui fonctionnait au feeling. Il était intelligent et instruit pour l'époque : avec le baccalauréat, il évoluait un cran au-dessus de ses collègues dont la scolarité, pour la plupart, s'était arrêtée avec le certificat d'études. En dehors du terrain, les entraîneurs ne bénéficiaient pas d'une image flatteuse dans l'opinion. J'en ai même connu un qui, lorsqu'il descendait à l'hôtel, inscrivait sur le registre de l'établissement « représentant de commerce », pour se valoriser. Il n'osait pas avouer appartenir à une profession qui s'apparentait à celle des saltimbanques. C'était un temps où les entraîneurs administraient des équipes composées d'apprentis ouvriers, comme Aimé Jacquet, qui avait manié la lime dans une usine de Saint-Chamond, ou Raymond Kopa, qui se coupa un doigt en poussant un wagonnet de mine à Noeux-les-Mines.

Pierre Flamion, lui, aimait l'animation de groupe. À l'entraînement, les joueurs n'arrêtaient pas de se bousculer entre eux, et les tacles sur des terrains en mâchefer faisaient horriblement mal. Les coups partaient vite, et dans tous les sens. Il regardait la scène pendant trois ou quatre minutes, s'en amusait presque, sifflait, puis balle au centre. Et ça repartait sur le même tempo. Au final, les perdants payaient le coup aux vainqueurs. Les gars, en majorité des ouvriers, repartaient chez eux en Solex, le sac en bandoulière, ayant oublié les explications musclées.

Il avait cette capacité à être en symbiose profonde avec les hommes qu'il menait. Il gérait à la perfection.

En même temps, il mettait l'accent sur la technique individuelle, avec l'organisation de petits jeux et de procédés inventifs. Il cherchait à surprendre son groupe et à le transcender par des approches originales. Il était né à Mohon, dans les Ardennes, comme Roger Marche, mais c'est plutôt Albert Batteux qui le marqua dans sa façon de vivre le football. Il était lui-même un excellent technicien, à l'aise avec le pied gauche comme avec le droit. Il possédait une protection de balle qu'il faisait admirer aux entraînements. Parfois, il ridiculisait ses propres joueurs dans les sept contre sept auxquels il se mêlait volontiers. Même Armand Penverne et Raymond Cicci n'étaient pas toujours à la noce avec lui !

Je dois à Pierre Flamion l'envie d'entraîner une équipe professionnelle. Je lui dois aussi la découverte des qualités pour exercer ce métier. Il me conforta dans ma volonté : « Tu as raison, tu es un mordu, tu es fait pour cela. » Il ajouta un conseil que je m'efforcerais d'appliquer tout au long de ma carrière : « Je te souhaite d'entraîner un jour dans un grand club. Mais n'oublie jamais une chose essentielle : tu ne pourras pas perdre deux matchs de suite sans entendre sonner le tocsin. Dans un club plus modeste, ce sera trois fois, pas plus. » J'ai été élevé dans ce principe de base qui traverse toutes les époques et qui orienta ma ligne de conduite.

Je suis un disciple de Flamion.

Comme Arsène Wenger et Gérard Houllier !

J'ai longtemps considéré que le fait de ne pas avoir été un joueur de premier plan constituait un handicap pour devenir entraîneur. Je pensais ne pas posséder un bagage suffisant par rapport à mes confrères. À la réflexion, je pense m'être trompé. Le statut de grand joueur ne garantit rien, et le métier d'entraîneur peut sourire à tous ceux dont la passion, la volonté et le travail guident les pas. Je constate, par exemple, que l'un des cinq meilleurs entraîneurs actuellement en exercice, Arsène Wenger, ne fut qu'un modeste joueur de l'équipe B de Strasbourg. Il est même le plus grand manager de club au monde puisque, à Arsenal, son rayon d'action et d'influence dépasse le seul cadre du terrain. Gérard Houllier, lui, était un footballeur d'un rang encore plus modeste. Mais sa propre évolution l'a conduit à opérer une synthèse entre les qualités d'Alex Ferguson et celles de Pierre Flamion. Quelle formidable réussite fut la sienne à Liverpool !

Le footballeur d'exception qui choisit d'embrasser la carrière d'entraîneur peut considérer que ses joueurs ne lui arrivent pas à la cheville. Il risque alors de ne pas faire long feu dans le métier. Je me suis toujours placé à l'exact opposé de l'échelle. J'estimais constamment que les joueurs d'Auxerre m'étaient très supérieurs et que je commettrais une grave erreur à vouloir me comparer à eux. Je me proposais surtout de les aider à progresser, et de me mettre à leur service.

Djibril Cissé, par exemple, travailla d'arrache-pied sa reprise de volée. À chaque entraînement, pendant de longues minutes, je le prenais avec moi. Je lui disais : « J'ai bien conscience que je te demande beaucoup, au bout d'une course de 100 mètres accomplie sur des bases olympiques. Ce ne sera pas facile pour toi. Mais essaie ! Essaie, applique-toi dans ton exercice, et tu verras, un jour, tu seras récompensé de tes efforts ! » Il fallait bien lui « vendre » l'affaire pour le convaincre. Je m'appliquais à corriger son geste afin qu'il descende bien l'épaule, mais pas trop, avant d'armer son tir. À force de travail et de patience, il progressa dans l'exercice, au point de réussir à marquer quelques buts « d'école ».

Un ancien grand joueur aurait-il pris le temps nécessaire pour accompagner Djibril dans son évolution ? Se serait-il astreint à une tâche répétitive et méticuleuse, parfois ingrate ? N'aurait-il pas été tenté de lâcher en cours de route, de guerre lasse ?

Comme Arsène Wenger ou Gérard Houllier s'y sont employés, eux aussi, j'ai compensé mes faiblesses et mes lacunes de footballeur par une activité de rattrapage permanente. Elle consista à aller pêcher des idées un peu partout dans le monde et à observer le fonctionnement de mes confrères.

La magie des Brésiliens

En 1970, j'avais rassemblé quelques économies pour m'offrir un voyage au Mexique afin d'assister à la Coupe du monde. Je n'étais pas accrédité par un média et, pour monter dans le bus des journalistes et me rendre gratuitement au stade, j'avais exhibé ma carte de pêche comme sésame. Je me suis retrouvé en compagnie de François Thébault et de Francis Le Goulven, les deux envoyés spéciaux du *Miroir du Football*, avec lesquels j'aimais beaucoup discuter. Pour pénétrer à l'intérieur du Club de l'Atlas de Guadalajara, cerné par des murs infranchissables, où l'équipe du Brésil s'entraînait, il fallut que je ruse, une nouvelle fois. Ou plutôt que le chef du poste de garde comprenne que le billet de cinq dollars que j'avais glissé dans mon passeport lui était destiné. Grâce à ce « pourboire » non officiel, j'eus la possibilité d'observer et de décortiquer toutes les séances des Brésiliens, futurs champions du monde, pendant trois semaines. Je n'avais pas perdu mon temps.

La joie communicative qui se dégageait de leurs exercices était fantastique. J'étais moi-même aux anges, stupéfait par des animations que je n'avais encore jamais vues. L'une d'elles attira mon attention. Le groupe se plaçait en cercle autour du rond central et, à une distance d'une trentaine de mètres, les joueurs, deux par deux, s'adressaient des ballons à haute dose pendant un quart d'heure. Ils arrivaient tous dans les pieds avec une précision diabolique. Et si les deux ballons se touchaient en l'air, par accident, les joueurs, pliés de rire, se tapaient sur le ventre, se couchaient à terre où ils se roulaient pendant plusieurs minutes. De véritables gamins!

Rivelino m'impressionna par la justesse de sa passe longue. Il prenait le ballon, dribblait avec des déhanchements diaboliques et partait dans de grands éclats de rire. Le spectacle était total, qui se concluait par un match opposant l'ensemble de la délégation répartie en deux équipes de vingt: les joueurs, dont Pelé, mais aussi les médecins, les kinés ou les intendants y participaient! La finalité du jeu consistait de permettre à un «civil» d'inscrire un but. Et, lorsqu'il y parvenait, les embrassades pleuvaient et les cris hilares trouaient l'atmosphère.

Huit années plus tard, j'ai eu le bonheur de suivre l'entraînement conduit par Mario Zagallo à Botafogo, l'un des clubs de Rio de Janeiro. Il durait quatre heures. Les joueurs sortaient un à un des vestiaires et prenaient un petit café, dehors, avant de participer aux différents ateliers de travail, physique et technique. Entre deux séquences, ils faisaient un petit détour pour parler avec les nombreux journalistes qui ceinturaient le terrain et qui animaient, en direct, des émissions de radio. Puis ils partaient se remettre en action, non sans avoir avalé un autre café au passage. Et le cycle reprenait ainsi toute la matinée dans une sorte d'exubérance parfaitement assumée et contrôlée.

En 1978, j'étais en Argentine, où la Coupe du monde venait de se dérouler. Stefan Kovacs, que j'avais rencontré là-bas par hasard, fut mon inséparable compagnon de voyage pendant trois semaines. Je l'avais combattu lorsque la Fédération lui avait offert la responsabilité de l'équipe de France en 1973, de préférence à un technicien français. Mais ni lui ni moi ne regardions en arrière. Nos seules préoccupations nous ramenaient vers la compétition. À chacun de nos déplacements dans le pays, il me faisait part de ses idées sur le football, celles qui lui permirent de mener l'Ajax Amsterdam au sommet de l'Europe en 1972 et 1973. Son esprit était constamment en éveil.

Un jour, dans la banlieue de Buenos Aires, sur un terrain à peine convenable, et dans un brouillard qui rendait la visibilité incertaine, un match mettait aux prises deux équipes de quartiers. « Regarde bien, me dit-il. Il est possible qu'on découvre un exercice qu'on ne connaît pas et qui nous permettra, un jour, de faire gagner nos équipes. » Pendant une bonne trentaine de minutes, il ne lâcha pas les acteurs de l'œil. Et, lorsqu'il estima en avoir assez vu, on reprit la voiture pour suivre notre route.

Une autre fois, à peu près dans les mêmes conditions, il me prit à témoin alors que l'équipe locale n'avait pas su profiter d'un corner : « Si les corners de ton équipe arrivent systématiquement sur la tête ou sur le genou de ton adversaire au premier poteau, au lieu d'engueuler ton joueur, demande-toi si tu as exigé de lui qu'il en tire trente dans la semaine. Sinon, c'est ta faute ! » Adepte d'un football total, il prêtait attention au moindre détail. Il me parlait souvent de la répétition des gestes, facteur essentiel de la progression individuelle, un principe de base des écoles de football de l'Europe de l'Est, notamment de la Roumanie.

J'avais recueilli avec intérêt ce qu'il me disait. Je notais tout dans un carnet. Je savais que ses conseils me serviraient.

Reçu comme un roi à Barcelone

Je connaissais l'entraîneur que Stefan Kovacs avait remplacé à Amsterdam : Rinus Michels, qui eut la gentillesse de m'accueillir, en 1975, à Barcelone où son contrat arrivait à échéance. La situation était originale puisque, pendant mes deux semaines d'observation, Hennes Weisweiler, qui lui succédait à la tête du Barça, était présent à ses côtés. Comme si Carlo Ancelotti et Laurent Blanc avaient cohabité, en mai 2013, pour diriger le Paris Saint-Germain.

Le championnat d'Espagne avait déjà rendu son verdict avec le titre de champion décerné au Real Madrid. Il restait la Coupe du Roi à disputer, pour laquelle les deux Johan, Cruyff et Neeskens, n'étaient pas qualifiés. Ils participaient pourtant activement aux entraînements que Carles Rexach, homme de base de l'équipe, suivait avec une grande application.

Rinus Michels et Hennes Weisweiler me témoignèrent un très grand respect. Je n'étais qu'un modeste entraîneur d'un club de Deuxième division française, dont le sort leur importait peu, mais j'eus droit à une chaise dans le bureau principal des entraîneurs et, sur le terrain d'honneur, je pus assister à leurs côtés aux séances de travail qu'ils organisaient. Elles avaient une fière allure. Ils se postaient au milieu des joueurs et dirigeaient la manœuvre par le geste et la parole. Un comportement exemplaire.

Pour Rinus Michels, la mobilité des joueurs était essentielle. Et tous devaient posséder un bagage technique complet pour l'animation de jeu qu'il préconisait. Circulation du ballon, pressing, replacement, création et occupation des espaces, rapidité… Il prônait des changements de position incessants, une couverture systématique en défense et un contrôle continu du ballon. La qualité du jeu passait, à ses yeux, par ce travail inlassable répété à l'entraînement. Tout était minutieux, pensé, réfléchi, calculé. Sa voix forte portait, sans jamais qu'il ne l'élève exagérément. Les joueurs l'écoutaient : à 98 %, on pourrait dire qu'ils adhéraient. Mais je sentais bien, aussi, qu'ils n'avaient pas vraiment le choix.

Je me suis toujours arrangé pour que mes entraînements aient de la tenue, et un contenu riche en exercices techniques. Ce fut l'un des enseignements de ce stage de quinze jours à Barcelone.

À 73 ans, Alex Ferguson dirigeait encore les trois quarts des entraînements de son équipe de Manchester United, quel que fût le temps. Quand il pleuvait à torrents ou que le froid glaçait les os, il se plantait au cœur de la troupe, avec son survêtement et son K-Way, pour orienter le travail. Comme si rien n'avait réellement de prise sur lui. Même après mon pontage, je m'étais moi aussi imposé de revenir rapidement sur le terrain. Au bout de vingt-trois jours, j'avais construit une petite tente pour me protéger mais je pouvais presque toucher mes joueurs, qui couraient à quelques mètres de moi.

Le chef doit être « dedans », pas sur le côté ou à l'extérieur. Jamais à l'extérieur.

Après l'élimination de Barcelone à Saragosse, où je m'étais rendu avec l'ensemble de la délégation du club,

Rinus Michels rassembla l'effectif au Camp Nou. Sous une tribune du stade, il organisa un méchoui géant pour fêter le début des vacances et son départ du club. Il appela la trentaine de joueurs un à un, et remit à chacun un pendentif avec une petite croix. Il les embrassa, leur souhaita bonne chance pour la suite de leur carrière, et disparut.

Tout cela sous les yeux de Hennes Weisweiler, aux premières loges pour apprécier la classe de celui à qui il allait succéder.

Les secrets de Hennes Weisweiler

Dénicheur et polisseur de talents, notamment à Mönchengladbach où il avait fait grandir des joueurs comme Netzer, Vogts, Heynckes, Bonhof et Simonsen, Hennes Weisweiler savait lui aussi être très proche de ses joueurs. Mais il appliquait toujours une règle d'or : ne jamais laisser bafouer son autorité. Celle du patron. Il connut de telles difficultés relationnelles avec Johan Cruyff qu'il dut abandonner son poste au bout d'un an. La cohabitation de ces deux chefs charismatiques était impossible.

Je l'avais retrouvé avec un immense plaisir, quelques années plus tard, le samedi 2 juillet 1983, à l'occasion d'un match de Coupe des Alpes, entre Auxerre et le Grasshopper Zurich, qu'il entraînait désormais. Pendant près de deux heures, avant le coup d'envoi, nous nous étions installés tous les deux sur le talus qui surplombait le petit stade de campagne de la banlieue de Zurich. Il faisait beau, le cadre était charmant et la discussion passionnante.

Hennes Weisweiler avait formé, jusqu'en 1973, à l'université de Cologne, les futurs entraîneurs de la

Bundesliga : les Rehhagel, Willibert, Kremer, Jurgen et Sundermann. Il maniait à la perfection la théorie et la pratique, et j'écoutais attentivement tout ce qu'il me disait. À l'évidence, il avait beaucoup plus à m'apprendre que moi à lui enseigner.

Il appartenait à cette ancienne génération qui avait découvert le jeu dans la rue et qui en gardait un sens aigu des réalités. Il m'exposa sa conception du football moderne, une synthèse de la force et de la vitesse, du collectif et de l'individuel, de la défense et de l'attaque, de la simplicité et de la fantaisie.

Recroquevillée en défense, mon équipe allait énormément souffrir face à la sienne. Mais, grâce à deux éclairs de Jean-Marc Ferreri et de Bernard Ferrer, elle l'emporta contre le cours du jeu. Un résultat anecdotique au regard de cette journée magnifique, de la richesse de ma conversation avec Hennes Weisweiler, de sa disponibilité et de son esprit de dialogue et d'ouverture.

Ce fut notre dernière rencontre.

Trois jours plus tard, le mardi 5 juillet, à la surprise générale, il succombait à un infarctus, à l'âge de 62 ans.

7

Une poigne de fer dans un gant de velours

Des frottements dans le vestiaire

S'il veut réussir dans ce qu'il entreprend, l'entraîneur doit se montrer féroce avec le monde qui l'entoure, sous peine de se faire avaler et de ne plus exister. Il est un plat de manioc au milieu de dix Africains qui n'auraient pas mangé depuis trois jours. Le danger vient de partout : du président qui contrôle tout ; des joueurs qui feintent et qui résistent ; des agents qui déstabilisent les joueurs ; de la presse qui cherche à vendre du papier, de l'image ou du son ; des supporters qui exercent leur pression... Autour de l'entraîneur, la menace pèse en permanence. Il est une proie.

Il n'a pas d'autre alternative que d'affirmer sa force et son aptitude au combat, le seul moyen pour se faire respecter. Sans cette agressivité, il est mort. Il est un professeur de lycée, face à une classe d'élèves turbulents qui ne veulent rien apprendre. Je n'ai pas conservé mon agence d'assurances pendant trente-sept ans pour le seul plaisir de m'occuper l'esprit et de maintenir l'emploi de mes deux salariés. Il y avait toujours, chez moi, cette idée sous-jacente que je n'avais pas besoin de rester en poste coûte que coûte pour gagner ma vie. Je ne voulais pas être dépendant des lubies et des caprices des uns et des autres. Ma liberté d'action était à ce prix.

J'étais un entraîneur de vestiaire. Là, face aux joueurs, j'ai pris des coups. Et j'en ai donné. Mais je ne les ai jamais trompés. Je leur ai toujours dit la vérité, y compris lorsque je ne me sentais pas bien. Les jours qui suivirent la mort de ma grand-mère, en 1978, j'étais effondré, anéanti, épuisé. Pendant six semaines, j'étais allé la voir, chaque après-midi, à l'hôpital. Mon corps et ma tête me lâchaient. Incapable de diriger l'équipe, j'avais demandé à Serge Mesonès de la prendre en main: «Les séances d'entraînement, la stratégie, la composition d'équipe, la presse, je m'en occupe. Mais à toi d'emmener les gars, je n'en ai plus la force!» Il accepta le challenge. Il fut exceptionnel. On boucla les six derniers matchs de la saison sans perdre une seule fois.

Ma deuxième année en Première division, toute l'équipe faisait front commun contre moi. Comme si elle cherchait à me pousser dans mes derniers retranchements. C'était l'époque des Joël Bats, Gérard Lanthier, Patrice Garande, Dominique Lokoli, Andrzej Szarmach... J'avais tenu à préserver cette âme frondeuse pour m'en servir comme d'un levier. Un jour, j'avais explosé: «Ah, vous vous battez contre moi? Allez-y, continuez, ne vous gênez pas! Mais battez-vous aussi contre eux, vos adversaires. Nos adversaires, je vous le rappelle!» La mise au point fonctionna comme je l'espérais: on s'est redressé pour finir à la 15e place alors que la 20e, à un moment de la saison, nous tendait les bras. Je n'arrivais pas à les transcender, donc je les malmenais. Chaque jour, on se regardait en chiens de faïence. Pendant les footings de quinze kilomètres que j'organisais dans la forêt, ils me laissaient cinquante mètres devant, tout seul. Dans mon dos, je me doutais que les commentaires allaient bon train. Mais je ne bronchais pas.

Dans le feu de l'action, en match ou à l'entraînement, certains joueurs m'envoyaient promener après une réflexion énergique de ma part.

« Replace-toi ! Tu reviens défendre oui ou non ? »

« Merde ! »

La réplique pouvait être violente. Je ne m'insurgeais pas. Je faisais la sourde oreille, et je passais à autre chose. Le football n'a rien à voir avec un concours de bridge. Ça fait du bien de gueuler. C'est même parfois nécessaire. Mais le lendemain matin, pendant le décrassage, je mettais les choses au point pour recadrer le joueur qui s'était laissé aller à braver mon autorité. Il ronchonnait, il maugréait, il grimaçait mais il m'écoutait. Et tout rentrait dans l'ordre.

Mon management des hommes pourrait se résumer à cette formule : de l'ordre dans un désordre apparent. La « schlague » n'est pas un bon mode de fonctionnement. Si l'entraîneur bride trop ses joueurs, il ne reçoit rien d'eux.

J'étais un « souple dur ». Une poigne de fer dans un gant de velours. J'ai toujours refusé, par exemple, que les dirigeants imposent aux joueurs de porter un costume labélisé club. Qu'ils aient la même tenue sur le terrain, bien sûr, y compris le survêtement, mais pourquoi devraient-ils en détenir une identique en dehors ? Je voulais que le génie personnel de chacun s'illustre. Que les individualités se distinguent, y compris dans leur accoutrement. Je me souviens de notre déplacement à Amsterdam pour affronter l'Ajax. Parfaits, les Hollandais, avant le match : les chaussettes assorties à la couleur de la cravate, mêmes blazers, ils étaient entrés dans le hall du stade en rangs serrés. Dennis Bergkamp, les frères De Boer, tous, sans exception, marchant au pas, ou presque. Incroyable ! Et, devant eux, Louis Van Gaal ouvrait la voie, cheveux ras, nuque bien dégagée. On aurait dit un officier prussien.

Christophe Cocard, lui, arborait un bermuda à fleurs et Pascal Vahirua je ne sais plus quel blouson baroque. Que le groupe soit discipliné, d'accord, mais que l'imagination puisse s'exprimer, d'accord aussi.

Tout le travail d'un entraîneur vise à ce que les joueurs adhèrent au projet collectif, qu'ils mangent bien, se soignent bien, dorment bien, se reposent bien. Il faut aussi les aimer, et leur montrer votre amour. Qu'ils aient envie de faire les pitres de temps en temps, rien de plus normal, mais si l'entraîneur les punit, il se punit lui-même. Si son meilleur joueur a agi comme un imbécile pendant la semaine, il peut décider de le sortir de l'équipe. Mais s'il perd finalement le match, il a l'air de quoi à l'arrivée?

Toutefois, j'étais toujours sur mes gardes. La veille des matchs, j'organisais une première patrouille à 22 heures, puis une seconde une heure après, avec les veilleurs de l'hôtel où l'équipe logeait. Une fois la ronde terminée, je leur montrais des billets à l'effigie de Pascal. Et je les sensibilisais pour le reste de la nuit: «Si un joueur fait le mur et que vous me prévenez, le billet sera à vous!» Dans toute ma carrière, je n'ai eu à lâcher que 1000 francs, autrement dit l'équivalent de deux sorties intempestives. Mais je ne me berce d'aucune illusion: les joueurs ont dû se débiner d'autres fois sans que je le sache.

Je n'ai jamais voulu pratiquer le système des amendes. Au début de ma carrière, les joueurs n'étaient pas payés. Je ne pouvais tout de même pas leur soutirer de l'argent! Mais, même plus tard, quand ils percevaient des sommes confortables, j'estimais qu'on leur devait leur salaire. Il était sacré, on ne devait pas y toucher. Avec moi, la punition prenait une tournure bien différente: un footing supplémentaire dans la forêt ou une double ration d'entraînement. Ça leur ôtait l'envie de recommencer.

Combien d'écrivains ou de comédiens de talent sont-ils restés méconnus du grand public pour n'avoir pas vécu à la bonne époque, ou au bon endroit, ou pour n'avoir pas su se faire remarquer?

Un entraîneur, comme un écrivain ou un comédien, a besoin d'une part de chance et de mise en scène pour bien se vendre. Il doit même savoir jouer des coudes pour tenter de se faire une place au soleil. Je me souviens, par exemple, que Gérard Houllier s'était rapidement mis sur les rangs pour devenir le successeur de Michel Platini à la tête de l'équipe de France après l'Euro 1992, en Suède. Et qu'il avait parfaitement réussi son entreprise de séduction.

Dans un monde où les médias occupent un espace de plus en plus vaste, l'entraîneur doit s'appuyer sur des bases solides dans l'art de la communication. S'il est naturellement un bon communicant, il peut même aspirer à devenir un homme public pour peu que sa personnalité plaise. Soit en étant sincère, soit en faisant le clown.

Alex Ferguson est pour moi le symbole du communicant qui n'a pas eu à forcer sa nature. Il fut un joueur professionnel à la carrière obscure, un pur Écossais qui apprit son métier d'entraîneur à la base, en faisant ses classes dans son propre pays. Le président de Manchester United le remarqua et l'embaucha. Alex Ferguson participa activement à l'expansion de son club par la qualité de son travail et par l'excellente utilisation des hommes qu'il avait à sa disposition. Il faisait rarement la gueule, il répondait aux questions, il acceptait les rendez-vous médiatiques. Il parlait bien du football, ne se signalait pas par des propos déplacés ou par des comportements excentriques. L'idéal!

Autre archétype du grand communicant : José Mourinho, dont on se demande, parfois, s'il est sincère ou s'il joue un rôle. S'affiche-t-il tel un provocateur parce qu'il demeure le « Special One » au fil des ans ? Quoi qu'il en soit, il gagne tout et surfe, chaque année ou presque, dans un club différent, sur la vague insolente du succès.

Lorsque le Real Madrid affronta Auxerre en Ligue des Champions, en 2011, il fit un show extraordinaire en conférence de presse, comme souvent. Un journaliste portugais l'interrogea avec une légère pointe d'agressivité, dans sa langue natale, sur les raisons de la non-titularisation d'un joueur madrilène. José Mourinho le laissa dire et le regarda fixement. Je savais que la salve partirait. Je ne fus pas déçu. Il lui répondit en espagnol. « Connais-tu le nom du club dont je suis l'entraîneur ? C'est le Real Madrid, le grand Real Madrid, recordman des victoires en Ligue des Champions. Et tu oses me poser des questions en portugais ? Mais tu n'as pas honte ? Tu n'as pas le respect de mon employeur... » Il le fracassa, provoquant un miniscandale dont il avait le secret, omettant sciemment de répondre à une question qui paraissait pertinente et qui devait l'embarrasser.

Il m'arrivait, à moi aussi, de pratiquer cette forme de diversion face aux journalistes dont les aspirations étaient souvent contradictoires vis-à-vis des miennes. Ma technique fonctionnait à merveille. Je dribblais leurs questions pour ne faire passer que les messages que je voulais voir publiés. Mais ils ne repartaient jamais sans rien : dans l'ensemble, le produit servi était exploitable ! Ils n'avaient pas trop à se plaindre quand ils revenaient dans leurs salles de rédaction.

Mais la communication ne suffit pas pour tenir.

Sans une compétence totale constamment remise à jour, sans créativité, l'entraîneur ne saurait longtemps convaincre. Je me la suis créée et, tout en me contrôlant, Jean-Claude Hamel et Gérard Bourgoin me suivirent aveuglément. Je reconnais avoir eu cette chance sans laquelle je n'aurais pas pu durer. Ils ne faisaient jamais ce que je n'avais pas demandé. Et ils se pliaient à la majorité de mes requêtes. Mais je m'autocensurais : j'avais bien remarqué que le petit Michel Platini, à Nancy, était un talent en herbe mais il ne me serait pas venu à l'idée de réclamer à mes dirigeants de l'acheter.

J'avais préféré reporter tous mes espoirs sur Serge Mésonès, son remplaçant. Sa venue à Auxerre était davantage dans nos cordes.

Un réalisme honteux

Georges Boulogne, mon mentor, préférait un système défensif fondé sur l'individuelle avec la couverture du libero, plutôt qu'une tactique reposant sur une défense en zone et la mise hors-jeu de l'adversaire. Dans les années 1960, la bataille faisait rage entre ces deux « écoles » très identifiées, qui comptaient chacune leurs partisans acharnés.

J'avoue avoir été influencé, après la Coupe du monde 1958, par le 4-2-4 des Brésiliens, et par leur jeu en zone que j'avais tenté de copier avec les moyens du bord. Mais, au retour de mon service militaire, je devais changer mon fusil d'épaule après avoir perdu trois matchs consécutifs sur des hors-jeu non signalés par des juges de touche. J'étais hors de moi. Mais je n'allais tout de même pas mettre ma carrière d'entraîneur en péril à cause d'hommes incapables de lever le bras et d'agiter un drapeau ! L'idée que mon sort puisse être remis entre les mains de personnes placées là, à l'époque, parce qu'ils n'étaient pas assez mobiles et intelligents pour devenir arbitres centraux, m'était proprement insupportable.

Ma «religion» tactique prit naissance à cette époque-là : dans mon équipe, il y aurait un libero et un marquage individuel pur et dur, avec une exigence de rigueur totale !

J'entendais dire, ici et là, que j'étais obtus ou archaïque, ou les deux, parce qu'Auxerre ne changeait pas de système. Il m'arrivait de surjouer cette consigne défensive, auprès des joueurs comme dans les médias, pour entretenir cette réputation. Je me fichais comme de ma première chemise de ce que l'on pouvait raconter à mon sujet. Je faisais rire l'Europe entière avec mon exercice «spécial Coupe d'Europe». Celui réservé aux veilles de matchs, quand votre futur adversaire délègue à un espion planqué dans les tribunes, jumelles en main, la mission de vous observer. Je demandais de balancer vingt ou trente ballons en profondeur vers la surface de réparation, que mes défenseurs devaient renvoyer de la tête. En Coupe d'Europe, je savais qu'on allait se faire pilonner, donc il fallait maîtriser les airs. Je laissais croire que la clef du match reposait sur cette seule phase de jeu. Et je m'occupais du reste.

J'ai passé ma vie à créer de fausses pistes et à ne cesser de les alimenter. J'ai même poussé l'indécence jusqu'à demander à mon équipe de ne pas «remonter» mais, au contraire, de rester assez bas dans notre camp. Je misais sur la rapidité de nos ailiers et la vitesse de notre avant-centre pour créer le danger chez l'adversaire. Pour avoir souvent joué, tout gamin, au jeu de l'épervier ou à des jeux de scouts, je savais que plus il y a d'espace devant vous, plus vous pouvez courir vite. S'ils étaient alimentés à partir d'une défense placée haut sur le terrain, mes attaquants n'auraient eu aucune place pour s'exprimer. Et pas beaucoup de chances de marquer.

Cette tactique avait un petit caractère archaïque? On peut m'adresser tous les reproches de la terre, mais elle montra sa cohérence et son efficacité sur une période significative. Elle m'imposait de lancer quelques lapins sur la pelouse, qui changèrent de noms au fil de ma carrière : Jean-Marc Ferreri, Pascal Vahirua, Christophe Cocard, Bernard Diomède, Khalilou Fadiga, Djibril Cissé, Lilian Laslandes, Gérald Baticle, et tant d'autres avaleurs d'espace.

Quand je voyais les chaînes de télévision tirer un trait sur l'écran pour bien marquer la zone de récupération du ballon sur le terrain, et louer le comportement des équipes qui s'en emparaient assez haut, vers la ligne médiane, je haussais les épaules. Auxerre laissait venir l'adversaire et donnait le temps à Djibril Cissé de reprendre son souffle. Il revenait en marchant avant de remettre le turbo.

Je dirais que c'était du réalisme honteux.

En revenant dans le circuit en 2001, après mon bref arrêt, je fis une volte-face qui surprit les observateurs. Il ne fut plus question, pour moi, de marquage individuel strict mais de défense en zone. J'abandonnais une part de l'héritage de Georges Boulogne pour découvrir celui d'Arrigo Sacchi, un maître du football moderne. J'avais demandé à Gérard Houllier qu'il me procure les principaux documents théoriques élaborés par le célèbre entraîneur italien, qui fut à la base du renouveau du Milan AC dans les années 1980. Après les avoir dévorés, j'avais cherché à mettre en pratique ses grands principes pour la première fois.

Il n'y a pas d'âge pour changer.

Profiter de la diversité galopante

Quel type de jeu pratique-t-on, aujourd'hui, en France? Je serais bien en peine de le dire. Je constate, avec regret, que la Direction technique nationale ne communique pas beaucoup sur ses initiatives, ses travaux et ses réflexions. Du coup, on ne sait pas trop ce qu'elle pense ni ce qu'elle impulse. Une sorte de flou l'entoure, dont elle n'arrive pas à sortir depuis quelques années. Au temps de Georges Boulogne, on pouvait ne pas être d'accord avec sa stratégie mais, au moins, il y en avait une, qui était divulguée.

Le football a ceci de merveilleux qu'il permet aux petits de s'exprimer dans un jeu à terre, à base de passes courtes et dans les pieds, mais aussi aux grands de s'éclater dans des mouvements plus aériens où le jeu de tête représente un atout fondamental. Barcelone d'un côté, l'Angleterre d'antan de l'autre symbolisent deux orientations différentes.

Les Français, eux, peuvent associer ces qualités différentes et offrir une identité de jeu inédite. Dans les Flandres ou en Alsace, les buveurs de bière sont des gaillards. Sur le pourtour de la Méditerranée, les footballeurs sont de taille moyenne et, sous la toise, ils ont bien cinq centimètres de moins que dans le Nord. L'originalité de notre pays est qu'il assimile aussi, dans sa population, 20 % de Nord-Africains et de Blacks, dont beaucoup de jeunes footballeurs.

Si j'occupais le poste de directeur technique national, auquel je n'ai jamais aspiré, je chercherais à tirer profit de la diversité galopante et du mélange des races pour marier des cultures différentes.

Et tenter ainsi de faire naître un football français plus moderne dans son expression.

8

Français, si vous saviez...

Bienvenue au club...

Je ne me vexe pas facilement. Ça me donne une certaine solidité vis-à-vis de ceux qui tentent de me froisser. C'est comme s'ils cherchaient à taquiner un éléphant en lui grattant le cuir. Pas très simple, ni très efficace. À la première réunion des entraîneurs français à laquelle je fus convié, en 1974, seuls deux de mes confrères sur quarante me saluèrent: José Arribas et Pierre Flamion, qui avait été mon entraîneur à Limoges. Deux sur quarante: on ne peut guère parler d'un accueil triomphal. Les trente-huit autres me toisèrent comme si j'étais le jardinier de l'Institut national des sports. Je venais du monde amateur, j'entrais par la petite porte et je regardais tous les participants en levant les yeux.

Le premier stage de formateurs auquel j'assistai me donna un bon aperçu de l'intensité du travail réclamé: lever à 5 heures, préparation athlétique poussée dès 5 h 15 et, pour le reste de la journée, douze heures de séances techniques, tactiques et théoriques qui s'enchaînaient à un rythme soutenu. Le stage, organisé au Centre des sports de Vincennes, s'étirait sur vingt et un jours et il y régnait une atmosphère de commando.

Je m'étais rapproché de Raymond Kaelbel, né comme moi à Colmar, qui avait besoin d'aide pour rédiger ses dissertations, car, en Alsace, le français n'était redevenu une matière à enseigner qu'en 1945. J'apprenais beaucoup au contact de professionnels comme Laurent Robuschi ou Angel Rambert, qui étaient plus habiles que les autres stagiaires dans tous les exercices techniques pratiqués sur le terrain.

Mais l'homme qui me marqua le plus, à cette époque, se nommait Pierre Pibarot. Ses conceptions me stimulèrent dans mon travail. Il estimait que l'amélioration technique du joueur passait par un travail individualisé et par la répétition inlassable de tous les gestes de base. Il nous enseigna son principe : « C'est la bonne maîtrise du ballon qui vous fera bien jouer. Il faut donc apprendre les gestes, sans relâche, et chercher à les perfectionner. C'est une question de volonté et de patience. » Il s'opposait à la méthode globale que les Nantais défendaient avec conviction. Ils affirmaient, eux : « Il ne faut penser qu'à jouer et, en jouant, on améliore obligatoirement sa technique. » Une façon assez différente de voir le football, et de le mettre en œuvre.

Jean-Claude Suaudeau et la secte jaune

La figure charismatique de Nantes, à l'époque, était José Arribas, un entraîneur d'une pureté morale inouïe. Je le considérais comme un saint homme. Après son décès, je lui ai succédé à la présidence des entraîneurs, alors que personne ne voulait occuper sa place. Un jour, il m'expliqua qu'il maîtrisait mal le français, en raison de ses origines espagnoles ; à l'écrit c'était même catastrophique, m'assurait-il. Pourtant, quand il parlait de football lors de nos réunions, son propos était toujours extraordinairement précis, lumineux et limpide. Il captivait un auditoire pendu à ses lèvres et acquis à sa cause. On entendait une mouche voler. Jean-Claude Suaudeau assuma son héritage, avec plus d'originalité encore sur le plan de la parole. D'ailleurs, il existait un langage propre au FC Nantes. Suaudeau utilisait très souvent le mot « mouvement », qui symbolisait sa méthode.

Je m'en suis aperçu, la première fois, lors d'une finale de CFA qui opposait Nantes à Saint-Étienne sur le terrain d'Auxerre. Du côté stéphanois, il devait y avoir Gérard Migeon, Christian Lopez et Sarramagna, Dominique Bathenay, en face de Jean-Claude Suaudeau et de Georges Eo, les principaux joueurs de l'époque. Plus tard, ils formèrent, avec Robert Budzinski et le kiné de Nantes, un quatuor de choc aussi infernal qu'admirable. Je les assimilais à une sorte de secte jaune, avec leurs codes, leurs rites, leurs habitudes, qu'ils protégeaient jalousement. Leur comportement frisait parfois des attitudes épouvantables sur un banc de touche. Il semblait impossible d'intégrer leur monde, encore plus de percer leurs secrets.

Pourtant, après un match amical entre Auxerre et Nantes conclu à Limoges, j'avais pu en savoir davantage. Jean-Claude Suaudeau accepta de donner une conférence à l'attention des éducateurs de la région et je m'étais glissé dans l'assistance, au fond de la salle, avec mon carnet pour prendre des notes. Jean-Claude Suaudeau remarqua ma présence sans broncher. Son discours fut passionnant de bout en bout, tout comme les exemples qu'il mit en valeur pour appuyer ses propos. Il parla notamment d'un exercice spécifique, le toro à sept, avec cinq joueurs ayant la balle et deux autres essayant de l'attraper, positionnés sur un carré de treize mètres. C'est un jeu très codé, très strict, accompagné de quelques variantes : à une touche de balle, ou à deux, avec des passes en diagonale au ras des pieds, etc. Pour la vivacité de geste et d'esprit, pour l'apprentissage du jeu court, la manœuvre mérite de figurer dans le petit manuel du parfait technicien. Pour l'avoir pratiqué peu de temps après, à Auxerre, je peux affirmer que c'est le toro le plus intelligent du monde.

Il n'évoqua pas les matchs très surprenants qu'il organisait de temps en temps au centre d'entraînement de la Jonelière, à Nantes : des matchs sans ballon ! Il demandait à ses joueurs, répartis en deux équipes, de se déplacer sur le terrain et de mimer des gestes, des passes, des tirs… avec un ballon virtuel. Une sorte de match fantôme où le mouvement des acteurs prenait le pas sur tout le reste. Je n'ai jamais bien compris le sens profond de ce jeu. Personne n'arriva vraiment à me l'expliquer. À croire que Jean-Claude Suaudeau fonctionnait dans un génie qui n'était pas accessible à tous.

Mon école de pensée, fondée sur l'analytique et le marquage individuel strict, se situait à l'exact opposé de la sienne.

À chacune de nos confrontations, deux symboles s'affrontaient. Et sévèrement, parfois.

À l'écoute de M. Albert Batteux

Mes relations avec Aimé Jacquet, l'autre grand entraîneur français des années 1980, à la tête des Girondins de Bordeaux, n'ont jamais atteint le même degré de tension. Il fut un rival sérieux dans la compétition et, à ce titre, il n'est pas sûr qu'il ait toujours apprécié mon management tonique le long de la ligne de touche. Pendant les matchs, je ne sortais jamais de mon combat : rien ne comptait plus que la victoire de mon équipe. Mais je n'ai pas le souvenir de la moindre parole déplacée entre nous.

Je l'avais ouvertement soutenu quand *L'Équipe* lui réserva un traitement indigne, avant la Coupe du monde 1998, en ciblant toutes ses critiques sur la personnalité d'Aimé. J'avais appris à le découvrir lors de nos réunions d'entraîneurs et, en le raccompagnant à l'aéroport d'Orly, qui se trouvait sur ma route de retour, il nous arrivait d'échanger des remarques plus personnelles.

Un jour de novembre 1981, il me sembla préoccupé. Il m'interrogea.

« Qui, selon toi, est le plus heureux de nous deux ? »

« Bordeaux est premier au classement et Auxerre avant-dernier. Tu me poses là une drôle de question : toi, bien sûr ! »

« Eh bien, détrompe-toi ! »

« Ce n'est pas toi le plus heureux ? »

« Non ! »

« Et pourquoi donc ? »

« Parce que j'ai le président Bez en permanence sur le dos. Il nous met à tous une pression terrible. Et à moi le premier… »

Vu sous cet angle…

J'aimais son savoir-faire. Toutes ses équipes avaient de la tenue. Elles ne s'éparpillaient jamais. Elles ne partaient pas dans tous les sens. Elles étaient ordonnées et vertébrées !

Gilbert Gress, lui aussi, présentait tous les attributs d'un technicien de haut niveau. Je l'avais affronté lors de notre demi-finale victorieuse en Coupe de France 1979, en profitant du titre de champion de Strasbourg que ses joueurs avaient exagérément fêté quelques jours auparavant. Il était une sorte de prophète : le culte de la zone et du hors-jeu, appuyé sur une culture tactique parfaite que l'on retrouva aussi bien au RC Strasbourg qu'à Neuchâtel Xamax. Je trouve qu'Arsène Wenger et lui se ressemblent beaucoup : des Alsaciens pédagogues, très pointus sur le jeu, avec beaucoup de charisme, de très intéressants conférenciers qui s'expriment dans un français irréprochable, riche en vocabulaire et souvent percutant. Ils ont su faire partager des convictions profondes à leurs équipes, et construire de véritables mécaniques de précision.

Mais la plus belle conférence à laquelle il m'ait été donné d'assister eut lieu à Grenoble, la veille d'un match de Coupe de France, au début des années 1980. J'avais convié Albert Batteux à venir partager notre dîner. Il habitait à Meylan, à quelques kilomètres de notre hôtel, et il fut enchanté de répondre à mon invitation. Assis à mes côtés, il prit la parole pendant toute la durée du repas face à mes joueurs, qui l'écoutèrent bouche bée, sans qu'aucun mot vienne troubler une soirée magnifique. Sur le jeu en triangle, sur le sens du démarquage, ou sur la tenue de la balle, il développa les éléments principaux de sa philosophie du football, d'où ressortait sa profonde affection pour les hommes. Une merveille. C'était l'esprit du FC Barcelone avant l'heure.

En 1962, pendant mon service militaire à Trèves, où je dirigeais l'équipe de football, tout le monde m'appelait « Bébert », en référence à Albert Batteux dont l'influence et l'autorité dépassaient les frontières de la France.

Aucun entraîneur français, aujourd'hui, ne bénéficie de cette aura. Il personnifiait, à lui seul, l'ensemble de la profession.

Chaque arrivée d'un nouvel entraîneur en Première division provoquait chez moi un déclic immédiat. Comme une motivation nouvelle. Quand on annonça, par exemple, au milieu des années 1980, que Michel Hidalgo deviendrait le prochain entraîneur de l'Olympique de Marseille, j'avais laissé percer ma profonde satisfaction. Michel Hidalgo acteur de premier plan du championnat de France : sa présence bonifierait la compétition et rejaillirait sur nous tous. Une vraie bonne nouvelle. Mais, dans mon for intérieur, je m'étais motivé : « Il va falloir que je le cogne ! » Il avait été mon chef de groupe au cours d'un de mes stages d'entraîneur, où il m'avait encouragé à m'améliorer ; par sa finesse psychologique et son amour de la technique. Mais, là, j'allais le retrouver non plus à mon côté mais face à moi, et je n'aurais aucune intention de boire ses paroles.

Quand je voyais un jeune entraîneur se lancer dans le métier, accaparer la lumière et s'afficher à la une des journaux, je me disais qu'il ne perdait rien pour attendre. Qu'il disparaîtrait dans un délai de trois ou quatre ans quand, moi, je serais toujours en place, fidèle au poste. Je me motivais !

J'ai repéré Luis Fernandez alors qu'il commençait à peine sa carrière de footballeur. Nous nous étions retrouvés ensemble un été, par pur hasard, au Club Méditerranée de Corfou où, chaque jour, sous une chaleur accablante, il organisait un tournoi de football en rameutant les vacanciers. Je m'étais dit à son sujet : « Tiens, c'est un vrai mordu. Un jour, il sera entraîneur, celui-là ! » Quand il franchit le cap, après une carrière magnifique de joueur, j'ai eu plus d'une fois l'occasion de me frotter à lui. Je voulais tenir le choc. Ma motivation était totale :

il ne devait pas passer au classement devant moi ! Je me battais avec cette idée en tête, qui ne me quittait plus.

Chaque fois qu'il venait à Auxerre, il allait boire un café à la buvette, où je demandais qu'on lui serve un décaféiné, à son insu. Pour éviter qu'il ne s'excite trop le long de la ligne de touche. Il savait galvaniser ses joueurs avec l'enthousiasme et le dynamisme qu'on lui connaît. Je suis toutefois étonné qu'il ait décidé de se consacrer totalement à son rôle de consultant. Encore que le ton qu'il emploie se marie parfaitement avec l'esprit de RMC, qui est une sorte de *France Dimanche* radiophonique du football. Deux heures quotidiennes d'antenne, avec toute l'énergie qu'il y met, il faut tout de même le faire !

Je les ai tous vus défiler, les uns après les autres, les Élie Baup, les Claude Puel, les Didier Deschamps dont j'avais vite perçu, à quelques signes extérieurs qui ne trompaient pas, qu'ils deviendraient de très bons entraîneurs.

Je les avais à l'œil, eux aussi.

Mon intérêt prononcé pour l'Histoire de France me rappelait que Napoléon entretenait un grand nombre d'espions chargés de lui procurer de précieux renseignements sur les généraux qu'il affronterait un peu partout en Europe, à Austerlitz, à Iéna ou à Friedland. Grâce à eux, il connaissait tout de ses adversaires russes ou prussiens, y compris les aléas de leur vie privée, avant d'engager sur le front un combat sans merci, à la vie, à la mort.

Moi non plus, je n'ignorais rien du tempérament de mes concurrents directs, excepté le volet touchant à leur vie privée qui ne m'intéressait pas. Je pouvais compter sur mes propres réseaux, une sorte de police secrète qui travaillait sur le recrutement, afin de collecter un ensemble de données sur les entraîneurs, français ou étrangers, que je devais affronter. Elles me furent extrêmement utiles, y compris dans la préparation des matchs. À 2-0, vous avez des entraîneurs qui lâchent tout et s'avouent vaincus. Ils ne trouvent pas la force intérieure de se révolter et de susciter un esprit de rébellion chez leurs joueurs. Il n'était pas inintéressant de le savoir. En revanche, certains ont beau être menés 4-0, ils se comportent comme des fous et espèrent encore arracher un résultat nul. De ceux-là, je devais me méfier comme de la peste. Je ne pouvais pas me détourner du jeu une seconde, me relâcher et penser que tout se passerait bien.

Pendant quarante ans, il y a une imprudence que je n'ai jamais commise : celle de tourner la tête pour regarder ailleurs.

9

L'homme qui guidait le ballon avec les yeux

Paris avait perdu, mon mage avait gagné

Au début du mois d'avril 1996, j'ai reçu un appel téléphonique pour le moins étrange d'une personne que je ne connaissais pas, et qui cherchait à me joindre depuis un moment. Elle se présenta à moi en des termes qui éveillèrent ma curiosité et mon intérêt.

« Bonjour, monsieur Roux, permettez-moi de prendre un peu de votre temps. Je suis un mage. Je guide le ballon avec les yeux. Vous allez disputer deux journées de championnat très importantes les 20 et 27 avril prochains. Je peux vous annoncer que vous gagnerez un de ces matchs et que vous arracherez un résultat nul. Vous marquerez donc quatre points. Pendant ce temps-là, votre principal adversaire, le Paris Saint-Germain, sera battu une fois et concédera un nul. Il perdra donc trois points par rapport à vous. Pour la conquête du titre de champion de France, ces deux journées seront décisives… »

Le PSG, qui avait compté jusqu'à dix points d'avance sur Auxerre à la trêve hivernale, commençait à voir son matelas se réduire. Mais de là à ce qu'il lâche des points dans le sprint final, au Parc des Princes, face à Martigues, dernier au classement, et Lille, 18e, il y avait une marge qu'il était difficile d'envisager.

« Bon, admettons que ce que vous me dites va se réaliser. Qu'attendez-vous de moi ? Que suggérez-vous ? »

« Vous me payez un billet aller-retour Bordeaux-Paris, car j'habite dans la région bordelaise, cinq nuits d'hôtel et des places pour assister aux deux matchs. »

« C'est tout ? »

« C'est tout ! »

Je ne me suis pas interrogé bien longtemps. Qu'avais-je à perdre dans l'affaire ? Absolument rien ! Et si jamais il disait vrai ? Sur mes deniers personnels, sans en toucher le moindre mot à mon entourage, je pris donc la décision d'accéder à sa demande qui n'avait rien d'exorbitante. Il se rendrait au Parc des Princes et s'arrangerait pour « concrétiser » ce qu'il avait imaginé.

Le mardi 23 avril, à la surprise générale, Martigues, lanterne rouge, réussissait un match correct et arrachait un nul (0-0) de haute lutte. Auxerre ayant enregistré un résultat nul (1-1) sur le terrain de Bastia, l'écart avec les Parisiens restait le même. On était dans les temps de passage évoqués par le mage. À voir ce que donnerait le second match.

Personne n'accordait la moindre chance à Lille, alors très mal classé, sur le terrain du PSG, d'autant que le club de la capitale venait d'y subir un affront quatre jours auparavant. À trois minutes de la fin, le score était encore de 0-0 lorsque Patrick Collot, un Lillois, adressa un centre-tir raté en direction du but parisien. Le ballon passa entre le coude de Bernard Lama et le poteau : but ! Une telle situation de jeu se produit rarement, et ce fut pourtant le cas. À peine pensable ! Paris avait perdu. Mon mage avait gagné ! Car notre victoire contre

Saint-Étienne (2-1) nous assurait le gain de trois points par rapport au PSG, comme il l'avait prédit lors de notre contact téléphonique.

J'étais stupéfait. Même dans mes estimations les plus favorables, je ne pensais pas qu'Auxerre pourrait grappiller autant de points. Et, du coup, passer devant au classement.

Le lendemain matin, nouvel appel de « mon » sorcier.

« Vous avez vu le résultat ? »

« Si je l'ai vu ! »

« Je vous propose qu'on passe un accord, tous les deux. Vous voulez être champion de France ? »

« Bien sûr ! »

« Facile : alors, je continue. Et vous me faites un beau cadeau à la fin de notre collaboration. »

Deux jours après, il me rappela.

« Dites, monsieur Roux : vous ne voulez pas gagner la Coupe de France, aussi ? »

« Si. »

« Eh bien, je m'en occupe, et vous ne me faites non plus un, mais deux cadeaux. Lorsque vous aurez remporté les deux compétitions, je viendrai à 7 heures du matin devant la porte de votre domicile pour que vous me remettiez les cadeaux en main propre. D'accord ? »

Mon équipe fut sacrée championne de France en fin de saison, après le déplacement à Guingamp. Le temps de revenir à Auxerre, je me couchai à 5 h 30. Une heure trente plus tard, quelqu'un sonnait à ma porte : le mage, qui attendait son dû. Comme prévu. Je le lui donnai, avec le sourire de celui qui a réalisé une belle affaire. Il avait certes creusé un petit trou dans ma caisse, mais je retirai un tel bénéfice personnel de notre accord qu'il aurait été malvenu de le regretter.

Qualifiée pour la Ligue des champions, l'AJA hérita, la saison suivante, d'un groupe relevé comprenant l'Ajax d'Amsterdam, les Glasgow Rangers et le Grasshopper Zurich. « Mon » mage se manifesta à nouveau à mon attention.

« Vous voulez sortir de votre groupe et vous qualifier pour le tour suivant ? »

« Évidemment ! »

« Je vous vois même terminer premier de votre groupe. »

« Premier ? Je prends ! »

« Vous me faites un cadeau, comme la dernière fois, et je m'occupe de tout. »

J'avais sollicité l'aide du club, cette fois, pour lui octroyer son cadeau, mais tout le monde m'envoya promener. Que faire ? Continuer avec lui, ou abandonner ? Après avoir pesé le pour et le contre, j'avais finalement décidé de mettre une nouvelle fois la main à la poche. Je m'étais dit qu'il serait amusant de poursuivre avec ce mage qui nous promettait monts et merveilles.

Bien sûr, je ne pensais pas un instant qu'il guidait le ballon avec les yeux, et qu'il influençait les résultats par la seule force de son regard. Mais il m'avait transmis des certitudes psychologiques, une foi terrible dans le combat collectif et une soif insatiable de victoires. L'entraîneur qui possède ces valeurs devient un grand entraîneur. Celui qui ne les possède pas est un prof de gym de lycée très estimable. En fait, le mage agissait sur moi. C'était curieux. Il avait comme un fluide. J'étais réceptif. Médium moi-même, j'ai toujours eu une salivation abondante et immédiate face à un magnétiseur. J'avais une vraie tendresse pour cet homme pas comme les autres.

Jean-Claude Hamel ne voulait pas entendre parler de lui, mais j'avais tout de même réussi à le glisser en douce dans l'avion des supporters pour nos trois déplacements européens. Le mage se trouvait dans les tribunes à Amsterdam, à Glasgow et à Zurich, et il y fit à chaque fois du « bon travail ». Au soir du mercredi 4 décembre, après une victoire contre les Rangers, Auxerre termina à la première place de son groupe, à égalité de points avec l'Ajax, mais avec un meilleur goal-average particulier.

Le mage avait vu juste, une nouvelle fois.

Quelques mois plus tard, on l'emporta 3-1 à l'aller face à l'OFI Crète. Le match retour s'annonçait comme une formalité. Il me téléphona.

« Bon, monsieur Roux, vous m'emmenez avec vous? »

« Non, non, pas la peine de vous déplacer, ça ira... »

« Détrompez-vous, c'est moi qui vais vous qualifier! »

Il m'intrigua et, après réflexion, je lui dénichai une place dans la délégation officielle, et une chambre dans notre hôtel. Quand j'arrivai au stade, deux heures avant le coup d'envoi, il me fit presque honte: il répandait du sel autour du bus de nos adversaires!

Au début, le match prit une tournure très favorable puisque Stéphane Guivarc'h marqua un but. Au total, cela faisait 4-1 sur les deux rencontres, et rien ne semblait pouvoir contrarier notre marche en avant. C'est alors qu'un fort vent contraire commença à souffler. Le rythme s'emballa, et notre surface de réparation fut le théâtre d'un assaut en règle. Ça bombardait dans tous les sens! Des centres, des tirs, des contres, des débordements, on ne tenait plus le ballon, l'asphyxie était proche. Les dernières minutes furent un enfer. 1-1, 1-2, 2-2, 3-2...

Par miracle, le match s'arrêta là. Auxerre se qualifia, mais au prix de quels efforts et de quelles souffrances!

À la fin, le mage vint me voir : « Vous voyez que j'ai bien fait de venir ! ».

C'était troublant. Très troublant.

Cela peut paraître étrange à dire mais le mage m'aida à avoir confiance en moi – cette confiance qu'il est nécessaire de posséder pour la transmettre aux joueurs et les transcender. Il a réussi à me convaincre que je pouvais battre n'importe quel adversaire au monde.

Par la suite, nos rapports furent de plus en plus espacés, pour finir par s'éteindre à petit feu. Sans doute n'avais-je plus besoin de son concours. Je pouvais voler de mes propres ailes, convaincu qu'une force nouvelle m'animait.

10

Le jour où Marielle Goitschel me sauva

Une pile à La Clusaz

Je me souvenais de Marielle Goitschel comme si nous nous étions quittés la veille. Notre seule rencontre remontait pourtant si loin que j'avais du mal à la situer dans le temps. Quinze, seize ans, au moins. Au Trophée des champions à La Clusaz, jolie station de Haute-Savoie, dans le massif des Aravis, où j'avais été invité pendant tout un week-end au début des années 1980. Je ne la connaissais pas personnellement avant de partager ce moment avec elle, mais je n'ignorais rien, bien sûr, de sa carrière de sportive accomplie. Elle présentait le plus beau palmarès de l'histoire du ski alpin féminin français avec notamment deux médailles d'or olympiques et sept titres de championne du monde dans les années 1960. Pendant quarante-huit heures, j'avais eu tout le loisir d'apprécier sa compagnie. Elle dégageait une énergie incroyable. Même son entourage paraissait survolté par sa simple présence. À mon retour à Auxerre, j'avais raconté à mes copains que j'étais tombé sur une véritable pile. Peut-être pas une pile atomique, mais une pile qui produisait de l'électricité sans discontinuer.

Pendant le mois de mai 1999, j'ai souffert, comme jamais. Je me sentais vidé, abattu, anéanti, sans ressort. Je n'avais plus de jus. Le courant ne passait plus. J'étais éteint. Le noir complet. Notre dix-neuvième saison d'affilée en Première division annonçait-elle la fin irréversible d'une époque? Pour la seconde fois, la menace d'une relégation en division inférieure planait sur l'équipe. La première fois, en 1981-1982, nous nous étions sortis de l'embarras à cinq journées du terme de la saison. Mais, cette fois, le danger paraissait beaucoup plus angoissant. Plongé dans les profondeurs du classement, Auxerre coulait lentement mais sûrement. Il restait trois journées pour se sauver. Ou pour disparaître de l'élite.

Je pouvais encore compter sur un groupe compétitif mais de nombreux départs, à l'intersaison, l'avaient en partie vidé de sa substance. On ne remplace pas des joueurs de la valeur de Charbonnier, Goma, Guivarc'h, Lachuer, Lamouchi, Rabarivony, Sibierski et Silvestre du jour au lendemain, comme par enchantement! En les transférant aux clubs les plus offrants, l'AJ Auxerre réalisa d'excellentes affaires sur le plan financier. Mais, sportivement, je ne m'y retrouvais pas. Impossible: l'expérience ne s'achète pas, encore moins les liens tissés entre les joueurs. Phénomène aggravant: Bernard Diomède, qui venait tout juste d'être couronné champion du monde avec l'équipe de France, nous mettait un bazar complet. Son contrat avait été revalorisé sans contrepartie après la Coupe du monde mais il voulait quitter le club, lui aussi. Il ruait dans les brancards, refusait parfois de s'entraîner et créait les conditions de la zizanie. Avec lui, on frisait la crise de nerfs en permanence.

J'avais pourtant tenté de le raisonner.

« Mais Dio-Dio, tu étais cadet à Saint-Doulchard, rappelle-toi ! Et quand tu jouais, je me mettais le long de la ligne de touche pour te parler. À la mi-temps, je changeais de côté… »

« Oui, je me souviens. »

« Eh bien, alors ! »

« Alors, j'ai changé. »

« Tu peux encore jouer avec nous au moins une année. »

« Non, je veux partir. »

« Tu te souviens, tu tirais toujours à côté ou au-dessus du but. Je t'ai donné des leçons particulières. »

« Je peux toujours faire mieux… »

« Eh bien, on va t'en donner les moyens, ce n'est pas un problème ! Une année encore pour te perfectionner. »

« Vous n'avez pas compris. Je ne veux plus jouer à Auxerre. »

Il m'avait épuisé.

Alors que le rêve d'une qualification en Coupe d'Europe agitait les esprits en janvier après un large succès contre Lorient, il y eut ensuite un enchaînement de défaites par un but d'écart, avec des circonstances maudites, allant de ballons atterrissant sur la barre transversale des gardiens adverses à des erreurs d'arbitrage en notre défaveur. Le tout additionné à nos propres insuffisances. On ne gagnait plus un match. Je m'appliquais à veiller aux moindres détails, j'exigeais et j'obtenais un effort considérable des joueurs dans le domaine de l'état d'esprit. Mais rien n'y faisait. Pas de sursaut, pas de déclic. Le néant.

Mon moral touchait le fond du fond. Plus bas, ce n'était pas possible. Je ne pouvais plus acheter mon pain en ville sans que l'on me renvoie au visage la dégringolade inexorable de mon équipe. Au sein du club, tout le monde me lâchait, excepté M. Hamel, le seul qui me gardait sa confiance. Les autres dirigeants insinuaient que mon avenir était derrière moi et que je devais laisser la place à un homme neuf qui sauverait l'AJA, lui. Psychologiquement, c'était très dur à encaisser.

Du positif, rien que du positif!

Dans ce contexte éprouvant, le souvenir de ces quarante-huit heures passées avec Marielle Goitschel remonta à la surface. Et si je l'appelais? Si je lui demandais de l'aide? Un conseil? Une recommandation? Ou, plus simplement, une écoute? Elle avait de l'énergie à revendre. Il lui en restait peut-être un peu pour moi.

Elle répondit au téléphone à la troisième sonnerie.

«Bonjour, Marielle, tu connais la situation actuelle d'Auxerre, j'imagine. Tu as certainement lu les journaux. Je peine à trouver une solution. Je n'y arrive pas. J'ai besoin de me changer les idées et de recouvrer des forces…»

«Mais viens donc me voir, Guy. La station va bientôt fermer. Dépêche-toi, je t'attends.»

Le monde des skieurs me fascine. Il symbolise, pour moi, le moral à toute épreuve. Un champion peut s'arrêter plusieurs mois à la suite d'une blessure, il ne sombrera jamais dans la dépression. Après une année d'interruption de compétition sur les pistes, vous le retrouverez tout schuss dans une descente à 130 kilomètres à l'heure, à dévaler une pente comme si rien ne l'atteignait. Je les trouve formidables. Je me demande comment ils font.

Profitant d'une trêve de dix jours en raison des finales de Coupe de France et de Coupe de la Ligue, je pris la route de Val-Thorens le jeudi 6 mai après une nuit écourtée, mes skis à l'arrière de la voiture et mes espoirs de renaissance devant moi. Au volant, je m'imaginais la ligne blanche des Alpes... Et les idées se bousculaient dans ma tête: me perdre sur les pistes, «bouffer» de la poudreuse pour oublier mes tracas. Plus aucun classement détestable, plus de relégation en vue, plus question de ressasser d'inutiles explications. Dévaler les pistes jusqu'à en perdre la raison. Effacer le cauchemar. Bref, m'aérer l'esprit.

Avant de fuir une réalité que je n'arrivais plus à supporter, j'avais mis deux ou trois choses au point, en interne. Et assuré, à qui voulait l'entendre et le comprendre: «Si un pilote se rend compte que l'hélice de son avion s'arrête de tourner, il n'est forcément pas aussi joyeux que le jour de la communion de son fils aîné.» J'étais malheureux car mon équipe battait de l'aile. Je voulais que ça change, et vite.

D'emblée, Marielle me redonna le sourire. Elle s'occupait d'un foyer de gamins et, dès mon arrivée dans la station, on s'était tous installés à table avec sa sœur Christine et le mari de celle-ci, Jean Béranger, ancien entraîneur de l'équipe de France féminine de ski. Autour de nous, des enfants vibrionnaient et bougeaient dans tous les sens. Une ambiance cacophonique et sympathique régnait dans la pièce. On s'amusait, on blaguait, on riait, on parlait, mais pas une fois le mot Auxerre ne fut prononcé. Jamais. La conversation, qui passait d'un sujet à l'autre, glissa sur notre maître commun, Charles de Gaulle, qui nous inspirait tous les deux, autant Marielle que moi. À deux jours de la célébration du 8 mai 1945, le sujet prenait évidemment tout son sens. Elle m'apprit que son père, Robert, avait été footballeur avant l'avènement du professionnalisme et qu'il joua un temps à l'Olympique de Marseille. On en plaisanta.

À la fin du dîner, elle m'envoya me coucher. «Demain matin, on t'emmène sur le glacier. Tu vas te régaler. Tu skieras comme jamais tu n'as eu l'occasion de le faire de ta vie.» À vrai dire, je n'en menais pas large. Mais j'avais confiance en elle, et dans l'encadrement qu'elle me garantissait. Avec des pros autour de moi, ce serait plus facile.

Le lendemain, la journée fut magique. L'itinéraire choisi par Marielle évita les pistes trop dangereuses et, dans un cadre grandiose, nous fîmes deux haltes très sympathiques dans des restaurants d'altitude pour boire du vin chaud et nous restaurer. Marielle, Christine et Jean étaient aux petits soins avec moi, de même qu'un moniteur de ski et le maire de Saint-Martin, un village voisin, qui nous escortaient. Cinq spécialistes de la montagne pour m'entourer et pour m'aider! En discutant avec elles, je découvrais des personnes toujours positives, quel que soit le sujet abordé. Bien dans leurs têtes, comme on dit. Jamais un mot négatif ne sortait de leurs bouches, et c'est sans doute ce qui me frappa le plus lors de mon court séjour passé en leur compagnie. Tous les cinq croquaient la vie à pleines dents, sans arrière-pensée.

Du positif, rien que du positif!

En rentrant à l'hôtel, le soir, j'étais complètement cuit mais tellement heureux. Marielle, sa famille et ses amis m'avaient lavé le cerveau, sans évoquer une seule fois la situation pénible que j'endurais à Auxerre.

En quittant Val-Thorens, j'avais toutes les apparences d'un homme neuf. Je n'avais pas fait le voyage pour rien.

Mes pensées vagabondes

Après avoir posé ma valise chez moi, quelques heures avant la reprise de l'entraînement, je me persuadai que de beaux lendemains effaceraient mes semaines de galère: «C'est bon, ça va passer!» Je voulais y croire. Je devais y croire.

Le 29 mai, au stade de l'Abbé-Deschamps, à l'occasion de la dernière journée de championnat, Auxerre l'emporta 2-0 contre Rennes, et assura son maintien *in extremis* en Première division.

Le premier but fut l'œuvre du Chilien Pedro Reyes qui marqua pour la seule et unique fois de la saison. La veille, il avait appris que sa femme, retournée au pays pour accoucher, lui avait donné une petite fille. Le second but eut pour auteur Bernard Diomède, qui se racheta, en une petite seconde grâce à un coup de patte génial, d'une attitude assez déplorable qui durait depuis des mois.

Au coup de sifflet final, dans l'euphorie ambiante et le brouhaha des tribunes, cerné par le concert des bravos et des hourras, les marques de sympathie et la profusion des félicitations, mes pensées m'éloignèrent d'Auxerre. J'étais là sans être là. Les pieds à l'Abbé-Deschamps, la tête ailleurs.

Elles m'emmenèrent vers les sommets alpins, jusqu'à Val-Thorens où Marielle Goitschel, sans mot dire, m'avait permis de croire en un destin que je pensais maudit. À tort.

11

Michel N'Gom, double drame

Devant moi, une voiture dans le fossé...

J'étais encore enjoué après le triomphe de l'équipe de France en finale des jeux Olympiques, au Rose Bowl de Pasadena, contre le Brésil. Je l'avais dévorée à la télévision au petit matin, à 4 heures, avec mon fils François, avant de le conduire à la gare de Laroche-Migennes où il devait prendre un train pour se rendre à Dijon. Ce dimanche 12 août 1984 était à marquer d'une pierre blanche pour le football français. Nos joueurs devenaient les premiers footballeurs professionnels médaillés d'or des jeux Olympiques modernes. Ils étaient aussi les premiers compétiteurs capables de ramener à la France un titre olympique en sport collectif. Qu'ils aient pu compter, dans leur aventure, sur un représentant de l'AJ Auxerre, Patrice Garande, qui entra en cours de jeu pendant la finale, ajoutait un motif supplémentaire à l'expression de mon bonheur et de ma fierté.

Au retour de Laroche-Migennes, vers 14 heures, j'avais dû effectuer un léger crochet par rapport au trajet habituel car mon fils m'avait confié une mission de la plus haute importance : récupérer ses papiers, laissés par inadvertance dans le véhicule d'un de ses amis. Arrivé à la hauteur de Perrigny, je voulus quitter la Nationale 6 pour emprunter une petite route lorsqu'un barrage de la gendarmerie stoppa mon élan. Un peu plus loin, je pouvais distinguer un tracteur au beau milieu de la chaussée et une voiture dans le fossé. Un accident de la circulation venait tout juste de se produire.

Je ne sais pas pourquoi, j'eus comme un mauvais pressentiment.

L'un des gendarmes s'approcha de moi. Il me reconnut.

« Monsieur Roux, la route est bloquée. On a dégagé un homme de la voiture. Il a été emmené à l'hôpital mais je crois bien qu'il est mort… »

« C'est un gars de la région? »

« Il semblerait qu'il s'agisse d'un de vos joueurs. Un Noir… »

« Un grand, un petit? »

« On n'a pas bien vu. »

J'étais sous le choc. Un de mes joueurs? Un Noir? Je pensais immédiatement à Basile Boli ou à Michel N'Gom. L'un des deux. Sûrement l'un des deux.

« Mais que s'est-il passé? »

« La R 5 a percuté le pneu du tracteur, puis a dérapé avant de s'écraser contre le pylône électrique. »

« Elle allait vite? »

« Non, apparemment à 30 ou 40 kilomètres à l'heure, maximum. »

« Et le corps, il est où? À l'hôpital? »

« Oui, à l'hôpital. Il doit déjà y être. »

Sans perdre une seule seconde, je remontai aussitôt dans ma voiture pour foncer en ville. Le joueur de l'AJA accidenté à Perrigny ne se trouvait pas à la morgue mais au service des urgences, allongé sur un chariot, sans aucun drap pour le protéger.

Il s'agissait de N'Gom. Son corps était encore chaud.

J'étais effondré.

Il ne présentait aucune trace de blessure apparente, ni de fracture ouverte. Le médecin de l'hôpital me renseigna : il avait été victime d'une petite coupure au niveau du cervelet provoquée par ce pylône assassin. Dans l'embardée de son véhicule, sa tête avait tapé contre l'arête du poteau. En une fraction de seconde, il était passé de vie à trépas, sans avoir probablement eu le temps de se voir partir.

Quel malheur ! Je me prenais la tête entre les mains.

Par un incroyable concours de circonstances, je me trouvais confronté, en première ligne, à un drame effroyable.

L'avant-veille, le nom de N'Gom avait été repris sur l'air des lampions par les supporters du stade de l'Abbé-Deschamps. Auxerre jouait un match amical contre l'équipe portugaise de Rio Ave, entraînée par José Manuel Mourinho Félix. Son fils, José, qui deviendra célèbre plus tard comme entraîneur de Chelsea, disputa la seconde mi-temps, au cours de laquelle N'Gom déclencha un tir extraordinaire d'une trentaine de mètres qui se logea dans la lucarne du gardien.

Un but magnifique. Le dernier geste de footballeur que je l'avais vu exécuter.

Et là, son corps inerte reposait devant moi.

C'était affreux.

Funeste repas du dimanche midi

Michel N'Gom venait d'accomplir ses tout premiers pas avec nous. Je l'avais découvert quand il évoluait sous les couleurs de Toulon, en Division 2, à la fin des années

1970. Je savais qu'il pouvait nous apporter cette note d'improvisation qui nous faisait défaut et cette vitesse de course si utile dans le jeu moderne. Il le démontra à l'Olympique de Marseille puis au Paris Saint-Germain, avec lequel il s'engagea en 1981 pour trois saisons.

Un jour de mai 1984, je lui avais posé la question sans détour: «Tu ne viendrais pas à Auxerre pour te perfectionner? Tu n'es toujours pas titulaire à Paris, ton statut pourrait changer chez nous. Un transfert, peut-être un prêt…» Il ne ferma pas la porte, loin de là. International espoir, il rêvait de franchir un cap et d'intégrer les A. Ma proposition tombait à pic. Et c'est avec Francis Borelli, président du PSG, homme conciliant, que l'affaire s'arrangea dans l'intérêt de toutes les parties.

Au début, N'Gom logea au centre de formation, où il mangeait midi et soir. Il sympathisa avec tous les jeunes, ravis de voir débarquer un pro venu de Paris, qui comptait déjà deux Coupes de France à son palmarès. Chacun gardait en mémoire son but égalisateur, dans la dernière minute de jeu, contre la Juventus Turin, en octobre 1983. Un beau moment de son histoire à Paris.

N'Gom sut rapidement se faire apprécier par sa gentillesse et son humeur souriante. Sa spontanéité le poussa aussi à se lier d'amitié avec Basile Boli, de huit ans son cadet, et même avec Jean-Marc Ferreri, qu'il connut en équipe de France Espoirs. Avec Boli, ils ne se quittaient plus, au point de regarder les jeux Olympiques ensemble, en particulier le sprint – Carl Lewis était leur idole commune. Les basketteurs américains avaient également leurs faveurs. Ils raffolaient tous les deux de certaines coiffures excentriques exhibées par les stars US.

Basile aurait pu se trouver dans la voiture au moment de l'accident. La veille, je l'avais dissuadé de partir en virée à Paris comme l'y invitait N'Gom. À lui aussi, j'avais conseillé de rester tranquille : « Repose-toi bien : dans une semaine, c'est le grand départ du championnat. Il faut que tu sois prêt ! » Il ne m'écouta pas. L'attrait de la capitale était trop fort, à ses yeux, pour qu'il songe à y renoncer.

Il était très copain avec Dominique Rocheteau dont il avait récupéré la Volkswagen Coccinelle noire décapotable. Mais comme elle tomba en panne au dernier moment, il loua une Renault 5 pour aller lui rendre visite, le temps d'une journée de relâche et d'une soirée de fête. Et c'est en revenant qu'il entra en collision avec le tracteur sur cette petite route départementale jusqu'alors sans histoire. À quelques centaines de mètres, seulement, de la commune de Saint-Georges où ses parents l'attendaient pour déjeuner. Pour la première fois depuis son transfert à Auxerre, toute la famille avait prévu de se réunir autour de lui.

Funeste dimanche midi.

Inconsolable Basile

Basile, pour lequel N'Gom était presque un frère, s'enfermera dans sa chambre au centre de formation pour ne plus accepter que ma seule présence. Je dus lui parler pendant près de trois heures, et tenter de trouver les mots pour apaiser sa douleur.

Il était anéanti, et je n'étais pas loin de l'être moi aussi.

Un joueur, c'est comme un fils. Le rapport est certes différent avec la filiation mais il relève un peu de la même nature relationnelle. Si un entraîneur n'aime pas les joueurs qu'il manage, il ne pourra jamais rien leur demander. J'aimais Michel N'Gom comme mes autres joueurs. Mais il n'était plus là pour que je lui témoigne mon affection.

Il fut le seul de mes joueurs en activité à décéder pendant l'exercice de ma responsabilité d'entraîneur. Je mesure encore aujourd'hui combien sa disparition brutale fut un profond déchirement. Trente ans après le drame, son souvenir reste intact dans mon esprit. Je ne pourrai jamais oublier les images dramatiques de ce dimanche 12 août 1984.

Ses obsèques furent célébrées à la cathédrale d'Auxerre, devenue trop exiguë tant une foule considérable chercha à lui rendre un dernier hommage. Je me souviens de toutes ces personnes humbles, les habitants des Vauviers ou de la Zup, qui se massaient les unes contre les autres devant les portes d'entrée. Certaines pleuraient alors qu'elles ne connaissaient pas N'Gom, qui n'avait encore disputé aucun match officiel de Première division avec nous. Mais le peuple d'Auxerre l'avait déjà adopté. Les paroles d'espérance prononcées par Mgr Ernoult, dont le hasard voulait qu'il ait, lui, échappé à la mort dans un accident de la circulation un an auparavant, furent accueillies comme un réconfort. Et les mots empreints d'une extrême sensibilité de Francis Borelli, qui s'était déplacé à la tête d'une importante délégation du club parisien, ajoutèrent à l'émotion.

Le cercueil à jamais refermé fut porté par Rocheteau, Boubacar, Boli et Toko, quatre joueurs derrière lesquels s'ordonna une marche funèbre bouleversante. Puis il fut enterré dans le cimetière de la ville, à la demande de sa famille.

Chaque jour de Toussaint, j'emmène tous les jeunes du centre de formation devant sa tombe pour que chacun puisse se recueillir, quelle que soit sa pratique religieuse. Je leur raconte quel type d'homme il était, et j'en profite pour les mettre en garde contre les dangers de la circulation routière.

Nous déposons aussi des fleurs sur une autre tombe : celle de l'abbé Bonnefoy, l'une des figures historiques du club, le créateur du centre de formation.

Une nouvelle secousse

Dans un geste d'une infinie bonté et à forte valeur symbolique, son frère décida de donner le mobilier du salon de Michel au club d'Auxerre pour qu'il en fasse le meilleur usage possible. Je l'avais chaleureusement remercié. J'eus alors l'idée d'aménager, près du vestiaire des joueurs, une salle de presse réservée aux journalistes et spécialement aménagée pour les interviews d'après-match. Tapissée des photos de Michel N'Gom, elle porta, bien sûr, le nom du joueur dont l'esprit généreux imprégna les lieux.

Moins d'un an plus tard, le samedi 23 février 1985, un attentat provoqué par un engin piégé ravagea une partie du magasin Marks & Spencer, rue des Mathurins, à Paris.

Il fit quatorze blessés, et un mort.

Il s'agissait du frère de Michel N'Gom.

12

Taribo West, Saga Africa

Du plomb transformé en or

Si je devais interroger, un jour, un collège de spécialistes du football et leur demander l'identité du joueur qui, passé par Auxerre, possède le plus beau palmarès, je ne suis pas persuadé que son nom jaillirait de leurs réflexions. Et pourtant Taribo West a accompli une carrière exceptionnelle : international nigérian, trois participations à la Coupe du monde, vainqueur des jeux Olympiques, finaliste de la Coupe d'Afrique des nations, champion et vainqueur de la Coupe de France avec Auxerre, champion, vainqueur de la Coupe d'Italie et de la Coupe de l'UEFA avec l'Inter Milan, champion de Serbie avec le Partizan de Belgrade, élu joueur africain en 1997, il a aussi évolué dans les championnats d'Angleterre et d'Allemagne. Et il a même disputé le championnat d'Iran, ce qui n'est pas donné à tout le monde !

Qui dit mieux? À bien y réfléchir, il pourrait dépasser Laurent Blanc, qui demeure pourtant une référence dans la catégorie des collectionneurs de trophées.

Taribo West est le joueur auquel j'ai permis de réaliser les progrès les plus considérables. Quand un agent en provenance de Lagos, au Nigeria, me l'avait présenté ;

dans le courant du mois de mars 1993, pour qu'il effectue chez nous un essai, je n'avais pu réprimer un mouvement de recul. Il avait certes été élu meilleur joueur de la CAN 1992 au Sénégal mais ses pieds me semblaient, disons... carrés ! On pourra admettre qu'un tel handicap est difficilement recommandable pour la pratique du football. Il avait beau être un défenseur dur au mal, pas fantaisiste pour deux sous, j'avais rarement vu une technique aussi fruste.

Histoire de juger sur pièces, j'avais néanmoins accepté de le prendre en stage une petite semaine pour affiner mon jugement et lui laisser une chance de me démontrer ses qualités. Il devait bien en avoir ! Pendant nos matchs d'entraînement, à huit contre huit, il heurtait tout le monde, et bousculait ses adversaires sans ménagement. « Il faut arrêter, il va tous nous tuer ! », me cria un jour un attaquant qui voulait quitter le terrain sur-le-champ. À la fin d'une séance rondement menée, West vint s'épancher dans mon bureau : « Vous le trouvez comment, vous, Prunier ? C'est votre titulaire en défense centrale ? Je suis meilleur que lui. Oh ! là, là ! bien meilleur que lui... » J'en étais resté les bras ballants. Sincère, enjoué, décontracté, impatient : sa personnalité présentait de multiples facettes, toutes intéressantes. Un gars authentique et déroutant. Un enfant de la rue qui cherchait à grandir, et auquel il fallait donner du temps pour se développer et s'épanouir. Au terme des quelques jours de test, l'affaire trouva une conclusion heureuse : j'acceptai de le garder. Mais pas pour renforcer l'équipe première : je le laisserai à la disposition de Daniel Rolland qui avait l'habitude de récupérer du plomb pour le transformer en or. Je savais que, en équipe B, il progresserait à pas de géant. Je ne fus pas déçu.

Se sachant physiquement et techniquement bien trop limité, West multiplia les séances d'entraînement pour hausser son niveau. Il n'arrêtait jamais. Une année, alors que nous nous trouvions en stage dans les Alpes, il aligna les montées de col à pourcentage élevé, en courant chaque soir à 22 heures, après une journée pourtant extrêmement chargée. Tout seul. *Clac, clac, clac*: le bruit des semelles de ses baskets résonnait au contact du sol. Une fois, j'avais ouvert la fenêtre de ma chambre d'hôtel pour lui conseiller de ne pas s'épuiser dans des sprints répétés. J'eus du mal à le persuader de rentrer se reposer. Il aurait continué une bonne partie de la nuit si je ne l'avais pas stoppé!

Il m'avait aussi demandé que je lui prête un ballon pour jouer dans son jardin de Moneteau, où il habitait. Il se livrait à des exercices de jonglage pour parfaire sa technique. Ou alors il se rendait sur le terrain du Stade Auxerrois où il enchaînait les courses balle au pied, avec tir dans la foulée. Ses plus proches voisins me disaient que, souvent, après le film du soir, quand ils fermaient leurs volets avant d'aller se coucher, ils voyaient West dans la rue. Vers 22 h 30, 23 heures, il se livrait à l'un de ses exercices préférés: des courses rapides, dans la nuit noire, parfois sous la pluie. Seul, bien entendu. Il était devenu l'attraction de son quartier.

Impossible de l'apprivoiser: son corps réclamait une charge de travail soutenue et permanente. Il repoussait sans cesse ses limites, parfois au-delà du raisonnable. C'est cette obstination qui lui permit de réaliser une carrière professionnelle à laquelle il n'était sûrement pas prédestiné. J'ai aussi dû faire preuve de beaucoup de patience pour lui expliquer et lui faire comprendre quelques règles élémentaires. Pour lui signifier, notamment, que tout n'était pas autorisé sur un terrain. Comment, par exemple, éviter de récolter un carton jaune sur chacun de ses tacles. La séance de rappel à l'ordre s'éternisa ! Je peux même dire qu'il y eut quelques sessions de rattrapage.

Avant l'une de nos participations au tournoi de Paris, je l'avais pris entre quatre yeux. « Tu vas tenir Raï au marquage. Et tu sais ce que ça signifie ? La pointe de tes pieds sur ses talons et ton haleine sur sa nuque. Il faut qu'il sente ta présence. » Écœuré par un traitement qui resta correct mais on ne peut plus rigoureux, le Brésilien du Paris Saint-Germain préféra sortir en cours de jeu pour laisser sa place à un remplaçant. Arrivé au bord du terrain afin de procéder au changement, il fut suivi jusqu'à la ligne de touche par West qui entendait honorer sa mission jusqu'à son terme ! Beaucoup plus tard, Raï me confiera : « Si je n'avais pas été un bon professionnel, j'aurais prétexté une blessure ou une maladie avant chacun de nos matchs contre Auxerre pour éviter de les jouer. Et, surtout, pour ne pas subir le marquage de West. » Il avait parfaitement résumé une situation, certes regrettable pour lui, mais qui faisait mon bonheur d'entraîneur.

West avait parfois la fâcheuse tendance à se conduire sur un terrain comme dans la vie, ou au volant de sa voiture. Un jour, je reçus un appel téléphonique.

« Coach, je suis en prison. »

« Comment ça en prison ? »

« Oui, je suis retenu en prison par les gendarmes. »

« Mais qu'est-ce que tu as bien pu faire pour te retrouver là ? »

« Rien, coach, rien de grave ! »

« Et comment fais-tu pour me téléphoner ? »

« Je vous appelle avec le téléphone que je glisse toujours dans mes chaussettes. Il était caché. Ils ne l'ont pas vu. L'autre, ils me l'ont confisqué. Venez me récupérer ! Venez tout de suite, s'il vous plaît, venez ! »

Les gendarmes d'Auxerre venaient de le coffrer car son permis de conduire n'était pas valable. Il lui avait été gracieusement offert par le président de son club précédent, en guise de récompense pour sa victoire en finale de la Coupe du Nigeria. Une prime de match pour le moins originale que chaque joueur de l'équipe toucha, au mépris du danger potentiel qu'elle représentait. J'avais bien constaté, à son arrivée à Auxerre, qu'il n'avait pas été formé dans les règles de l'art à la conduite, que son maniement du volant laissait parfois à désirer et que le passage des vitesses, par manque de coordination, pouvait provoquer quelques grincements. Un moniteur d'auto-école s'occupa de lui pendant plusieurs jours pour lui transmettre les bases d'un comportement irréprochable sur la route. Sans commettre de fautes, ni recevoir d'avertissements. Comme sur le terrain.

En attendant, l'autorisation de conduire lui fut retirée par les gendarmes, faute d'un document en bonne et due forme. Après avoir été véhiculé un long moment par certains de ses coéquipiers, West retrouva ensuite sa liberté de mouvement en faisant l'acquisition d'un modèle réduit qui n'exigeait pas de permis. Au volant de sa petite voiture, une Ligier, il se fit sérieusement chambrer par l'ensemble des joueurs, mais son sens de l'humour s'accommoda des réflexions dont il fut l'objet. Remarquez, je m'en amusais aussi...

Les Africains sont tous des affectifs, avec lesquels j'ai toujours eu d'excellents contacts. Ils ont su conserver une forme d'humanité qu'en Europe nous avons un peu perdue au fil du temps. Toujours joyeux et prêts à éclater de rire à la moindre occasion, ils apportent au vestiaire une atmosphère de fraîcheur. À Auxerre, je jouais le rôle du rabat-joie en leur rabâchant sans cesse les mêmes choses mais, au fond, j'étais heureux de pouvoir compter sur tous mes allumeurs de joie.

Je me souviens comment Khalilou Fadiga nous avait embringués dans une « Saga Africa » tapageuse après notre victoire à Lille, en 2002, qui nous rapprochait d'une qualification pour la Ligue des Champions. Dans une longue chaîne humaine, chacun avec sa serviette autour de la taille, nous avions entrepris le tour de la zone où se trouvaient les vestiaires. Je m'étais moi-même surpris à y participer sans aucune gêne. Je dansais et chantais comme les joueurs. Je me lâchais. « Saga Africa, ambiance de la brousse. Saga Africa, attention les secousses… » En passant devant la porte restée fermée de notre adversaire, j'avais prié pour que Vahid Halilhodzic ne sorte pas au même moment. Notre rencontre nez à nez avec l'entraîneur de Lille aurait pu provoquer quelques étincelles.

Cet épisode festif, auquel je m'étais prêté de façon inhabituelle, restera gravé dans ma mémoire, sans doute parce qu'il était rarissime. Blagueur phénoménal, Fadiga savait communiquer sa gaieté à l'ensemble du groupe.

West, lui, aimait se confier à moi, et connaître mon avis sur un certain nombre de sujets qui le préoccupaient. Peu importait la distance pouvant nous séparer l'un de l'autre, ça ne le gênait pas. Il s'appliquait à ne pas me réveiller en pleine nuit, c'est tout. Pour le reste, il n'hésitait pas à décrocher son téléphone pour m'interroger. Il l'utilisa beaucoup pendant les jeux Olympiques de 1996, organisés par les États-Unis. Il venait de remporter le doublé Coupe de France et championnat avec Auxerre, et se sentait transporté par le vent de la victoire. Il planait, et ne voulait pas que cesse cette sensation d'apesanteur.

Le 25 juillet, il m'appela avant le match que le Nigeria disputait contre le Brésil, en phase de groupe.

« Coach, ce soir, on va perdre. »

« Mais non, pourquoi dis-tu ça ? »

« On va perdre parce qu'on est déjà qualifiés pour le tour suivant et qu'on va le faire exprès. »

« Comment ça, faire exprès de perdre ? »

« On va bien étudier le jeu de la paire Ronaldo-Bebeto, c'est le plus important, car on risque de les retrouver plus tard dans la compétition. On va les laisser gagner, et comme ça ils croiront qu'ils sont plus forts que nous… »

« Et alors ? »

« Alors, s'ils s'installent dans cette idée que le Nigeria est plus faible qu'eux et qu'il sera inévitablement battu, on aura toutes nos chances ! »

« Rien n'est moins sûr… »

Le Nigeria s'inclina 1-0, but de Ronaldo. Six jours plus tard, en demi-finales, il prenait une revanche éclatante en battant le Brésil 4-3 grâce au but en or dans la prolongation et se qualifiait pour la finale des jeux Olympiques. La stratégie mûrement réfléchie, adoptée par West et mise en œuvre par ses coéquipiers, se révéla fructueuse.

Taribo West jouissait d'une personnalité merveilleuse qui l'avait conduit à s'imposer comme le chef de file des Nigérians d'Europe. La veille de leur premier match de compétition, à Orlando, la direction de l'hôtel dans lequel ils logeaient leur intima l'ordre de quitter les lieux le soir même. Motif : elle n'avait pas reçu le moindre dollar pour le paiement de la trentaine de chambres réservées pour l'ensemble de la délégation. Aussitôt alertée, la Fédération fit bien parvenir un chèque de 25000 dollars pour régler ses dettes, mais il fut immédiatement intercepté par Johannes Bonfrere. N'ayant touché aucun salaire depuis trois mois, le sélectionneur néerlandais ne s'embarrassa pas de sentiments : il prit la décision de l'envoyer directement sur son compte en banque à New York. La délégation était menacée de coucher dehors, à la belle étoile !

West me raconta, à distance, cette histoire rocambolesque. Il y avait, dans ses propos, un mélange de gravité et de légèreté. Comment était-il possible d'en arriver là, en pleine compétition ? J'étais estomaqué. Et plus encore lorsqu'il me révéla la solution adoptée pour remédier à ce... léger problème. « Nous n'avions pas le choix : il fallait payer l'hôtel, sinon nous pouvions repartir directement au pays ! J'ai organisé une réunion dans ma chambre avec Babangida, Babayaro, Oliseh, Okocha, Kanu, Amokachi, Ikpeba, Amunike et Oruma, tous ceux qui évoluent dans des clubs en Europe. J'ai demandé à chacun de poser sa carte bancaire sur la table basse devant moi. Puis j'ai appelé le directeur de l'hôtel pour savoir combien la Fédération lui devait. Il est venu nous rejoindre et, après avoir divisé la facture en dix, je lui ai dit de prendre un montant identique sur chacune des cartes. »

Sous l'impulsion de West, les joueurs furent également sollicités pour garantir la dernière semaine d'hébergement. Ils atterrirent à l'Econo Lodge d'Athens, qui n'était pas tout à fait digne d'un candidat à la médaille d'or, mais ils s'en contentèrent faute de mieux. West, paraît-il, y alla gaiement sur la bombe désodorisante pour purifier une chambre bas de gamme aux odeurs rances. Ce qu'il ne faut pas faire pour atteindre la gloire olympique !

Jamais en peine de confidence, il me relata, plus tard, le retour triomphal de l'équipe du Nigeria à Lagos avec la médaille d'or olympique. Dans l'ambiance survoltée qu'on peut imaginer, elle fut invitée en grande pompe au palais présidentiel, occupé à l'époque par le général Sani Abacha. West me restitua le dialogue qu'il engagea avec lui, après avoir sagement écouté son discours de félicitations.

« Bon, maintenant, général, il faut nous payer ! »

« Bien sûr, bien sûr, on vous paiera après. »

« Après quoi ? »

« Après la cérémonie. Je veux dire : une fois que celle-ci sera terminée. »

« Il n'en est pas question, général. Vous nous payez tout de suite ! »

« Comment ça, tout de suite ? »

« Avant la tournée en bus dans les rues de Lagos. »

« Après. »

« Non, avant, sinon aucun des joueurs ne montera dans le bus. Et il n'y aura pas de tournée en ville… »

Plus d'un million de personnes attendait dehors, dans une fièvre indescriptible, pour voir défiler « leurs » champions olympiques. Le chef de l'État se doutait bien qu'en cas d'annulation de la manifestation c'était l'émeute assurée. Dos au mur, il convoqua alors son ministre des Finances pour qu'il aille très vite récupérer dans un coffre les quelques dizaines de milliers de dollars dont il avait un besoin urgent. Au final, West put se féliciter d'avoir engagé ce bras de fer : chaque joueur empocha la prime de victoire promise, le remboursement des frais engagés aux États-Unis et… un morceau de territoire situé dans un des cantons de Lagos ! Dans une ville infestée de criminels, ils cheminèrent tous avec leurs milliers de dollars logés dans leurs ceintures, selon une habitude africaine.

La fête dura onze jours sans discontinuer. Lorsque West remit les pieds sur terre, à Auxerre, il alla aussitôt faire un petit détour par la vivifiante forêt de Bourgogne pour se reconnecter avec les réalités.

Prière dans le vestiaire

Il fut tenté, pendant un temps, de se lancer dans une carrière politique. Je m'étais permis de l'en dissuader car j'estimais qu'il y avait bien plus de coups à prendre que de bons gestes à distribuer.

En revanche, il se jeta corps et âme dans la religion, qui fut au cœur de la vie collective de l'équipe multiconfessionnelle du Nigeria. Pendant les JO de 1996, avant chaque partie, une «tortue», formée de tous les joueurs nigérians enlacés, invoquait les dieux en plusieurs langues. Au milieu d'eux, accroupi, West organisait la prière qui précédait le coup d'envoi. Et, quand il n'était pas titulaire, il prêchait avant que ses coéquipiers n'entrent sur le terrain, dans un mélange d'anglais, de français et de dialectes locaux.

Avant les matchs, à Auxerre, il éteignait la lumière du vestiaire et réunissait toute l'équipe autour de lui. Une bougie à la main, il lançait cette incantation: «Nous sommes tous des Auxerrois!» West disait que Dieu l'inspirait et qu'il se sentait vide lorsqu'il n'accomplissait pas une œuvre divine. C'est pourquoi il finança la construction d'un lieu de culte à Milan, où les rites évangélistes et les chants gospel alternèrent et se marièrent, sous son autorité éclairée.

Un jour, il revint à Auxerre car il voulait revendre la maison que je lui avais demandé d'acheter dès son arrivée. Il accepta de venir avec moi à l'hôpital pour rendre visite à notre kiné, spécialiste de fasciathérapie, qu'une grave maladie clouait au lit. Quoique athée, celui-ci autorisa Taribo à prier à haute voix. Ce fut un moment très émouvant et très intense entre deux hommes qui s'étaient perdus de vue, mais qui se connaissaient et s'appréciaient.

En quittant la chambre, il s'arrêta dans le couloir et me murmura à l'oreille: «Il ne passera pas la nuit.»

Le lendemain matin, j'apprenais que le kiné avait quitté le monde des vivants.

13

Avec Djibril Cissé, un si long chemin

Une journée exceptionnelle

Comme les cent cinquante invités, j'avais dû signer un engagement sur l'honneur : interdiction formelle de prendre le moindre cliché pendant toute la durée de la cérémonie. Elle faisait l'objet d'un contrat d'exclusivité avec une agence spécialisée dans la couverture des grands événements, et cette agence n'autorisait pas la présence d'appareils photo autres que les siens. Impossible d'y contrevenir : les organisateurs redoutaient que la presse dite « people », voire les tabloïds anglais, soient alimentés par un canal détourné. Même en qualité de témoin du marié, je n'échappais pas à la règle. Elle ne me dérangeait pas. Je n'excelle pas dans l'art photographique !

Lorsque Djibril Cissé me téléphona d'Angleterre pour me demander de l'assister pour son mariage, je fus vraiment touché par la marque d'affection qu'il me témoignait. Et par l'invitation qu'il me lançait pour le samedi 18 juin 2005, date retenue pour son union avec une jeune Anglaise nommée Jude Littler.

Pour me rendre au château de Bodelwyddan, où il nous donnait rendez-vous, je dus me procurer une carte du pays de Galles. Il n'était pas facile à trouver, ni simple d'accès, ce château classé aux Monuments historiques ! Il se cachait dans le comté de Denbighshire, au nord. Voiture, avion, voiture : plusieurs heures de voyage avant d'arriver enfin à bon port. Sur place, un détail me frappa d'emblée : des tranchées encerclaient le bâtiment, majestueux, qui datait du Moyen Âge. En fait, le château avait servi de caserne et de terrain de manœuvres aux soldats anglais pendant la Première Guerre mondiale. Ils y étaient formés avant de venir combattre en France, aux côtés des troupes alliées. Bodelwyddan était un lieu chargé d'Histoire. Ce qui n'était pas pour me déplaire.

En arrivant, on devait montrer patte blanche. Plusieurs gardiens d'une société de sécurité privée empêchaient l'accès du château à tous ceux qui ne possédaient pas le précieux sésame.

Djibril arborait fièrement la couleur rouge, qui est celle du Liverpool Football Club, avec lequel il venait tout juste de remporter le titre de champion d'Europe. Il était entré en cours de jeu pendant la finale et avait contribué au triomphe anglais contre le Milan AC en inscrivant son tir au but, dans une épreuve où sa maîtrise émotionnelle ne fut pas prise en défaut – mais Djibril ne doute jamais de lui sur un terrain. D'une intensité rare, le match donna lieu à un incroyable renversement à la mi-temps et livra un scénario mémorable. 3-0 pour les Italiens après 45 minutes de jeu, 3-3 au coup de sifflet final. Trois semaines plus tard, au fin fond du pays de Galles, il agitait encore les esprits et animait toutes les conversations.

Si la mariée avait revêtu une robe blanche, Djibril portait donc un costume de laine rouge, créé spécialement par le styliste de Smalto. Un chapeau haut de forme complétait sa tenue surprenante, qu'il arborait avec l'élégance d'un vrai gentleman. J'avais l'habitude de ses excentricités vestimentaires, qui m'amusaient beaucoup et pour lesquelles il sollicitait les plus grands couturiers. Il ne se promenait jamais en culotte de zouave ou avec une veste mal taillée. Que du beau, que de l'original, que du chic! Comme pour les voitures. J'avais bien cherché à le freiner dans sa frénésie d'achat, mais le combat était perdu d'avance. Il les collectionnait comme d'autres amassent les timbres. Je ne pouvais pas l'empêcher d'aligner les voitures dans son jardin, mais j'avais réussi à lui interdire d'utiliser sa Ferrari jaune en centre-ville. Du coup, il le contournait pour emprunter l'autoroute de l'autre côté d'Auxerre et filer ainsi vers Paris. Je le savais par mes «agents» de renseignements situés aux différents péages de la région, qui m'indiquaient ses temps de passage. Je le tenais à l'œil à distance.

Avec mon costume sombre, ma chemise blanche et ma cravate grise, mon style vestimentaire tranchait par sa sobriété et son classicisme. Je n'ai jamais pu porter un smoking de ma vie, et il n'était pas question que je déroge à cette règle à 66 ans. L'important était d'être présent, de profiter de ce moment de bonheur partagé et d'assumer le rôle de confiance que Djibril m'avait donné. Je peux le confesser: j'éprouvais une certaine fierté devant cette marque de reconnaissance.

Vers 15 heures, dans la chapelle du château, j'entrai en action auprès des jeunes mariés en ma qualité de témoin. Pendant une bonne demi-heure, un lord lut des textes avec beaucoup de solennité et le mariage fut prononcé dans la foulée avec l'échange des alliances et d'un baiser symbolique qui prit un certain temps.

J'avais croisé quelques visages connus dans l'assistance dont ceux de Louis Saha, de Sylvain Wiltord et de Shaun Wright-Phillips, ceux encore de quelques dirigeants du club de Liverpool, auxquels je fus présenté.

Tout le monde sacrifia à une séance de photos interminable qui se déroula, heureusement, sous un soleil radieux. Les photographes de l'agence mitraillaient les mariés et leurs invités sous toutes les coutures. J'eus droit, comme tous les autres, à leur extrême sollicitude. Djibril et Jude prirent la pose devant une magnifique Cadillac DeVille décapotable louée pour la circonstance, au volant de laquelle ils avaient rejoint le château sous les vivats des badauds. Une Cadillac rouge, bien entendu, en harmonie avec le costume et le maillot du marié, qui avait fait inscrire le prénom de sa première fille, Ilona, sur les ailes du véhicule. Extravagant? Non: chaque détail avait son importance, comme sur le terrain.

Djibril n'ayant pas lésiné sur les moyens, le grand chef d'un restaurant étoilé de Mougins se chargea du dîner. Un camion frigorifique assez imposant était parti de Mougins trois jours auparavant, chargé de victuailles de toutes sortes. Il passa par le tunnel sous la Manche avant de traverser l'Angleterre et de terminer sa course près des cuisines du château. Un sacré périple. Placé à la table d'honneur entre les deux belles-mères, Mme Cissé à ma droite, Mme Littler à ma gauche, j'avais pu autant apprécier leur conversation amicale que la qualité d'un repas exceptionnel. Tout frisait la perfection. Un groupe lyonnais assura l'ambiance au rythme alterné d'une chanson en français suivie d'une autre en anglais, afin de satisfaire un auditoire mixte, comblé et participatif. Pour couronner le tout, un feu d'artifice digne d'un 14 Juillet à Auxerre fut tiré des jardins du château quand la nuit enveloppa la campagne galloise. Djibril avait sorti le grand jeu. Un show exceptionnel. Il abandonna ensuite ses vêtements rouges pour revêtir la panoplie du parfait DJ, casquette en prime, et faire danser tous ses convives jusqu'au petit matin.

Il était temps que je parte me reposer.

Je venais de vivre une très belle journée, ardente et effervescente. J'en avais pris plein les yeux. Et mon cœur, s'il ne battait pas la chamade, pulsait au son des notes de musique.

Une relation forte et étroite

Au fond, je n'avais pas été si surpris que Djibril me choisisse pour être son témoin de mariage. Il m'avait eu constamment à ses côtés pendant la fin de son enfance, durant son adolescence et au début de ses heures de gloire. Notre relation, d'une très grande proximité, suivit son cours pendant huit longues années et, le plus extraordinaire, c'est qu'aucun incident sérieux ne vint jamais la troubler. Je crois pouvoir affirmer qu'ensemble, on n'a rien raté. Absolument rien.

Entre lui et moi, l'histoire débuta en 1996 lorsque les recruteurs du club m'alertèrent sur le talent unique d'un jeune garçon âgé de 15 ans, habitant Arles, qui alignait les exploits sur les terrains de sa région. À ma demande, il me rendit visite à Auxerre, en compagnie de sa mère et de deux de ses frères. Sa maman est une femme formidablement courageuse, qui éleva seule ses sept enfants en donnant à chacun une éducation remarquable. Ils forment une belle famille que j'eus l'immense plaisir de revoir à l'occasion du mariage de Djibril. Assistante dans une école maternelle, Mme Cissé avait décidé de continuer à travailler pour demeurer au cœur d'une activité sociale, en prise avec les réalités de la vie quotidienne.

Je l'ai reçue à de très nombreuses reprises pendant la phase de formation de son fils. Elle prenait l'avion puis une voiture de location et une chambre d'hôtel lui était réservée pour deux nuits. Tout figurait en bonne et due forme dans un contrat cadre qui lui prévoyait des conditions de séjour confortables. Nous déjeunions toujours ensemble au restaurant et, sur les coups de 15 heures, nous allions au stade pour voir Djibril qui jouait, à l'époque, avec les cadets nationaux. Il impressionnait tout le monde, ses partenaires comme ses adversaires, par sa vitesse de course et sa faculté à marquer des buts. Il ne dribblait jamais les gardiens, ou rarement. Il accélérait, prenait de vitesse les défenseurs, arrivait face au gardien et frappait en force au ras de ses oreilles. Il cadrait toujours. Et faisait souvent mouche.

Il exprima des dons d'attaquant identiques par la suite. Je lui avais réservé un traitement de faveur exceptionnel : il était le seul joueur dispensé de toutes tâches défensives, avec la complicité bienveillante de l'ensemble de l'équipe qui savait ce qu'il lui apportait par ailleurs. Notre tactique collective s'adaptait à ses qualités individuelles : on jouait très bas, repliés dans notre camp, afin de laisser le champ ouvert à ses courses effrénées. Il avait une puissance de cuisse hors du commun et une mise en route aussi immédiate que phénoménale. Son endurance étant inversement proportionnelle à son explosivité, je n'allais pas lui demander de revenir pour assurer un pressing défensif pour lequel il n'affichait aucune envie. Si je l'y avais contraint, il n'aurait pas inscrit autant de buts en notre faveur pendant toutes ses années auxerroises : plus d'une centaine, toutes compétitions confondues.

Ce type de joueur est précieux.

En 2003, malgré les sollicitations pressantes dont il fut l'objet de la part de plusieurs clubs étrangers, il accepta de rester une année supplémentaire à Auxerre alors que tout le monde le donnait partant. Je m'étais arrangé dans le plus grand secret avec Gérard Houllier, l'entraîneur de Liverpool, qui fit preuve de beaucoup de compréhension et d'esprit d'ouverture. Il souhaitait trouver un remplaçant à son avant-centre, Robbie Fowler, et Djibril correspondait au profil recherché. Un attaquant qui prenait les espaces, qui proposait des solutions offensives et qui se montrait efficace dans la surface. N'avait-il pas inscrit 22 buts en Ligue 1 en 2002 et 14 en 2003?

On négocia ensemble un arrangement à l'amiable: je le gardais à Auxerre pour profiter encore de lui une saison pleine et entière, et Djibril s'engageait, dans le même temps, à devenir un joueur de Liverpool à partir de juillet 2004. Tout se passa en totale harmonie avec l'ensemble des protagonistes. Il fallut naturellement se mettre autour d'une table avec ses frères et ses agents pour trouver la meilleure formule financière possible. Tout en acceptant l'idée d'attendre un an pour rejoindre Liverpool, il ne voulait pas perdre d'argent et Auxerre n'avait pas l'intention de s'aligner sur le salaire qu'il percevrait en Angleterre. L'équation n'était pas simple à résoudre. Au bout de quelques jours de discussions animées mais courtoises, d'allers et retours concernant ses conditions salariales, un accord acceptable par toutes les parties fut conclu. Bien nous en prit: il marqua 26 buts en notre faveur en 2004 et termina pour la seconde fois meilleur buteur du championnat!

J'avais apprécié le comportement de Djibril, qui ne chercha pas à engager un bras de fer avec le club pour partir à tout prix. Il existait entre nous une confiance mutuelle, elle nous épargna ces psychodrames qui génèrent souvent les gros titres des journaux. Auxerre possédait suffisamment d'argent en caisse pour ne pas attendre du transfert d'un joueur qu'il assure les paies de l'ensemble de l'équipe. Quand un joueur me disait qu'il voulait boucler ses valises avant la fin de son contrat, je lui répondais immanquablement : « Tu ne partiras pas ! Tu fais ce que tu veux mais tu ne partiras pas ! » Ses espoirs de départ se brisaient net. Immanquablement. Il savait que je ne céderais pas, qu'il n'était pas question de poursuivre la conversation une seconde de plus. Seul Bernard Diomède me causa de réels soucis après la Coupe du monde 1998. Mais peut-on dire que sa carrière ait connu un nouvel élan après son départ d'Auxerre ?

Contrairement à ce que la rumeur propageait, Djibril ne posait aucun problème de discipline et n'entravait pas la vie du groupe. Il avait tendance à se rendre un peu trop souvent à Paris, je ne l'ignorais pas, et il m'arrivait de me fâcher pour ses va-et-vient répétés entre Auxerre et la capitale. Mais rien, dans son style de vie, ne me paraissait inacceptable.

Un jour, je l'avais pris sur le fait. Un de mes amis se promenait sur l'avenue des Champs-Élysées lorsqu'il aperçut Djibril entrer dans le magasin Adidas. Il m'appela aussitôt pour me prévenir. Un lundi, à 16 heures, il n'y avait pas de quoi s'offusquer mais je décrochais néanmoins mon téléphone pour lui mettre la pression.

« Dis donc, Djibril, la vie est belle sur les Champs-Élysées… »

« Coach, comment savez-vous que je m'y trouve ? »

« Tu sais que j'ai des guetteurs qui planquent un peu partout, notamment à Paris ! Ils me renseignent sur tous tes faits et gestes. Je sais en permanence ce que tu fais ! »

«Je suis cool, coach, je vais chez Adidas pour récupérer du matériel.»

«Mes informateurs me disent qu'ils te voient tout le temps dans les parages. Notamment que tu vas souvent de l'autre côté dans ta boîte préférée…»

«Je ne fais rien de mal, coach, je vous jure!»

«Bon, d'accord. Mais il ne va pas falloir tarder à rentrer si tu veux te coucher de bonne heure ce soir. Car, demain matin, j'ai prévu un sacré trajet dans la forêt à ton programme… Tu vas courir, je te l'assure, tu vas courir!»

Parfois, il lui arrivait de se rebeller ouvertement contre moi, dans les vestiaires, après une ou deux remarques abruptes sur son attitude dans le jeu. Il lançait des «putain de ta mère» à travers la pièce comme le font les gars du Midi quand ils s'énervent. Je l'invitais à laisser sa mère tranquille, qui n'avait rien à voir, la pauvre, dans l'affaire qui nous occupait, et à se calmer immédiatement.

Il n'avait pas un caractère difficile, ni rancunier. Cinq minutes après une dispute très serrée, et une belle empoignade verbale, il oubliait tout et repartait comme si rien ne s'était produit.

Vraiment, j'ai eu beaucoup d'agrément avec lui.

Djibril, Serge, Bernard, Daniel, Éric…

En l'observant si épanoui, assis sur le capot de sa Cadillac rouge, au milieu de sa famille et de ses amis, dans l'environnement magistral du château de Bodelwy dan, je pensais à son brillant parcours professionnel. À toutes ses heures de travail inlassable, à tous ses entraînements dans le froid ou sous la pluie, à tous ses matchs réussis ou ratés, à tous ses buts marqués ou manqués, à toutes ses courses irrésistibles ou annihilées, à toutes ses passes ajustées ou loupées. Et à la récompense qui s'offrait à lui, au bout du long chemin, en cet été 2005 : un contrat en or dans un club prestigieux, une consécration sportive avec un titre de champion d'Europe, un mariage digne d'un seigneur, une vie de rêve.

Quand je vois mes joueurs atteindre un tel degré de réussite sociale et humaine, j'éprouve un sentiment de fierté et de devoir accompli. Avec l'ensemble des responsables de la formation d'Auxerre, nous n'avons certes représenté qu'un petit maillon dans leur éducation générale, mais à un moment crucial de leur vie. Je veux croire que nous avons pesé dans leur trajectoire personnelle.

Les joueurs d'Auxerre n'ont pas tous connu le destin de roi de Cissé, mais aucun n'a terminé dans le ruisseau, dans le dénuement ou dans la délinquance. J'ai cette satisfaction profonde qui vaut autant que toutes les lignes d'un palmarès.

En dehors des liens d'amitié qui nous unissaient, j'étais tellement fier de Serge Mesonès, qui fut mon capitaine de l'équipe de la montée en Première division et de la finale de la Coupe de France 1979. Fier du joueur mais aussi de l'homme, droit et intègre, au sens moral irréprochable, même si ses idées ne ressemblaient pas à celles que je cultivais dans mon jardin. Il militait au Parti communiste avec conviction, tout en sachant faire la part des choses. Il regardait le monde sans œillères et s'engageait sans réserve pour tenter de le changer.

Mais comment ne serais-je pas fier de Bernard Diomède, qui a créé une Académie pour le développement de programmes éducatifs et citoyens pour les jeunes d'Issy-les-Moulineaux ? De Daniel Dutuel et de Frank Verlaat, devenus l'un et l'autre assureurs en Espagne et en Allemagne ? De William Prunier, qui s'est lancé dans la carrière d'entraîneur et a hissé Colomiers en National ?

Ou de Cantona dont la carrière de comédien au cinéma et au théâtre est stupéfiante? J'ai vu Éric dans l'une de ses pièces, *Face au Paradis*, qu'il jouait au côté de Lorànt Deutsch au théâtre Marigny, à Paris. Il m'impressionna en déclamant avec ferveur des tirades de deux pages. Avec son accent marseillais, j'avais l'impression d'entendre Raimu. Dans la loge, je lui avais rappelé combien il n'avait pas été fameux à l'école quand il était pensionnaire au centre. «Comment fais-tu pour te rappeler de l'intégralité de ce texte?» Il m'avait dit qu'il se préparait comme s'il s'agissait d'un match. Sieste, collation, au théâtre deux heures avant le début de la représentation. Et une concentration totale pour se mettre dans la peau de son personnage.

Djibril, Serge, Bernard, Daniel, Frank, William, Éric, et les autres…

Tant et tant d'autres joueurs d'Auxerre vers lesquels mes pensées vagabondaient, sous le ciel bleu azur d'une journée inoubliable au pays de Galles.

14

Laurent Blanc, le contrat de confiance

Un manque de crédit énervant

Quand la direction du Paris Saint-Germain pataugea, en juin 2013, pour trouver un remplaçant à Carlo Ancelotti au poste d'entraîneur, j'ai été sidéré par l'aveuglement qui la frappait. Elle hésitait entre quatre ou cinq Italiens, elle prospectait dans le monde entier pour tenter d'attirer au Parc des Princes cinq ou six autres techniciens dénichés n'importe où. Bref elle tournait pas mal en rond et brassait beaucoup d'air. Elle donnait surtout l'impression de ne pas savoir ce qu'elle voulait vraiment, passant d'une candidature à une autre sans idée préconçue, comme si elle était prise au dépourvu. Elle semblait ne pas imaginer un seul instant qu'un entraîneur français puisse répondre au profil recherché. C'est dommage : elle l'avait sous la main dès le départ ! J'ai assuré, à l'époque, en répondant aux questions du *Parisien-Aujourd'hui en France*, que Laurent Blanc possédait tous les atouts pour succéder à Carlo Ancelotti.

J'avançais trois raisons. Blanc a l'estime des joueurs qui respectent sa carrière de champion du monde et de joueur de premier plan passé dans les plus grands clubs européens : Naples, Manchester United, Barcelone,

Inter Milan... Il possède toutes les qualités requises d'un entraîneur de haut niveau, sur le plan technique comme sur le plan psychologique. Enfin, au sein d'un vestiaire polyglotte, il parle le français, l'italien, l'espagnol et l'anglais, et peut donc se faire entendre et comprendre par tous les joueurs.

Que la défection des uns, le refus des autres et l'urgence de trouver une solution aient finalement abouti à la nomination de Laurent Blanc, qui était libre de tout contrat, tant mieux pour lui. Je m'en suis ouvertement réjoui. Mais ce manque de crédit accordé aux entraîneurs français m'énerva. Et il continue à m'agacer prodigieusement. Il suffit de regarder ce que Rudi Garcia a été capable de réaliser dans le championnat d'Italie, dès sa prise de fonctions à l'AS Roma, pour s'en rendre compte. Lui aussi aurait été un successeur possible de Carlo Ancelotti. Avait-on seulement pensé à lui?

Quand je vois évoluer le PSG depuis que Laurent Blanc a été promu, je ne peux m'empêcher de penser à son prédécesseur et à ses théories tactiques, à son équipe qu'il composait en forme d'arbre de Noël. Pour me moquer de cette invention venue de nulle part, j'avais dit, à l'époque, qu'on verrait sans doute, un peu plus tard, un PSG en forme d'œuf de Pâques! C'était presque risible. Laurent Blanc, lui, ne s'embarrasse pas de considérations superflues. Il va à l'essentiel. Dans son organisation en 4-3-3, il a décidé de placer Edinson Cavani sur le côté et il a obtenu de son joueur un niveau de performance assez proche de ce qu'il réalisait dans l'axe à Naples.

La simplicité n'est pas l'ennemie de l'excellence.

Je connais Laurent Blanc depuis le jour où, en finale de la Coupe Gambardella 1985, Auxerre fut opposé à Montpellier, sur le terrain de Bourges. Nous l'avions emporté 3-0, les trois buts étant signés Éric Cantona, déjà décisif dans tout ce qu'il entreprenait. Laurent Blanc, qui évoluait sous le numéro 10, avait été pris en marquage individuel par Daniel Dutuel qui ne l'avait pas lâché d'une semelle. Il tenta bien de surprendre notre gardien Lionel Charbonnier en deux ou trois circonstances, mais l'accès du but lui fut constamment bouché. Dix ans après, nos chemins se croisèrent à nouveau. Ou plutôt: nous fîmes chemin commun.

Alain Migliaccio m'appela un lundi matin de juillet 1995 à 8 h 30 pour me poser une question à laquelle je ne m'attendais pas: « Voulez-vous que Laurent Blanc vienne jouer chez vous? » Il était son agent et, si je n'avais pas été certain du sérieux de mon interlocuteur, j'aurais cru à une galéjade. Il s'expliqua posément.

« Saint-Étienne ne peut plus assumer son salaire. Le club doit absolument faire des économies, et se débarrasser de certains joueurs. Si vous le souhaitez, vous pouvez le récupérer. Vous jouez la Coupe d'Europe, vous êtes toujours dans les premiers en championnat, vous pratiquez un jeu de qualité. Ce sont des éléments importants qui peuvent séduire Laurent. »

« Je vous écoute, vos arguments sont intéressants. Mais Auxerre ne pourra pas le payer! Nous n'en avons pas les moyens. »

« Si, vous le pourrez. Car, pour venir chez vous, Laurent accepterait de diviser son salaire par trois. »

« Par trois? »

« Par trois! »

Sollicité par plusieurs clubs étrangers comme Besiktas, le Borussia Dortmund, Cologne, Aston Villa ou Queens Park Rangers, Laurent Blanc était aussi réclamé par Montpellier et par Bordeaux, qui lui proposaient des engagements de longue durée. Ce qu'il ne souhaitait pas. Il visait le très court terme. Il cherchait un tremplin, pour pouvoir rebondir rapidement. Alain Migliaccio avait imaginé un plan qui propulsait Laurent Blanc dans une carrière qui irait au-delà d'un simple passage de Saint-Étienne à Auxerre. Un sacré pari qu'il eut l'honnêteté de me présenter en toute transparence : Laurent Blanc réduisait son salaire, partait chez Guy Roux, se relançait sportivement, retrouvait sa place en équipe de France, participait à l'Euro 1996, devenait le meilleur libero d'Europe et, au bout du compte, dix mois plus tard, il regagnait les 4 millions de francs qu'il perdait en rejoignant Auxerre. À l'arrivée, le plan ainsi ébauché se concrétisa avec une justesse étonnante.

Un contact téléphonique de vingt-trois minutes avec Laurent Blanc, sur les coups de midi, me confirma son état d'esprit du moment. Il était prêt à venir chez nous prendre le relais de Frank Verlaat au centre de notre défense, aux conditions exposées par son agent. Je ne connais pas un autre joueur qui aurait été capable de consentir un sacrifice aussi important sur le plan financier. C'était aussi la preuve de son intelligence. Il fallut faire vite, ensuite, pour conclure l'affaire qui justifia une mobilisation immédiate.

Avec le Falcon de Gérard Bourgoin, nous décollâmes à 18 h 30 d'Auxerre. À 19 h 15, nous prenions Laurent Blanc à l'aérodrome d'Avignon, où Saint-Étienne se trouvait en stage de début de saison. À 20 h 15, nous arrivions à Saint-Étienne. À 21 heures, nous étions dans le bureau du président du club, Michel Vernassa, pour finaliser l'accord entre les trois parties. À 22 h 30, tout le monde signait le document officiel de prêt et, à 23 h 30, nous prenions une assiette anglaise à l'hôtel Mercure d'Auxerre.

On n'avait pas perdu de temps !

En cinq heures, montre en main, sans que la moindre rumeur n'ait eu le temps de se propager, sans que le moindre grain de sable ne vienne perturber l'opération, Auxerre réalisa un transfert surprise de grande envergure. Notre club se retrouvait dans une situation qu'il connaissait : Alain Roche et Enzo Scifo avaient eu, eux aussi, la même idée en tête en signant chez nous. Effectuer une bonne saison et partir ailleurs, la tête haute.

J'avais dit, à l'époque : « Si on se plaît, on se mariera peut-être plus longtemps. » Mais je savais, dès le départ, que son engagement contractuel serait réduit dans le temps. Encore fallait-il le faire fructifier.

Le sens des responsabilités

Ma discussion avec Laurent Blanc s'engagea dans la plus grande clarté. J'avais besoin du meilleur libero de France pour verrouiller ma défense qui était déjà très bonne. Je disposais d'une merveilleuse équipe qui jouait bien au football, avec des joueurs de talent comme Corentin Martins, Sabri Lamouchi déniché à Alès, Moussa Saïb à la JS Kabylie ou Abdelhafid Tasfaout, qui fut le plus grand « faiseur » de buts des vingt dernières minutes de l'histoire de l'AJA. Je pouvais aussi compter sur des jeunes joueurs formés au club comme Christophe Cocard, Alain Goma, Franck Rabarivony ou Frédéric Danjou, et d'autres, comme Lilian Laslandes ou Stéphane Guivarc'h, qui venaient d'autres horizons et que nous avions bonifiés.

J'avais fixé une limite précise au champ d'expression de Laurent Blanc : « Interdiction de jouer en numéro 10 ! » Je savais qu'il aimait bien monter au milieu de terrain, où il pouvait exceller, mais je ne souhaitais pas qu'il s'y aventure trop. « Si tu sens un coup, il faut y aller. Deux fois, je ne dirai rien. Mais pas plus ! » Pour atténuer mon propos, je lui avais parlé des coups de pied arrêtés. « Comme nous avons une bonne équipe, on va dominer nos adversaires et obtenir de nombreux coups francs. Tu pourras monter dans la surface de réparation pour tenter de marquer. On mettra en place un dispositif en conséquence. »

On s'était tout dit et il ne fut plus jamais question de revenir sur son rôle et sur l'organisation de notre équipe. Il respecta jusqu'au bout les consignes, même lorsque nous étions menés 1-0.

Blessé lors de la première partie de la saison, il ne réapparut au sein de l'équipe qu'aux environs de Noël, après une rééducation à Soullac, au bord de la mer, où il aligna des courses dans le sable. Il ne perdit jamais son sang-froid. Et il se remit en marche, comme un chef de bande, pour réaliser une deuxième partie de saison formidable. Après avoir accusé dix points de retard sur Paris, à la trêve hivernale, Auxerre remonta au classement et remporta son premier titre de champion de France le 11 mai 1996, une semaine après notre victoire en finale de la Coupe de France.

C'était la consécration pour nous tous. Et la confirmation que nous avions eu raison d'engager Laurent Blanc. Son autorité naturelle sur le terrain trouvait son prolongement en dehors. Je me souviens de notre quart de finale de Coupe de France disputé à Valence où, grâce à deux buts (Blanc et Diomède), nous nous étions qualifiés pour les demi-finales. Au retour, à l'aérodrome de Branches, vers 0 h 15, j'avais observé du coin de l'œil le ballet des voitures qui filaient les unes derrière les autres. Je me doutais qu'il se tramait quelque chose: ils partaient tous en direction de la discothèque! Je les avais laissés prendre un peu d'avance avant de bondir dans ma propre voiture pour les suivre. Mon intuition ne m'avait pas trompée: tous les véhicules des joueurs étaient garés sur le parking de la fameuse discothèque. Il n'en manquait pas un! Ah, çà, pour jouer en équipe, ils jouaient en équipe!

Mon premier réflexe fut immédiat: foncer au bar et sur la piste de danse pour les déloger! «Dehors, rentrez chez vous! Pensez au match de samedi, il est important celui-là!» Je savais quels mots employer. Mais c'était peut-être stupide de ma part. Il fallait que je me contrôle. Que je me gendarme et que j'évite de provoquer un scandale. Nous avions effectivement un match quelques jours plus tard et je risquais peut-être de le plomber par une attitude qui n'aurait pas été comprise. Et pas n'importe quel match: on recevait PSG pour la 31e journée de championnat. J'ai finalement décidé de rentrer chez moi, où j'eus beaucoup de mal à m'endormir.

À 8 heures du matin, le patron de la discothèque me passa un coup de fil.

«Guy, vous êtes au courant? Ils étaient tous chez moi hier soir.»

«Oui, je sais, je sais…»

«Mais à 2 heures, ils sont tous partis…»

«Ah bon?»

«Laurent Blanc s'est levé de son siège à 2 heures et a demandé à tout le monde de rentrer.»

«Et ils ont tous suivi?»

«Il y en avait bien deux ou trois qui voulaient rester. Mais il est allé les chercher un par un, et toute l'équipe est sortie en même temps.»

Lors du décrassage, muni de ces précieux renseignements, je demandai aux gars : « Ça va, vous avez bien dormi ? » Ça voulait dire : « Je sais… » Personne ne broncha, évidemment.

Quant à Laurent Blanc, il démontra, en cette circonstance, que je pouvais compter sur lui. Sur son sens des responsabilités, notamment.

Il nous quitta, comme prévu, en fin de saison. Il avait reçu des offres de plusieurs grands clubs, dont le FC Barcelone. Auxerre ne pouvait évidemment pas s'aligner.

Une injustice incroyable

J'ai entendu des choses très étonnantes sur son compte, comme des doutes sur son intelligence. En philosophie, on dit : « L'art de s'adapter, l'art de comparer. » Laurent Blanc est, selon moi, un homme très intelligent qui mesure parfaitement les situations et qui sent bien l'environnement dans lequel il évolue. Mais il est un taiseux, comme la plupart des Cévenols, et on cherche, à tort, à interpréter ses silences ou sa réserve, pour en tirer des conclusions hâtives et fausses.

Il accomplit la carrière que je lui avais imaginée quand il nous rejoignit à Auxerre. Il ressemble à un coureur cycliste qui, dans une bonne année, peut gagner le Tour de France. Qui peut même gagner trois Tours de France, mais pas consécutivement. Et qui peut, aussi, de temps en temps, flancher à la 11e étape. J'avais vu ça comme le nez sur la figure. Et, jusqu'à présent, sa carrière en témoigne !

Il a connu six derniers mois malheureux à Bordeaux où, par ailleurs, il a très bien réussi pour son premier mandat d'entraîneur. De même en équipe de France, où il a reconstruit un groupe après le désastre de la Coupe du monde 2010. Il n'en fut pas vraiment récompensé : son bilan de 23 matchs sans défaite et une accession aux quarts de finale de l'Euro 2012, où la France échoua face à l'Espagne, ne trouvèrent pas grâce aux yeux de Noël Le Graët, qui dépensa beaucoup plus d'énergie pour défendre Raymond Domenech, après son Euro 2008 catastrophique, que pour soutenir Laurent Blanc. Je suis heureux qu'après l'injustice incroyable dont il fut victime et la coupure d'un an qui suivit, il ait pu retrouver un club de la dimension du Paris Saint-Germain.

Le voilà lancé dans une nouvelle aventure, très excitante. Il sait déjà que, dans ce métier, les difficultés sont constantes et éternelles. Il rencontre, globalement, des problèmes qui sont essentiellement humains. Car, au fil des époques et des générations, les hommes n'ont pas changé. Il est aussi difficile de commander une équipe de football que onze légionnaires romains ou onze grognards de Napoléon.

Il me semble le lui avoir dit lors de son passage parmi nous, à Auxerre.

15

Pour les Bleus, c'est deux fois non

Mes quatre vérités

« Mais vous faites n'importe quoi ! »

L'échange avait été très vif avec Noël Le Graët, ce mercredi 13 octobre 1993, dans le hall de l'hôtel Mercure, avenue des Ternes, à Paris, où nous avions l'habitude de séjourner tous les deux lorsque l'équipe de France se produisait au Parc des Princes. Quelques heures plus tard, elle devait accueillir Israël, pour son avant-dernier match qualificatif comptant pour la phase finale de la Coupe du monde 1994, aux États-Unis. Je venais d'apprendre que Le Niel's, qui se trouvait juste à côté, avait été entièrement privatisé par la Fédération, le soir même, pour célébrer la qualification. Je tenais cette information de la bouche des agents de sécurité de la discothèque branchée, auxquels j'avais demandé de surveiller ma voiture garée à proximité. « Pas de problème, monsieur Roux. Vous serez de la fête avec les joueurs, tout à l'heure ? » Sûrement pas.

J'avais déballé mes quatre vérités au président de la Ligue. Qu'il ne fallait pas se détourner de son objectif, sous peine de prendre le risque de ne jamais l'atteindre. Qu'il était irresponsable d'organiser des réjouissances avant l'heure. Qu'il serait grand temps d'improviser une cérémonie festive le moment venu. Dernier argument, pour clore le sujet: que mes joueurs avaient beaucoup mieux à faire que de passer une nuit blanche trois jours avant un match de championnat. D'ailleurs, j'avais prévu de récupérer Bruno Martini, Franck Silvestre et Corentin Martins au Parc des Princes dès la fin du match et de rentrer à Auxerre avec eux le plus rapidement possible. Le samedi, nous recevions Monaco et le match n'était pas gagné d'avance, lui.

« Écoutez, Guy, c'est la Coupe du monde tout de même... »

Tu parles, la Coupe du monde!

Le soir, contre toute attente, Israël l'emportait 3-2, alors que l'équipe de France menait 2-1 à sept minutes de la fin. Sept minutes pour sombrer. Sept minutes pour tout gâcher. Le résultat m'avait désolé. Mais l'épisode de la discothèque, ajouté à la chanson de Joe Dassin « L'Amérique », diffusée quelques minutes avant l'entrée des deux équipes sur la pelouse, m'avaient mis hors de moi.

À Rovaniemi, en Finlande, la veille d'une rencontre de Coupe d'Europe, je me souviens de mes joueurs, à table, qui prenaient tout à la rigolade. Je ne les « sentais » pas, ils n'étaient pas dans le match. Je les avais sacrément secoués, leur disant: « Les mecs, vous êtes en train de signer la "valise" qu'on va encaisser demain. Continuez, continuez, et vous verrez ce qui va nous arriver... » Il y eut un silence de mort. Un ange passa... Le lendemain, l'équipe était entrée à fond dans son match, marquant dès la première minute pour finalement l'emporter 5-0. Bien sûr, il ne s'agissait que de Rovaniemi, mais j'avais voulu leur faire comprendre une chose: lorsque l'on part pour mener une bataille, il faut mettre tous les atouts de son côté pour la gagner. Ne jamais sous-estimer son adversaire! Jamais.

J'avais la conviction que ce type de discours n'avait pas été tenu aux Bleus.

Et puis, la Bulgarie se présenta un mois plus tard pour le match de la dernière chance : ça passait ou ça cassait. On sait ce qu'il advint : ce coup franc en faveur des Français joué de façon totalement inconséquente près du but bulgare, la contre-attaque rapidement menée et ce but de Kostadinov qui, à l'ultime minute de jeu, nous barrait la route des États-Unis…

L'équipe de France s'était rendue coupable, à l'occasion de ces deux rencontres capitales, d'une bonne dizaine d'erreurs qu'Auxerre n'aurait jamais commises. Mais que mes dirigeants, et tout l'entourage qui gravite autour d'une équipe de football, auraient voulu que je commette ! Le même refrain revenait à mes oreilles chaque fois que j'affrontais une équipe présumée plus faible. Ça donnait à peu près ceci : « Oui, mais quand même… » Autrement dit : bien sûr, l'adversaire mérite le respect, mais vous l'emporterez, c'est normal, c'est comme ça, vous êtes plus fort. Quand j'entendais ce « oui, mais quand même », je me disais que nous avions déjà encaissé un but avant le coup d'envoi. Le « mais quand même » s'insinue dans la tête des joueurs, et ne les quitte plus. Il les perturbe. Il les démobilise. Il les dévie de l'objectif. Le combat d'un entraîneur consiste à rendre crédible l'idée quc tout match va être âpre, difficile, compliqué. Il faut qu'il s'en persuade lui-même de toutes ses forces, jusqu'à en devenir dément.

Avant d'accueillir Israël, la France se préparait à un scénario de fête. Avant la réception de la Bulgarie, la France se disait que le scénario catastrophe ne se reproduirait pas deux fois.

Ensuite, la France n'eut plus que ses yeux pour pleurer ce double scénario inconcevable.

«Prenez Aimé Jacquet!»

Le lendemain de la démission de Gérard Houllier, qui jeta l'éponge le jeudi 25 novembre, Noël Le Graët chercha à me joindre. Je me trouvais au Clairions, un hôtel situé à deux pas du centre-ville d'Auxerre, pour notre mise au vert avant la réception de Lille en championnat. Il devait être 20 h 30.

«Guy, je pense depuis plusieurs jours au poste de sélectionneur, qui est désormais inoccupé. Il est à prendre. Beaucoup de noms circulent. C'est le vôtre que je retiens. Ce poste, il est pour vous!»

«Ah bon? Pour moi? Attendez un peu... Vous me prenez au dépourvu. Je suis concentré sur mon match de demain soir, je n'ai pas la tête à la sélection. Rappelez-moi dans une heure, je serai plus disponible.»

J'avais demandé une heure de réflexion pour ne pas sortir de ma préparation, pour éviter que sa proposition inattendue ne vienne me troubler plus longtemps. Mais une heure me suffisait pour y penser, je n'aurais pas fait mieux en une nuit.

J'étais seul dans ma chambre, accoudé à une table, à devoir prendre une décision qui pouvait changer le cours de ma vie. J'avais à peu près toutes les données en main. J'étais certain de gagner plus d'argent et de disposer d'une belle équipe. La tentation était grande d'accepter et une réelle excitation s'empara de moi quand je me vis enfiler le nouveau costume. Et puis, au fil de mes cogitations, je me suis interrogé: es-tu vraiment fait pour devenir sélectionneur? En accepterais-tu la vie, et ses contraintes?

La première chose qui m'est venue à l'esprit peut paraître curieuse. Mais elle ne m'a jamais abandonnée:

que vas-tu bien pouvoir faire... après? Par nature, le poste est à durée limitée et, forcément, il faut aussi envisager la suite à donner à sa carrière. Elle n'est pas toujours florissante pour un sélectionneur. C'était un vrai sujet de préoccupation. Et puis une autre interrogation me tourmenta : mais que vas-tu bien pouvoir faire le matin au réveil? Je m'imaginais dans un bureau, au siège de la Fédération, côtoyer les gens du marketing, ou d'autres personnes en train de plancher sur un contrat de sponsoring. En fait, je ne me voyais pas du tout évoluer dans un tel univers! Ce n'était pas mon monde, ce n'était pas fait pour moi. Bien sûr, il y avait les matchs, il y avait les stages, il y avait la communication. Tout ça, je savais faire. Mais il n'est pas possible de meubler les trois cent soixante-cinq jours que compte une année avec ces seules activités. Avant même que Noël Le Graët ne me rappelle, j'avais pris ma décision. Ce serait non.

« Alors, Guy, vous avez réfléchi à ma proposition? »

« Oui, bien sûr, mais je ne vais pas l'accepter. »

« Vous me surprenez, Guy! Et vous me désolez. »

« J'ai une bonne petite équipe avec des joueurs qui ont des contrats longs. Il faudra peu de choses pour que je puisse réaliser une belle saison... »

« Mais je vous propose d'en faire plusieurs avec l'équipe de France, qui seront au moins aussi belles que celle à laquelle vous vous préparez. »

« J'ai des jeunes formidables, comme Philippe Mexès ou Djibril Cissé, qui sont promis à un bel avenir. Je ne me sens pas le courage de les laisser tomber. Ça fait longtemps que je lutte dans ce club, depuis la DH, et je sens que je vais y arriver. »

« Je le comprends très bien, Guy. Mais toute la France souhaite que vous vous occupiez de l'équipe de France... ! »

Je me disais, dans mon for intérieur, que certains présidents de clubs le souhaitaient, sans aucun doute, pour mieux déshabiller Auxerre qui leur prenait une place en Coupe d'Europe.

« Tout le monde, Guy, tout le monde. Jean-Claude Darmon va vous appeler, beaucoup de dirigeants s'apprêtent aussi à décrocher leur téléphone. Je suis aujourd'hui leur porte-parole. »

« Non, non, Noël, n'insistez pas. Depuis onze ans, nous siégeons tous les deux côte à côte au conseil d'administration de la Ligue, vous me connaissez bien. J'ai mis à profit l'heure que je vous avais demandée pour réfléchir. J'ai envie de continuer avec mon effectif. J'ajoute que je me suis engagé moralement avec l'AJA, qui ne pourra réaliser ses travaux de rénovation du stade que si je suis toujours présent au club. Les votes des budgets ont lieu ces prochains jours. Ce n'est pas le moment de partir. Plus tard, peut-être, mais là, non ! »

« Bon, vous ne nous arrangez pas, Guy, vraiment pas. Qui pourrait succéder à Gérard Houllier, selon vous ? »

« Prenez Aimé Jacquet ! »

« Ah non, non, ce n'est pas possible ! Regardez ce qu'il vient de faire à Montpellier : rien n'a fonctionné. À Nancy aussi, il a été mis en difficulté. Il est trop effacé, il ne communique pas assez. Il ne conviendra pas. »

« Vous me parlez de Montpellier et de Nancy. Mais regardez son palmarès à Bordeaux ! Parce que vous croyez qu'il était facile de travailler avec Bez ? Il a disputé la Coupe d'Europe pendant de nombreuses années, il a même atteint les demi-finales une saison. Son équipe jouait toujours bien. Je vous trouve sévère. Il a aussi un grand vécu de joueur et il a fait son appre tissage de l'équipe de France dans le sillage d'Houllier. »

C'est Aimé Jacquet, finalement, qui au terme d'une large revue de candidats potentiels, fut choisi quelques jours plus tard. Je n'avais jamais rapporté, jusqu'à présent, cette conversation privée. Compte tenu de son destin royal, elle aurait confiné à la flagornerie. J'ai préféré éviter.

J'étais persuadé qu'Aimé Jacquet était l'homme de la situation. Durant l'année qui précéda la Coupe du monde 1998, il fut la cible permanente de *L'Équipe*, qui l'attaqua durement en le traitant notamment de « brave type qui émet des soupirs » dans un éditorial. Le climat autour de l'équipe de France n'était pas sain, et risquait même de s'envenimer. Je pris l'initiative d'inviter à Auxerre le directeur du journal et son adjoint, pour tenter de dialoguer avec eux et de les raisonner. Leur entêtement était d'autant plus stupide qu'il n'existait aucune solution de rechange à six mois du démarrage de la Coupe du monde. Ils semblèrent comprendre mes remarques, l'un comme l'autre, et, quand ils prirent congé, je les pensais animés de bien meilleures intentions. Mais la suite des événements me prouva que je m'étais trompé dans mon jugement.

Un jour, Noël Le Graët m'avait averti qu'Aimé comptait venir à Auxerre pour assister à un match et observer des joueurs de l'équipe de France. « Il faut que vous le gardiez à dîner, m'avait-il dit. Il veut démissionner lundi parce que la presse est tellement dure avec lui qu'il se sent prêt à tout arrêter. Sa famille est affectée. Lui aussi. Essayez de lui réchauffer le cœur. »

Je l'avais joint au téléphone pour le réconforter. « Je sais que c'est dur, qu'ils sont vaches avec toi. On va passer une bonne soirée ensemble, on boira un coup de chablis et on ne parlera pas de football. » Après avoir rechigné, il accepta et, au terme du repas qui avait aussi réuni mon fils, François, Dominique Cuperly et sa femme, il m'avoua que ce moment de distraction lui avait fait le plus grand bien. La Haute-Savoie, où il avait une résidence, et Bordeaux figurèrent au menu de nos conversations.

Une bonne heure après la remise de la Coupe du monde, au Stade de France, le dimanche 12 juillet 1998, je me souviens qu'Aimé apparut sur TF1, installé dans les tribunes supérieures, où je faisais équipe avec Roger Zabel. L'émotion de la victoire était très forte et un bonheur total nous avait tous emportés. Quelle soirée exceptionnelle ! Roger enchaînait les questions avec le plaisir qu'on peut supposer en de telles circonstances. Je l'ai senti arriver tout doucement sur un sujet qui lui brûlait les lèvres :

« Bon, maintenant, Aimé, vous allez leur pardonner, à *L'Équipe*, hein ? »

« Jamais ! »

Sa réponse avait claqué, sèche, cassante, définitive. À tel point qu'on arrêta l'interview là-dessus, il me semble. Aimé aurait dû oublier tout ce qui s'était dit et écrit sur son compte. C'est ce que j'aurais peut-être fait à sa place. Mes copains me reprochent, souvent, de vite passer à autre chose.

« Vous resterez à Auxerre ! »

La succession d'Aimé Jacquet à la tête de l'équipe de France fut ouverte dès le coup de sifflet final de France-Brésil car il avait déclaré très tôt dans l'année qu'il ne resterait pas en fonction après la Coupe du monde, quelle que soit son issue. Cinq ans après la première sollicitation pressante de Noël Le Graët, je fus l'objet de nouvelles approches émanant cette fois du président de la Fédération, Claude Simonet. « C'est à vous de reprendre la sélection, vous êtes le meilleur... » Gervais Martel s'y mit à son tour, puis plusieurs autres dirigeants du football français, dont certains devaient juger opportun que je débarrasse le plancher du championnat. Je n'étais pas dupe de cet empressement soudain à me voir occuper le fauteuil de sélectionneur.

J'avais réussi à conduire l'AJ Auxerre jusqu'au titre de champion de France 1996 et, cette année-là, nous avions même réalisé le doublé en remportant également la Coupe de France. Nous avions aussi atteint le stade des quarts de finale de la Ligue des champions l'année suivante. Je bénéficiais d'une cote d'enfer, qui pouvait justifier ma candidature pour le poste et rencontrer les faveurs du public qui, globalement, m'appréciait.

Autant, en 1993, je ne me sentais pas prêt à franchir le pas, autant, là, je pensais que mon heure avait enfin sonné. Je me suis mis à rêver : hériter d'une équipe couronnée, une équipe championne du monde ! Un vrai cadeau pour un entraîneur désireux de monter en gamme. Une sacrée équipe que cette équipe de France, avec des joueurs tous prêts à poursuivre l'aventure : il n'y avait qu'à leur donner une bonne soupe, faire preuve d'un peu de psychologie, poursuivre le chemin déjà balisé, marcher dans leurs pas et apaiser les petites tensions inhérentes à un groupe. Rien qui soit de nature à me faire peur. Je pouvais maîtriser la situation, et même l'améliorer.

J'avais balayé toutes mes réserves initiales.

J'étais prêt, et décidé.

C'est ce que Jean-Claude Hamel, mon président à Auxerre, entendit de ma propre bouche. Et c'est ce qu'il n'accepta pas.

«C'est non!»

«Comment ça : non?»

«Non, non, vous resterez à Auxerre!»

«Mais vous ne pouvez pas me refuser cette chance! J'ai commencé ici en 1961 : trente-sept ans au service du club, auquel j'ai tout donné. À mon âge, une occasion pareille ne se représentera jamais!»

«Guy, vous avez un contrat à Auxerre, que j'ai toujours respecté. Je vous demande d'en faire autant et d'aller à son terme.»

«Mais il est normal que vous l'ayez respecté! Je n'ai jamais terminé au-delà de la 9e place au classement, sauf une saison mais c'était notre deuxième en Première division. Vous m'avez toujours payé selon les termes prévus dans nos accords et je vous en remercie. C'était formidable. Mais, aujourd'hui, donnez-moi l'autorisation de partir car le train ne repassera plus…»

«Il n'en est pas question. J'appelle immédiatement Simonet pour le lui dire.»

En fait, il contacta Jean Garnault, qui occupait des responsabilités à la Fédération, afin qu'il intervienne pour me barrer la route de la sélection. Jean Garnault expliqua à Claude Simonet qu'il avait lui-même, en qualité de président de la Fédération, enregistré mon contrat d'entraîneur au club. «Tu ne vas tout de même pas dénoncer un contrat que tu as entériné!» L'argument fit mouche : «Finalement, je ne vais pas prendre Roux pour diriger l'équipe de France», assura ensuite Simonet à Jean-Claude Hamel!

La victoire de mon président assura ma défaite. J'ai eu beaucoup de mal à la digérer. Le train était passé, il s'était arrêté devant moi mais on m'avait m'empêché de grimper dedans. Interdiction formelle : je ne serai donc jamais sélectionneur de l'équipe de France. Je devais me rendre à cette douloureuse évidence. J'étais extrêmement fâché contre Jean-Claude Hamel, qui ne m'avait pas fait de cadeau.

La saison fut pénible à vivre du début jusqu'à la fin. Gérard Bourgoin, lui, avait vendu mes meilleurs joueurs : à la reprise de l'entraînement, Yann Lachuer, Sabri Lamouchi, Stéphane Guivarc'h, Lionel Charbonnier, Antoine Sibierski, Abdelhafid Tasfaout, Alain Goma et Franck Silvestre brillaient par leur absence. Tous transférés vers d'autres clubs, en France ou à l'étranger ! En revanche, Bernard Diomède, qui voulait à tout prix partir, fut contraint de rester. Il ne cessa de mettre un bazar d'enfer dans le groupe, et contribua fortement à nous déstabiliser sportivement. Les tensions étaient tellement vives qu'on ne pouvait même plus organiser un toro sans qu'une bagarre n'éclate. Nous avions finalement échappé au pire, lors de la dernière journée, en l'emportant face à Rennes. Notre place parmi l'élite fut miraculeusement sauvée sur le fil.

C'est Roger Lemerre qui reprit le flambeau de l'équipe de France des mains d'Aimé Jacquet. Il l'emmena jusqu'au titre de champion d'Europe 2000. Une certitude : je n'aurais pas fait mieux que lui.

16

Attention, service public en danger !

Au son grésillant de la TSF

Dans la salle de restauration de l'Institut national des sports, où je participais à un stage destiné aux entraîneurs du second degré, dans le courant de l'année 1968, je campais dans la file, mon plateau repas entre les mains. Devant moi, un homme de petite taille, timide et plus âgé, attendait lui aussi dans l'espoir d'être servi. Je lui adressai la parole, le temps de récupérer la commande que je venais de passer.

« Tu es qui, toi ? »

« Alpsteg. »

« Alpsteg ? Lequel Alpsteg ? René ou Léon ? »

« René. »

« Celui qui a marqué le but contre les Pays-Bas en 1947 à Colombes ? »

« Oui, c'est ça, exactement. Comment le sais-tu ? »

« J'avais écouté la retransmission du match en direct à la TSF, je n'ai rien oublié des commentaires de l'époque. Je m'en souviens très bien… »

Le simple fait de remettre à la surface ce souvenir vieux de vingt et un ans, deux ou trois larmes commencèrent à se former et à couler sur ses joues – une réaction qui m'émut profondément.

Le matin même, l'un des exercices aménagé par les organisateurs du stage consistait à frapper un ballon du milieu de terrain en direction du but pour tester la qualité et la précision du tir. Il fallait le loger dans les filets sans qu'il ne touche terre. Sacré challenge. Un grand gaillard accomplissait à chaque fois des miracles : César Ruminski. Je savais que ce gardien de but dégageait merveilleusement bien, sans avoir jamais pu le vérifier de visu. Je l'avais entendu dire à la radio, par les commentateurs, notamment à l'occasion de son premier match en équipe de France, en 1952, contre l'Allemagne.

J'ai découvert l'équipe de France grâce à Georges Briquet, qui fut l'une des grandes voix de la radio des années 1940 et 1950. C'est au gré de ses reportages que je me suis mis à l'apprécier au début, puis à l'aimer. La tonalité était parfois hésitante et grésillante, mais je ne perdais jamais rien de l'ambiance. René Alpsteg et César Ruminski firent ainsi partie de mon environnement dans ma plus tendre enfance, sans même qu'ils ne le sachent. Comme les Louis Hon, Émile Bongiorni, Ernest Vaast, Jean Baratte ou André Strappe dont les noms égayaient, eux aussi, nos dimanches après-midi de fête.

Ma passion naissante pour l'équipe de France prit une dimension supplémentaire avec la diffusion de ses matchs à la télévision. À l'occasion de la Coupe du monde 1954, le magasin d'électroménager d'Appoigny installa un poste de télévision dans sa vitrine. Un véritable événement pour la population locale qui accourut en masse chez le commerçant. Je nous revois encore, mes copains et moi, agglutinés sur le trottoir, émerveillés devant les images qui défilaient sous nos yeux écarquillés. Il ne s'agissait pas de retransmissions en direct, mais qu'importe ! Je garde aussi en mémoire ces quelques extraits de matchs aperçus dans les salles de cinéma, avant la projection du film, à l'heure de la séquence consacrée aux actualités. Ils m'impressionnèrent d'autant plus que le format de l'écran était immense.

Quatre ans plus tard, je me débrouillai autrement pour suivre la Coupe du monde, organisée en Suède. Surveillant au centre d'apprentissage de Montmorillon, j'avais enfourché mon scooter un beau jour de juin et, arrivé à Bellac, sur une colline qui surplombait la ville, j'avais laissé traîner mon regard en contrebas vers deux maisons qui se distinguaient des autres. Elles étaient toutes les deux équipées d'un « râteau » sur leur toit. L'une d'elles appartenait à un pharmacien. J'avais frappé à sa porte pour lui demander si je pouvais entrer chez lui afin de regarder la télévision. Il accepta très gentiment, me fit entrer et je pus ainsi admirer l'équipe de France de 1958. Et tous ceux qui devinrent ensuite mes idoles : Roger Piantoni, Jean Vincent, Armand Penverne, Robert Jonquet, Claude Abbes, François Remetter, Just Fontaine…

Just Fontaine racontera plus tard une anecdote merveilleuse. Il ne possédait qu'une seule paire de chaussures de football et, pour clouer les crampons sur ses semelles, il devait se rendre chez le cordonnier du petit village suédois où la sélection nationale avait élu domicile. Malheureusement, une de ses chaussures céda la veille du premier match de l'équipe de France contre le Paraguay : il ne disposait plus de son outil de travail et se trouvait donc réduit au chômage technique. Timidement, osant à peine le solliciter, il emprunta à Stéphane Bruey ses propres chaussures. C'est avec elles qu'il marqua ses trois premiers buts le lendemain, et les dix autres ensuite pendant le reste de la compétition – un total de treize buts qui lui permet d'être encore à ce jour le meilleur buteur d'une phase finale de Coupe du monde. Bruey aurait très bien pu revendiquer une partie de la réussite de l'avant-centre tricolore !

L'équipe de France 1958 fut la première dont je sois devenu un supporter passionné.

Elle ne fut pas la seule.

Les années glorieuses des deux Michel

Depuis la Coupe du monde 1966, en Angleterre, je n'ai raté aucune phase finale d'une grande compétition internationale de football, excepté l'Euro 1988. Le transfert d'Éric Cantona, à l'époque, m'avait tellement épuisé que j'avais dû déclarer forfait au tout dernier moment. Chaque fois qu'elle était présente dans le tournoi, j'ai observé chacun des matchs de l'équipe de France, et je l'ai naturellement encouragée car ma fibre patriotique, née très tôt dans les ruelles de mon village, n'a jamais faibli.

En Angleterre, Henri Guérin et Robert Domergue, les deux techniciens en charge de la sélection, m'autorisèrent à assister à quelques entraînements. Je les connaissais personnellement, notamment Robert Domergue auprès duquel j'avais effectué un stage d'observation à Valenciennes, qui était un peu l'AJ Auxerre des années 1960. Meneur d'hommes, il s'impliquait beaucoup dans l'animation des séances et son activité incessante, toujours au cœur de l'action, me servit de modèle. À partir de son exemple, je n'ai jamais cessé de dire aux entraîneurs : « Ne restez pas passifs, les bras croisés ou les mains dans le dos, à regarder vos joueurs s'entraîner ! Participez ! Intervenez ! Commentez ! Corrigez leurs défauts ! Faites-vous entendre ! » Je ne supporte pas tous ces techniciens qui laissent en permanence cette tâche à leurs collaborateurs, quand bien même seraient-ils leurs adjoints directs.

Quand on ose prétendre qu'aucune histoire ne venait jamais troubler la vie de l'équipe de France, en ces temps beaucoup plus calmes que ceux d'aujourd'hui, on exprime un mensonge éhonté. Je m'étais rendu un jour à l'hôtel des Tricolores et, dans le hall d'entrée, j'avais croisé un Didier Couécou, manifestement mécontent, valise à la main, que les dirigeants de la Fédération tentaient de retenir. Il avait décidé de quitter le rassemblement sous prétexte que les sélectionneurs ne lui assuraient pas une place de titulaire dans l'équipe. Il y eut d'ailleurs d'autres tensions cette année-là, entre les joueurs qui privilégiaient la défense en ligne et ceux qui militaient pour le marquage individuel et la présence d'un libero. D'ailleurs, les premiers, emmenés par les Nantais Robert Budzinski, Gaby De Michèle, Jacky Simon et Philippe Gondet, fomentèrent une sorte de putsch à l'occasion du dernier match contre la sélection anglaise. Ce n'était pas tout à fait la foire généralisée, mais il régnait une certaine forme d'agitation…

En Argentine, en 1978, j'avais pu bénéficier d'une vraie proximité avec l'équipe de France installée à l'Hindú Club, où elle partageait son terrain d'entraînement avec la sélection nationale italienne, qui… figurait dans le même groupe qu'elle ! On ne pourrait pas concevoir une situation analogue aujourd'hui. J'avais beaucoup apprécié la fréquentation de Fernand Sastre, qui imposait son autorité et sa compétence à la tête de la Fédération, et celle aussi de Jean Sadoul, un homme du Sud à l'intelligence lumineuse, qui dirigeait la Ligue nationale, regroupant les clubs professionnels. J'avais été très frappé par les repas pris en commun avec l'ensemble du groupe : on se serait cru invité au cœur d'une cérémonie de communion datant des années 1950. Chacun à sa place, pas un mot plus haut que l'autre, une discipline à la fois visible et invisible : Michel Hidalgo imposait naturellement des règles de vie collective où transpiraient le respect, la politesse et la civilité.

Michel Hidalgo savait remarquablement communiquer dès qu'il s'agissait de parler de football. J'avais pu vérifier la qualité de son discours lors d'un stage d'entraîneurs : il était le responsable d'un atelier qu'il animait avec la fougue et l'inspiration qui caractérisaient son enseignement. Car, contrairement à ce que l'on pourrait croire, c'est un homme de caractère, qui sait très bien ce qu'il veut. J'ai essayé de profiter de ses leçons tout au long de ma carrière. Le mot qu'il employait le plus souvent : la technique – une exigence fondamentale à ses yeux. Je me rappelle qu'après un exercice, où je n'avais guère eu l'occasion de briller, il m'avait aussitôt remis dans le bon sens : « Guy, la technique ! Guy, la technique, la technique… N'oublie jamais : la technique ! » Il n'avait pas suivi d'études secondaires mais, pour être à la hauteur de ses responsabilités, il se forçait à écrire tous ses cours dans un cahier. Lorsqu'il dirigea l'équipe de France, il en faisait de même pour chacune de ses interventions devant la presse, qu'il préparait avec un soin méticuleux. Aucune faute de français ne venait troubler son propos et le ton utilisé, qui en appelait toujours à l'intelligence et au raisonnement, frappait par son souci de précision. Il voulait donner une excellente image de la fonction, et il y arriva avec un certain éclat.

Quand on mentionne les dix années glorieuses de Michel Platini, il faudrait plutôt évoquer les dix années glorieuses des deux Michel : Platini et Hidalgo. Ce serait beaucoup plus juste.

Tout passe, tout casse. Au fil du temps, l'équipe de France est devenue peu à peu un bien commun qui file un mauvais coton. Comme toutes les sélections nationales, elle représente une anomalie économique dans un monde dont les codes ont changé : elle utilise des « ouvriers » payés par leurs clubs, mais qui peuvent se blesser en se plaçant à son service. Forts de leurs investissements, les employeurs ont décidé de faire pression sur les instances sportives pour mettre un terme à un fonctionnement dont ils ne veulent plus assumer les inconvénients. Les instances du football européen ont dû transiger et composer avec eux. De peur de voir les grands clubs faire sécession et organiser une nouvelle compétition, en dehors de son contrôle, dans une Ligue professionnelle fermée, elles ont modifié en profondeur le format de la Ligue des champions, en l'élargissant et en la dotant de moyens financiers considérables. Et c'est ainsi que les clubs, émanation d'intérêts locaux et privés, ont pris le pas, désormais, sur les sélections nationales, qui demeurent les symboles du service public.

Que l'on ait pu programmer la finale de la Coupe de France 2010 en plein cœur d'un stage de l'équipe de France, rassemblée pour préparer la Coupe du monde en Afrique du Sud, est bien le signe fort d'un basculement de l'ordre des priorités. Je m'en étais fait la réflexion lors de la divulgation du calendrier : « Mais le sélectionneur devait dormir pendant la réunion ! Il a laissé faire, il n'a pas mis tout son poids dans la balance, ce n'est pas normal ! » Comme la Fédération ne comptait malheureusement plus à sa tête un homme de la valeur et de la trempe de Fernand Sastre, auquel aucun détail n'échappait, l'attention portée à la sélection nationale s'était diluée, au point de la considérer parfois comme une équipe parmi d'autres.

Je range le sélectionneur de l'équipe de France dans la même catégorie qu'un artiste. Un peintre, par exemple, qui doit pouvoir composer le tableau qu'il envisage de faire à son image, avec ses propres concepts, ses goûts, ses envies, je dirais même ses fulgurances. Il n'est pas un homme que l'on dirige à la baguette, que l'on commande avec des idées arrêtées. Et ce n'est pas davantage un homme que l'on maintient à tout prix dans sa responsabilité s'il vient à échouer. Dans ce cas de figure, la séparation peut s'envisager. À condition que le contrat conclu entre les deux parties soit clair dans sa rédaction.

Caïd ou... footballeur!

Depuis la Coupe du monde 1998, j'ai vraiment la sensation que les internationaux se sont éloignés du peuple qui les fait vivre – et plutôt fort bien. À Limoges, en 1959, seuls Armand Penverne, Pierre Flamion et François Remetter possédaient une voiture: des Aronde fabriquées par le constructeur automobile Simca. La semaine, Armand Penverne ne la sortait jamais de son garage, il ne circulait qu'en Solex, son sac de sport à l'arrière ou sur son dos, pour se rendre à l'entraînement. Il venait de participer à la Coupe du monde 1958, dont il avait été l'une des principales vedettes. Mais il refusait de s'afficher au volant d'un véhicule que très peu de personnes avaient la possibilité de s'offrir.

À Auxerre, j'ai fait une chasse intensive aux grosses voitures. J'exigeais des joueurs qu'ils les laissent chez eux et qu'ils se déplacent pour venir au stade avec une petite cylindrée. Je ne voulais pas qu'ils aient l'air de narguer la population en exhibant leurs engins de luxe. Certains soirs de match, la valeur du parc automobile sur le parking de l'Abbé-Deschamps devait représenter une bonne moitié de la recette annuelle aux guichets. Je ne tenais pas du tout à ce que l'on puisse procéder à ce type de comparaison. Djibril Cissé, notamment, avait une énorme et superbe voiture qu'il ne prenait que pour ses déplacements privés hors de la ville d'Auxerre.

J'ai toujours sensibilisé les joueurs à ce problème – car, pour moi, c'en était un. Je dois l'avouer : ils se sont tous montrés réceptifs à mon discours. Je leur expliquais que, la semaine précédant un grand match à Auxerre, les bouchers de la ville n'enregistraient pas leur recette habituelle. Ils vendaient moins de viande dans leurs boutiques car les gens devaient rogner sur leurs dépenses alimentaires afin de pouvoir se payer une place ou deux. Un jour, je les ai pris entre quatre yeux dans le vestiaire : « Les enfants de la ville vont manger des pâtes plutôt que des beefsteaks, et vous les provoqueriez avec vos berlines allemandes ou italiennes ? Il n'en est pas question ! » Ils avaient tous acquiescé.

Mais ce n'est pas partout pareil.

En Corse, pendant mes vacances, je rencontrai, une fois, le patron d'une grande discothèque de la capitale. Il me raconta qu'à 2 heures du matin, lorsqu'une Ferrari se garait devant sa porte d'entrée, il n'y avait que deux possibilités, pas plus : soit il s'agissait d'un caïd impliqué dans le trafic des stupéfiants, soit d'un footballeur français évoluant en Angleterre. On imagine ce qu'une telle anecdote, rapportée par un homme de la nuit parisienne, peut induire comme fracture avec le public populaire.

Circonstance aggravante : la plupart des internationaux ont quitté la France depuis quinze ans pour rejoindre des championnats beaucoup plus rémunérateurs. Ce phénomène de dispersion joue un rôle néfaste auprès de l'opinion publique qui, à force de les observer à distance, dans une vie qui n'est pas la sienne, ne se reconnaît plus en eux. Les joueurs sont eux-mêmes les victimes de cette évasion généralisée : ils ne se voient plus, ils n'échangent plus, ils ne se lient plus, ils ne se fréquentent plus, sinon certains dimanches soir dans quelques boîtes parisiennes, sur la piste de danse ou au bar. Certainement pas l'endroit idéal pour créer une unité d'action et de pensée.

L'évolution récente de la Ligue 1 ne risque pas d'arranger les affaires de l'équipe de France. Déjà en nette perte de vitesse, notre championnat n'avait pas besoin d'être « attaqué » de l'intérieur. On compte désormais deux clubs où les Français tendent à disparaître. Au Parc des Princes, il n'y a plus que dans les tribunes où l'on parle notre langue. Sur le terrain, avec les Italiens, les Argentins, l'Uruguayen, les Brésiliens, le Néerlandais et le Suédois, on ne sait pas en quelle langue ils dialoguent. Même le jardinier qui s'occupe de la pelouse est anglais ! Si l'on regarde du côté du stade Louis-II, le constat est le même. Paris Saint-Germain et l'AS Monaco sont deux intrus « légaux » qui régalent le public et possèdent un train de vie que les clubs français ne peuvent plus s'autoriser. Surtout, ils se détournent des intérêts fondamentaux de l'équipe de France, qui n'entre pas dans le champ des préoccupations de leurs actionnaires qataris ou russes. Ils ont bien d'autres préoccupations en tête, eux, que d'assurer la domination du football français en Coupe du monde ou au championnat d'Europe.

Je regrette que l'équipe de France ne soit plus notre « enfant ». Pourra-t-elle le redevenir un jour ?

Ah, si Nasri était bourguignon!

Je n'ai pas du tout apprécié la campagne honteuse orchestrée contre les internationaux sous prétexte qu'ils ne chantaient pas *La Marseillaise* avant les matchs de l'équipe de France, au moment de l'exécution des hymnes. Si un auteur écrivait aujourd'hui ces paroles, la chanson serait immédiatement censurée, parce que nous vivons dans un pays où il faut afficher une exemplarité en tout domaine. Personne n'aurait le droit de proclamer publiquement qu'on pourrait, en toute liberté, «abreuver nos sillons d'un sang impur…».

Au-delà de cette remarque de pure forme, j'estime, pour ma part, que chante qui veut. Et qui peut. Depuis l'âge de 5 ans, on me dit que je chante faux – et ceux qui le prétendent n'ont pas tort. Je ne sais pas chanter. À la chorale de l'école communale, je faisais semblant de participer en bougeant mes lèvres mais aucun son ne sortait de ma bouche. Je mimais. Je n'ai que rarement chanté en public depuis le certificat d'études. La dernière fois, c'était au récital des Enfoirés. Patrick Bruel m'avait attrapé par les épaules pour exiger que je l'accompagne. Devant mon refus, il m'avait installé devant un énorme prompteur où je voyais le texte défiler. «Mais je vais faire dérailler à moi seul les trente meilleurs chanteurs et chanteuses français! Ça n'est pas possible…» Patrick Bruel balaya ma remarque d'un revers de la main: «Ne t'occupe de rien. Vas-y!» Je n'avais pas pu faire autrement: j'ai poussé la chansonnette.

Moi, sélectionneur, je n'aurais pas chanté *La Marseillaise.* Et, pourtant, j'imagine que personne n'oserait remettre en cause mon attachement à mon pays, à la nation et à l'équipe de France.

Mais pourquoi ne cesse-t-on de chercher des poux à Karim Benzema et à Samir Nasri sous prétexte qu'ils ne chantent pas *La Marseillaise* ?

Avant de les pointer du doigt et de les désigner à la vindicte populaire, que les responsables fédéraux respectent déjà les couleurs de la France. Depuis la « belle époque » des Alex Thépot et des Lucien Gamblin, elle s'habille en bleu-blanc-rouge de la tête aux pieds. Une tradition honorée au fil des générations, devenue peu à peu la marque de fabrique nationale.

Ce n'est plus le cas depuis qu'un sponsor américain a déposé des dizaines de millions d'euros sur la table pour imposer ses caprices. À cause de lui – plutôt que grâce à lui –, l'équipe de France a d'abord joué en petit marin d'eau douce. Si le ridicule tuait, elle se serait effondrée sur le coup, au moment même où elle se montra pour la première fois avec ce maillot burlesque. Elle fut la risée de tous et préféra rapidement l'abandonner. Mais le changement n'est pas forcément un gage d'amélioration. Car, toujours sous l'impulsion de Nike, le maillot est devenu ensuite bleu foncé, bleu nuit en réalité, si bien qu'en dessous de 5 000 lux d'éclairage, on ne pouvait même pas apercevoir les ailiers sur les côtés du terrain ! Et, comme cet équipementier à l'imagination débordante ne semble jamais à court d'idées, le maillot se présenta ensuite sous l'apparence d'un bleu délavé du plus mauvais effet. C'était exactement la couleur de la robe des Vierges dans les églises quand elles atteignent huit cents ans d'âge.

La Fédération accepta de troquer la traditionnelle tunique bleu-blanc-rouge à de seules fins mercantiles. Dans le but de vendre de nouveaux maillots à de malheureuses familles qui n'ont pas nécessairement les moyens de les acheter, et qui se saignent pour s'en procurer. Leur prix peut atteindre 10 % du salaire du père : le sacrifice réclamé est considérable.

17

La revanche est un plat qui se mange froid

Une attaque en règle

Quelle mouche avait bien pu piquer Raymond Domenech ? Pourquoi me massacra-t-il, un jour, dans les colonnes du journal *Le Progrès*, sans aucune raison apparente ? Je me pose la question aujourd'hui encore, sans que je sois en mesure d'apporter la moindre réponse rationnelle. Que lui avais-je fait, exactement, pour mériter un tel traitement ? J'étais resté interloqué à la lecture de l'article, seul face à mes interrogations et à mes doutes. Il avait mis la dose !

Nous nous étions rencontrés par hasard quelque temps auparavant, à Saint-Martin, où je passais mes vacances. Nous avions pris le même avion, au retour, et à l'aéroport de Pointe-à-Pitre, entourés de nos familles respectives, aucune animosité n'avait transpiré. Aucun mot désagréable échangé. Aucune remarque désobligeante. Rien. Au contraire : nos discussions avaient été courtoises, et détendues.

Nous avions rapidement évoqué, ensemble, la saison qui allait bientôt recommencer, et qui nous permettrait de nous croiser : lui à la tête de l'Olympique Lyonnais, moi à la direction de l'AJ Auxerre. En cette fin des années 1980, aucun nuage ne venait assombrir nos rapports professionnels et rien ne laissait donc supposer cette attaque en règle, déclenchée à quelques jours de la reprise. Mais que cherchait-il, au juste, avec cette interview incendiaire? Quel but visait-il vraiment en me taillant ainsi en pièces? Me mettre à l'épreuve? M'enfoncer? M'énerver? Quoi, au juste?

Comme si vous rencontriez une personne dans la rue, qu'elle vous administrait tout à coup deux claques en passant devant vous et qu'elle poursuivait son chemin sans broncher. Incroyable!

Autant dire que mes relations avec Raymond Domenech étaient parties sur des bases élevées. Si je peux utiliser cette expression.

Près du radiateur, comme les mauvais élèves

La situation, entre nous, s'envenima plus tard, sur un tout autre sujet que notre rivalité sportive: il entendait conquérir l'Union nationale des éducateurs et des cadres techniques que je dirigeais depuis de nombreuses années.

L'Unecatef avait été créée en 1977 à l'initiative de Georges Boulogne, qui estimait, à juste titre, que la profession devait se doter d'une organisation syndicale pour défendre et faire valoir ses droits. Il demanda à Roger Lemerre d'en écrire les statuts et proposa à José Arribas d'en devenir le président. Un saint homme, José Arribas! Né à Bilbao, il s'était exilé en France à l'âge de 14 ans à la suite de la guerre civile qui éclata en Espagne. Il avait façonné l'équipe de Nantes à son image: celle de la loyauté, de la droiture, de l'amour de l'offensive, du beau jeu et de la modestie.

Étant entraîneur d'une équipe amateur, je ne pouvais pas intégrer les rangs du syndicat. Autre raison qui m'obligeait à rester en dehors: avec mon cabinet d'assurances, je disposais d'un portefeuille d'un bon millier de clients, qui représentait ma principale source de revenus. Jusqu'au jour où, personne ne souhaitant occuper le poste de secrétaire général, Pierre Flamion suggéra mon nom avec insistance. Il se souvenait que j'avais eu une activité syndicale à la faculté de Limoges et que je possédais aussi des notions de droit, très utiles pour la fonction. Georges Boulogne et José Arribas acceptèrent de m'ouvrir les portes de l'Unecatef, et je fus donc embarqué dans une aventure à laquelle j'allais me livrer sans retenue.

À l'époque, les familles du football n'étaient pas réunies au conseil d'administration de la Ligue, qui gérait le football professionnel. Et puis, un jour, son président, le malin Jean Sadoul, me pria de venir à Paris pour que l'on ait, tous les deux, une «discussion libre».

«Mon cher Guy, on me dit que vous êtes en très bons termes avec Jean-Pierre Soisson?»

«C'est exact.»

«Au point d'avoir un contact fréquent avec lui?»

«Je suis un ami de la famille Soisson. J'ai joué au football à 13 ans avec son frère, qui avait le même âge que moi. Je mettais mon vélo dans leur cour et nous jouions dans le jardin. J'ai même mangé mon premier croissant à la table des Soisson…»

«Parfait. J'ai besoin que le football se rapproche du ministère des Sports. Je vais vous faire entrer au CA de la Ligue. Et vous servirez d'intermédiaire avec Jean-Pierre Soisson…»

L'affaire fut réglée en deux temps trois mouvements: avec Georges Boulogne, j'avais aussitôt intégré la structure dirigeante de la Ligue, comme le firent peu après par les représentants des joueurs, Philippe Piat en particulier.

Pendant plusieurs années, je me suis impliqué avec passion dans cette fonction. Dès qu'un entraîneur devenait la victime désignée de son président de club, je me portais à son secours. Sans aucune distinction. Ainsi, je me souviens que Gérard Banide m'avait assuré avec force que, pour des raisons philosophiques, il ne se syndiquerait jamais. Mais, quand il fut licencié de Monaco, il m'appela un soir, chez moi, vers 23 heures, pour que je lui vienne en aide. La vocation d'un syndicat est de défendre tous les salariés, quels qu'ils soient.

Je faisais de la défense de la profession un axe de combat permanent. Il me valut de nombreuses critiques mais je restais inflexible sur mes positions. Je disais, pour faire un rapprochement, qu'un brancardier belge ne pouvait pas devenir un chirurgien en France. Je me suis toujours opposé à la venue, dans notre pays, d'entraîneurs étrangers qui ne disposaient pas de diplômes, ou d'équivalents. La loi l'interdisait. Pourquoi devait-on refuser qu'elle s'applique?

À la mort de José Arribas, en septembre 1989, tout le monde se tourna vers moi pour que je prenne sa succession à la présidencc du syndicat. Je ne le souhaitais pas: j'avais juré que je ne serais jamais président de quoi que ce soit. La préfecture accepta que notre association ne le remplace pas pendant un an pour marquer notre deuil envers un homme estimé par tous et infiniment respectable. Mais, quinze jours avant l'échéance, elle nous rappela à nos obligations. J'eus beau solliciter Aimé Jacquet et Jean-Claude Suaudeau afin qu'ils s'engagent, personne ne voulait s'y coller. Alors, contre mon gré, je me suis retrouvé, un jour, président, qui plus est élu à mains levées par des entraîneurs qui me témoignèrent leur sympathie.

Raymond Domenech n'en faisait pas partie. Il faut dire qu'il ne participait jamais aux réunions de l'Unecatef, comme la plupart des entraîneurs nationaux d'ailleurs. On peut exprimer publiquement des idées de gauche et ne pas être syndicaliste. Ou ne pas apprécier le combat syndical. C'était semble-t-il son cas.

Il venait parfois commenter un match à Auxerre pour le compte de TPS, dont il était l'un des consultants. Il me disait bonjour d'une manière bizarre. Je sentais de mauvaises ondes. Plusieurs entraîneurs avaient cru devoir me mettre en garde : d'après eux, il me préparait un sale coup. « Il veut te vider du syndicat », m'assura un collègue. J'avais interrogé Aimé Jacquet, qui était le patron de la DTN, donc celui de Raymond Domenech, pour savoir s'il était au courant de ces manœuvres souterraines. Il bafouilla, en guise de réponse. Comme s'il se trouvait pris entre deux feux. J'eus la très nette impression, par son embarras manifeste, qu'il se tramait bien quelque chose dans mon dos.

Je n'allais pas tarder à le découvrir. J'appris que Domenech distribuait des feuilles d'adhésion au syndicat, dont il n'était même pas adhérent, lors du stage d'entraîneurs qu'il encadrait à Clairefontaine. Mieux, ou pire : il profitait de son statut pour faire signer des pouvoirs en vue de l'assemblée de l'Unecatef. Pouvoirs qu'il récupéra un à un à la fin du stage, et qu'il comptait produire au moment du vote auquel, pour une fois, il avait prévu de se mêler.

La combine devenait de plus en plus claire. Elle entraîna, de ma part, une réaction immédiate. Je dénonçai, auprès du président de la Fédération, Claude Simonet, un abus de position dominante et de favoritisme, qui ne pouvait pas rester sans réaction de sa part. Mais j'ai aussi informé Jacquet et Domenech que je porterais une réclamation officielle auprès du ministère. Ma «tactique» était simple: avec l'appui d'un entraîneur recalé au DEPF, je ferais annuler l'examen. Peine perdue: tous les intervenants au stage furent reçus, sans aucune exception, plusieurs matières ayant été supprimées pour rendre l'épreuve plus facile!

Ce n'était jamais arrivé dans l'histoire de la DTN.

Domenech adhéra au syndicat la semaine précédant le lundi 19 mars 2001, jour de l'assemblée générale organisée à l'Aéro Club de Paris, à laquelle il participait pour la première fois. À son arrivée, il ne daigna pas me saluer et se posta debout au fond de la salle. Comme les mauvais élèves: près du radiateur. Il contesta tout, sur un ton véhément. Et lorsqu'il proposa de réduire le nombre de membres du comité directeur de 23 à 20, je compris qu'il ne visait qu'un but: m'éliminer. Avec ses 110 pouvoirs pêchés ici et là pendant les stages qu'il encadrait, je savais qu'il pesait sur les débats et qu'il avait les moyens d'influer sur le cours du vote. La bagarre fut longue, éprouvante, blessante. Domenech m'accusa d'être un président autoproclamé à qui il dénuait toute légitimité. Il disait vouloir en finir avec le «droit divin de Roux». C'était d'une violence extrême. J'avais dû me justifier en pleine assemblée, comme si je me retrouvais au banc des accusés, coupable d'avoir commis je ne sais quel crime. Cette situation fut, pour moi, très pénible à supporter.

Face au complot ourdi par Domenech et ses acolytes, il ne me restait plus qu'à déposer les armes. Car si la plupart des entraîneurs présents dans la salle furent outrés par son comportement, aucun ne chercha à le contrer et à me défendre. Pas même Aimé Jacquet qui, dans une attitude mi-chèvre, mi-chou, tenta de me consoler sans grande conviction.

Pour ne pas créer une situation de blocage et par souci d'apaisement, je retirai ma candidature au comité directeur. Il y avait davantage d'enveloppes contenant des pouvoirs dans les poches de Domenech que de personnes dans la salle : j'étais battu d'avance. Il y aurait eu matière à toutes sortes de recours administratifs, tant les statuts du syndicat avaient été violés et l'éthique bafouée. Mais la mise en œuvre de ce type de procédure interminable n'entrait nullement dans mes principes. De guerre lasse, je décidai de laisser tomber, affecté par tant de haine.

Comme si son acharnement ne suffisait pas, Domenech demanda une expertise complète des comptes du syndicat dans le but – ou l'espoir – de trouver une faille pouvant lui permettre de remonter jusqu'à moi. S'il avait su ! Il pouvait toujours chercher : je n'avais jamais présenté la moindre note de frais pour mes déplacements à Paris, ou une quelconque facture pour justifier d'un achat. Toute ma vie, je n'ai eu de cesse de craindre les dommages causés par l'argent quand on jouit d'un brin de pouvoir.

Quand j'ai réfléchi aux causes possibles de l'incident cardiaque dont j'allais être victime plus tard, cet épisode douloureux m'est instantanément venu à l'esprit. J'avais ressenti une injustice terrible et ma très grosse contrariété eut certainement des conséquences sur mon état physique et psychique.

Avec le recul, je me dis que j'ai été stupide de lutter jusqu'au bout, au risque d'y laisser ma santé, et de prendre tant à cœur les responsabilités que les entraîneurs m'avaient confiées. Je me levais à 5 heures du matin pour arriver à temps à Paris, afin de participer aux réunions de 9 heures. Dès le déjeuner avalé sur le pouce, je repartais pour Auxerre afin d'assurer l'entraînement de l'après-midi. Pendant une vingtaine d'années, j'ai eu des journées de dingue. J'étudiais tous les dossiers, j'aidais les entraîneurs renvoyés, j'écrivais des modes d'emploi pour les défendre. Aucun n'a perdu un procès aux Prud'hommes. C'est ma fierté, que je partage avec maître Jean-Jacques Bertrand qui m'a toujours accompagné dans ce combat. Je ne regrette rien mais je ne peux pas m'empêcher de croire que ce rythme infernal m'a affaibli, à la longue.

Un partout, balle au centre

À peu près un an plus tard, assis dans mon fauteuil devant mon poste de télévision pour regarder un match de l'équipe de France, j'ai eu comme une révélation. Une caméra balaya la tribune officielle du Stade de France où Jacquet et Domenech, qui se trouvaient côte à côte, palabraient d'un air complice. Le gros plan me sauta aux yeux, et provoqua chez moi comme un sentiment de révolte. Je me suis dit : nom de Dieu, il va mettre son poulain à la tête de l'équipe de France pour l'Euro 2004 ! Cette perspective m'était insupportable.

Je pensais, au fond de moi, que Domenech ne pourrait pas être l'homme de la situation. Aucun club n'ayant jamais pensé à faire appel à ses services après son expérience lyonnaise, il avait trouvé refuge à la Direction technique nationale, où on lui confia la direction de l'équipe de France Espoirs. Une responsabilité *a priori* sans risque : la France étant le seul pays d'Europe à s'appuyer sur un système de formation des jeunes efficace, il lui permettrait de remporter, à coup sûr, le titre continental. Erreur : il n'y parvint jamais ! Même avec l'extraordinaire génération Zidane, il n'arriva pas à accrocher le championnat d'Europe de sa catégorie. J'avais une estime professionnelle assez faible pour un technicien qui enregistrait si peu de résultats avec autant de moyens humains. Mais mon jugement radical était conditionné, je le reconnais, par ce qu'il m'avait fait endurer. Je voulais à tout prix lui barrer la route de l'équipe de France.

J'en faisais une affaire personnelle.

J'allais tenir ma revanche, depuis le temps que je la ruminais !

Après le parcours totalement raté de l'équipe de France en phase finale de la Coupe du monde 2002, la succession de Roger Lemerre se posa avec acuité. Plusieurs candidats se positionnèrent pour reprendre en main la sélection : Philippe Troussier, René Girard, Jacques Santini et Raymond Domenech, bien sûr, qui faisait figure de grandissime favori. Soutenu par « Dieu » Jacquet, il avait très peu de chances d'échouer dans son objectif d'atteindre le sommet. Il paraissait même assez sûr de lui, et de ses soutiens.

Très tôt, au cours de la mini-campagne « électorale » qui se dessina, je pris la parole pour donner mon point de vue. Première étape : j'inventais une forme de slogan qui avait une portée générale mais qui s'appliquait à un cas particulier. « À force de prendre l'adjoint de l'adjoint de l'adjoint, c'est le jardinier de Clairefontaine qui va finir par entraîner l'équipe de France. » La formule fit le tour des médias et rencontra un bel écho. Ensuite, je passai à une autre étape quand on m'interrogea plus directement sur le candidat Domenech : « Il a peu entraîné en Première division, et son palmarès est vierge de tout succès, à part une victoire au Tournoi de Toulon. Avec les Espoirs, où les grands pays européens de football sont absents car ils ne produisent pas de joueurs, il n'a jamais rien gagné, etc. » Ces propos accusateurs, mûrement réfléchis, tournèrent en boucle sur les antennes.

Mais il ne suffisait pas d'écarter Domenech, encore fallait-il assurer la promotion d'un autre candidat pour le mettre définitivement hors de course. Jean-Michel Aulas entra alors en scène. Il avait lu et entendu mes propos. Il m'appela un jour pour me proposer une sorte de pacte. « Vous ne voulez pas de Domenech ? Moi non plus. Je milite pour Santini. Il faudrait que vous m'aidiez afin que sa candidature soit soutenue de plusieurs côtés à la fois. » Je connaissais bien le président de Lyon pour l'avoir souvent pratiqué : il ne se lançait pas dans ce genre de bataille sans intentions plus ou moins cachées. Santini était le directeur sportif de l'OL : cherchait-il à se séparer de l'homme ou du budget que représentait son poste ? L'un ou l'autre ? L'un et l'autre ? D'autres raisons ? Je l'ignorais et, au fond, je ne voulais pas le savoir. Jean-Michel Aulas réclama également l'appui de Jean-Claude Hamel qui, dans une bagarre de ce type, peut se révéler extrêmement déterminé et redoutable.

Assez Vieille France dans ses principes, il conseilla Jacques Santini : « Lorsque vous vous présenterez au siège de la Fédération, le jour de la désignation, vous devrez être rasé de près. Et puis la Fédération, c'est bleu-blanc-rouge. Vous porterez donc un blazer bleu, une chemise blanche, une cravate bleue ou rouge, un pantalon gris en flanelle et des chaussures noires bien cirées. Les gens au-devant desquels vous irez apprécieront... » Il n'oublia pas de lui recommander de s'équiper d'un attaché-case, et de photocopier son projet en plusieurs exemplaires. « Vous exposerez votre projet oralement. Et, au moment de partir, vous le laisserez dans différentes pochettes plastiques afin qu'elles soient remises aux membres du Conseil fédéral. Vous verrez, l'effet sera garanti. »

Un peu à la surprise générale, et contre tous les pronostics des « spécialistes », c'est Jacques Santini qui fut finalement choisi, au détriment des autres candidats, dont Domenech bien sûr. Sa désignation à la tête des Bleus, je l'avoue, provoqua chez moi un double sentiment agréable : une réelle satisfaction et un profond soulagement.

J'avais voulu prendre ma revanche, et je la tenais !

J'avais égalisé. Un partout, balle au centre.

Devoir de réserve

Jacques Santini est le sélectionneur qui, dans l'histoire de l'équipe de France, possède la meilleure moyenne de points obtenue par match, devant Laurent Blanc, qui fut, lui, sacrifié après l'Euro 2012. La Fédération est ainsi organisée qu'elle peut très bien tirer un trait sur un entraîneur qui réussit et maintenir coûte que coûte un entraîneur qui échoue !

Elle avait promis à Jacques Santini, semble-t-il, de prolonger son contrat de sélectionneur s'il parvenait à qualifier la France pour la phase finale de l'Euro 2004. Le parcours dans les éliminatoires avait été remarquablement mené, trop bien sans doute : le président de la FFF oublia sa promesse en cours de route. Ne voyant rien venir, et préférant assurer son avenir, Jacques Santini se mit d'accord avec Tottenham plusieurs semaines avant le début de la compétition. Les conséquences furent néfastes pour l'équipe de France : son autorité fut clairement remise en cause par les joueurs.

Deux ans après, rebelote : il fallait à nouveau sélectionner un sélectionneur ! Aimé Jacquet, qui avait joué la carte Domenech, sans succès, en 2002, monta en première ligne pour ressortir la même. L'habitude, bien sûr. Comme je le disais, « le jardinier de Clairefontaine... ». Une vieille rengaine.

Domenech se rappela à mon souvenir et me laissa un message sur mon portable. Un événement : on ne s'était plus parlé depuis des semaines, voire des mois. « Monsieur Roux, nous avons eu un conflit et vous avez des raisons d'être fâché. Je suis le plus jeune, je fais donc le premier pas pour vous demander de faire la paix dans l'intérêt du football français. Si vous voulez y répondre... »

Il n'ignorait pas le rôle qui avait été le mien dans la désignation de Jacques Santini, et il voulait probablement annihiler mon pouvoir de nuisance si jamais il devait briguer sa succession. Je m'interrogeais : pouvais-je refuser de saisir la main qu'il me tendait ?

J'ai laissé passer vingt-quatre heures avant de lui répondre. Son portable sonna dans le vide, et sa messagerie entra en action. Mon propos fut direct. « Je ne suis pas quelqu'un d'obtus. Votre argument de paix sociale me paraît fondé. Vous m'avez mis un très gros taquet, je vous ai répliqué par un autre taquet. Restons-en là. Je suis d'accord pour une réconciliation. Si vous le voulez, nous nous donnerons une poignée de main dans le rond central, une heure avant le match des Espoirs contre le Portugal... »

La scène se déroula comme prévu dans le courant du mois de novembre 2003, sans chaleur excessive, dans le stade de Clermont-Ferrand où, dans une ambiance électrique, Djibril Cissé se fit exclure pour avoir donné un coup de pied à un adversaire. J'étais allé moi-même au Tribunal arbitral du sport, à Genève, pour assurer sa défense après qu'une suspension de cinq matchs lui fut signifiée. La Fédération avait adressé la cassette du match afin que les juges puissent délibérer en toute conscience… en omettant de couper le son où l'on entendait des propos accusateurs. De vrais amateurs !

Djibril Cissé fut privé de la phase finale de l'Euro 2004 à laquelle il pouvait prétendre. Une deuxième mésaventure s'abattit sur lui trois ans plus tard : il fut victime d'une fracture tibia-péroné contre la Chine à une semaine du début de la Coupe du monde 2006. Il déclara forfait, la mort dans l'âme, pour le rendez-vous mondial auquel il s'était préparé. Et, comme si ses propres malheurs ne devaient jamais cesser, il fut invité, par Domenech, à prendre un hélicoptère à Tignes pour vite repartir chez lui quand tous ses camarades, rassemblés pour un stage de préparation, prenaient, eux, la direction de la Suisse pour y disputer l'Euro 2008.

J'ai été vraiment scandalisé par le traitement qui lui fut infligé mais, tenu à un strict devoir de réserve vis-à-vis du sélectionneur, je m'étais interdit de briser le silence que nous nous étions imposé.

Un préjudice immense

Quand Domenech décida de faire place nette en équipe de France, et de se priver volontairement des services de Zinedine Zidane, de Lilian Thuram et de Claude Makelele, je me suis pincé le bras et mordu les lèvres pour ne pas rompre notre pacte de bonne conduite. Je n'ai pas voulu prononcer le moindre mot désobligeant, même si une terrible envie de réagir me tenaillait. Comment pouvait-il accepter de les laisser sur le bord du chemin ? Par quel cheminement intellectuel était-il passé pour opérer un choix irresponsable qui jouerait, j'en étais persuadé, contre ses propres intérêts ? Quand, acculé au mur, Domenech décida finalement de rappeler Zinedine

Zidane, bien plus tard, pour aider une équipe de France désemparée à se qualifier pour la Coupe du monde 2006, j'ai applaudi à cette décision marquée du sceau du bon sens. La France avait tellement besoin de lui, et de ses deux compères ! Comment avoir pu imaginer qu'elle vivrait mieux sans eux ?

Au début de la phase finale, en Allemagne, le scepticisme régnait autour de la sélection. Toujours guidé par mon souci pacificateur, j'avais accordé une interview à *L'Équipe* dans laquelle je disais ma foi en cette équipe et mon espoir de la voir poursuivre sa route. Domenech avait dû l'apprécier car, au soir de la demi-finale France-Portugal, il se jeta littéralement sur moi, dans les couloirs du stade de Munich. « Merci, vous êtes le seul à nous avoir soutenu depuis le début… » Ce fut un moment d'accalmie exceptionnel. À marquer d'une pierre blanche : le seul entre nous deux.

Après la Coupe du monde, j'étais intimement convaincu que la France n'aurait plus d'équipe compétitive avant de longues années. Comme l'après-Kopa, comme l'après-Platini, l'après-Zidane nous plongerait dans une période de galères à laquelle nous aurions du mal à échapper. J'ai cru, un court moment, que Yoann Gourcuff allait pouvoir nous sortir de la nasse, mais non, il n'était pas le sauveur des Bleus, ni son nouveau maître à jouer ! Je ne sais d'ailleurs toujours pas ce qui l'empêche, lui, de s'exprimer convenablement, et sur la durée.

L'Euro 2008, qui suivit, fut une véritable catastrophe sportive, mais pas uniquement sportive, malheureusement. L'équipe de France se barricada dans un village isolé et refusa tout contact avec le monde extérieur, entraînant même quelques désagréments pour la population locale. Son installation prit les allures d'un camp retranché, tel qu'on les observait en Afghanistan, ou dans des contrées assiégées. Une honte, en termes d'image, pour notre pays. Domenech naviguait à vue…

Il aurait eu intérêt à partir, sitôt la compétition terminée. Laisser son poste à un autre, et passer à autre chose. Il aurait pu garder, ainsi, toute la gloire née de la participation à la finale de la Coupe du monde 2006, et considérer que son bilan n'était pas si mauvais. L'histoire pouvait même lui trouver une excuse : c'est Zinedine Zidane, par son coup de tête, qui l'avait empêché de devenir le second sélectionneur français, après Aimé Jacquet, à remporter le titre de champion du monde. Le reste serait passé aux oubliettes. Mais Noël Le Graët usa de tout son pouvoir pour le conserver dans ses fonctions de sélectionneur. Et Noël Le Graët, c'est l'homme fort de l'équipe de France, dont les relations amicales avec Domenech influencèrent très probablement le jugement.

Gérard Houllier ne s'opposa pas à ce soutien délibéré. Non sans arrière-pensée : il espérait peut-être que Domenech échouerait et qu'il deviendrait l'ultime recours pour sauver une sélection nationale en pleine débandade.

La suite des événements leur donna tort. À tous.

Et elle causa un préjudice immense à l'ensemble du football français.

18

À chacun son langage

Nuls, nuls, nuls !

« Monsieur Roux, ne montez pas dans le bus ! Monsieur Roux, monsieur Roux, ne montez pas, restez ici... » Apostrophé par mon garde du corps, je m'étais brusquement retourné vers lui pour tenter de comprendre ce qu'il voulait bien me signifier. « Ne pas monter, pourquoi ? » Je m'apprêtais à prendre le bus des journalistes qui devait nous conduire jusqu'au terrain d'entraînement où l'équipe de France avait programmé une séance *a priori* légère, à deux jours de France-Afrique du Sud, dernier match de son groupe en Coupe du monde 2010. Mon garde du corps venait de s'entretenir au téléphone avec Karim Nedjari, le rédacteur en chef de Canal+, qui lui avait ordonné de me retenir. « Qu'il reste sur place, on a besoin de lui pour réaliser un direct ! Surtout, qu'il reste ! Qu'il laisse partir le bus... » Quelques instants plus tard, Karim Nedjari m'expliqua qu'un événement important se tramait dans la coulisse de l'équipe de France. C'était le branle-bas de combat. Il ne servait à rien que je suive la troupe des reporters et des caméramen sans but précis. Il préférait que j'intervienne en direct depuis notre studio où, me dit-il, nous serions bien plus percutants.

Depuis la veille, toute la caravane médiatique vivait sous le choc de la une de *L'Équipe*, interprétée et commentée mille et une fois. On pouvait y lire la phrase suivante, en énormes caractères : « Va te faire enculer, sale fils de pute », avec un photomontage à l'appui représentant Nicolas Anelka, la morgue aux lèvres, défiant un Raymond Domenech impuissant. Elle était censée traduire l'affrontement survenu entre les deux hommes, le jeudi précédent, dans le vestiaire de Polokwane à la mi-temps d'un France-Mexique raté de bout en bout.

Le temps d'enfiler une veste, de passer entre les mains de la maquilleuse et de me mettre en position, micro en main, j'étais fin prêt à assurer à distance le commentaire des images qui commençaient à défiler sur mon écran de contrôle. Il n'y avait *a priori* rien d'extraordinaire à raconter : le groupe des joueurs français descendait de son bus pour se diriger vers une petite troupe de deux cents personnes, environ, venues assister à l'entraînement de l'équipe de France. Signatures, photos, bises, sourires partagés, le tout accompli dans un esprit ouvert et bon enfant. Je me félicitais de cette ambiance décontractée qui tranchait avec les tensions récentes. Je louais le comportement des Bleus qui, enfin, allaient à la rencontre du public local. Il n'est jamais trop tard pour bien faire. Je « meublais » comme on dit dans le jargon du métier mais, comme je suis d'un naturel assez bavard, je n'avais pas besoin de chercher mes mots pour animer la retransmission.

Les joueurs portaient tous des baskets aux pieds. Aucune chaussure à crampons en vue, pas même un ballon à l'horizon. À quarante-huit heures d'un match important, ce n'était pas inconcevable. Quelques tours de terrains et une bonne séance d'étirements pouvaient leur permettre d'entretenir leur forme sans avoir à puiser dans leurs réserves. Mais les caméras ne fixaient pas uniquement leur attention sur les joueurs. L'une d'elles attrapa dans son champ de vision Raymond Domenech, Robert Duverne, Bruno Martini et Patrice Evra qui échangeaient quelques mots au centre du terrain. Échanger semblait, en l'occurrence, un mot inapproprié. Car, très vite, je m'aperçus que le ton montait dangereusement entre Duverne et Evra, au point de souligner à l'antenne leurs visages crispés. « On dirait qu'ils sont prêts à en découdre et à en venir aux mains ! » J'étais stupéfait.

Encore davantage lorsque Duverne, d'un geste rageur, lança son chronomètre en direction des arbres qui ceinturaient le stade, et s'en alla criant son dépit au terme d'une scène délirante. Je ne suis pas spécialement un adepte de la téléréalité mais je me retrouvais propulsé au cœur d'une émission dont le scénario baroque se déroulait sous mes yeux ébahis. Karim Nedjari avait subodoré un événement exceptionnel. J'étais servi !

Mais je n'avais pas encore tout vu. Sur le bord du terrain, Jean-Louis Valentin, l'énarque de la Fédération, hurlait, la voix cassée, des larmes rougissant ses paupières. Il remontait le flanc de la colline qui menait vers la sortie et annonçait qu'il rentrait à Paris. « Puisque c'est comme ça, je démissionne... », criait-il en agitant ses bras comme des moulinets. Le psychodrame prenait une tournure presque hallucinante. L'explosion du groupe allait bientôt se dérouler devant les caméras qui ne rataient rien du « spectacle » : les joueurs grimpant les uns après les autres dans le bus, immobilisé pendant de nombreuses minutes, rideaux tirés pour empêcher de voir à l'intérieur, des palabres à n'en plus finir à l'abri des regards, Jean-Pierre Escalettes et Fernand Duchaussoy totalement désemparés, Raymond Domenech lisant le communiqué des joueurs, tous solidaires de Nicolas Anelka, lequel avait été prié de quitter l'Afrique du Sud.

On touchait là au grotesque dans une affaire pour le moins effarante : le sélectionneur s'abaissait à revêtir le costume de porte-parole des grévistes ! C'était à peine pensable. Je crois avoir dit, sur le moment, en direct, que le comble de l'humiliation était atteint. À sa place, j'aurais pris le papier et je leur aurais jeté à la figure. Mais je n'étais pas à sa place et je ne tenais pas à y être.

J'étais accablé. Je me suis dit : « On est nuls, nuls, nuls ! »

Je l'avais déjà pensé, deux ans plus tôt en Suisse, lorsque, enfermée à double tour dans son bunker, l'équipe de France ne donnait aucun signe de vie à l'extérieur. J'en voulais à Jean-Pierre Escalettes, j'en voulais à Raymond Domenech, qui étaient porteurs l'un comme l'autre, par leurs erreurs de management, de tous les errements des joueurs.

Mais là, cette grève, en pleine Coupe du monde, sous le regard des téléspectateurs du monde entier…

Sur le coup, je me suis risqué à un trait d'humour en pointant le comportement des joueurs qui, à bien y réfléchir, se conduisaient en bons Français. Cette année-là, des millions de nos compatriotes avaient décrété une grève qui avait paralysé leurs entreprises pendant des dizaines de jours. L'arrêt de travail de trois quarts d'heure de vingt-deux professionnels de football ne représentait finalement qu'une goutte d'eau insignifiante dans cet océan. Mais il s'agissait justement de l'équipe de France de football, un symbole avec lequel on ne peut pas jouer, surtout dans la plus grande compétition sportive au monde.

Tout était donc parti de cette réflexion d'Anelka à l'adresse de Domenech. Elle ne m'avait pas choqué. D'abord, elle avait été reproduite n'importe comment dans *L'Équipe* pour des raisons mystérieuses que j'ignore encore à ce jour. Plusieurs témoins de la scène m'ont assuré que la description des faits ne correspondait pas à la réalité. Je veux bien les croire. Anelka avait certes envoyé balader son entraîneur, et il n'y a pas lieu de remettre en cause l'esprit de la dispute, bien réelle. Mais les mots utilisés n'ont pas été ceux publiés par le journal. Et la mise en scène spectaculaire de la une ne concordait pas davantage avec les circonstances précises de l'incident du vestiaire.

Mais qu'importe, après tout! L'affaire révélait un vrai schisme au sein de l'équipe de France. Sur le fond, je me suis dit qu'Anelka s'exprimait avec son propre langage, qui est celui des banlieues. Je ne prétends pas porter un jugement de valeur entre le bien et le mal, entre ce qui est acceptable et ce qui ne l'est pas, je décris une simple réalité. Les sociétaires de la Comédie-Française parlent un langage spécifique, comme le font les politiques, les professeurs ou les journalistes. Quand j'étais gamin, on utilisait l'argot. Et lorsque les Parisiens débarquaient pour les vacances d'été à Appoigny, on les accueillait avec des «Parigots, têtes de veau», ou autres amabilités du genre. On employait mille mots et expressions dont je ne me rappelle plus la teneur, que l'on découvrait avec délice dans les livres de San Antonio, et que l'on répétait. Mieux valait se procurer un dictionnaire et le garder à portée de main pour tenter d'en comprendre la signification, mais tout le monde acceptait ces formules fleuries qui faisaient notre joie.

À Auxerre, je comptais dans mon équipe des joueurs originaires du midi de la France qui adoraient leur mère. Mais ils ne pouvaient pas enchaîner trois phrases sans lancer un ou deux : « Putain de ta mère ! » Je les reprenais à chaque fois : « Mais laisse donc ta mère tranquille ! Tu l'aimes, tu le démontres chaque semaine, tu viens d'acheter un terrain pour lui construire une maison, tu lui envoies de l'argent, et parce que tu n'es pas content tu l'insultes ! » « Oui, coach, vous avez raison, mais c'est comme ça… » Les jurons du Sud se différencient de ceux proférés à Paris. Et, dans les banlieues, il existe un type de jargon encore plus typique. On a jugé l'expression prêtée à Anelka dans la langue de l'Académie française, pas dans la sienne. Je trouve que c'est une forme d'injustice.

Dans le vestiaire, à Auxerre, il m'est arrivé d'en entendre des vertes et des pas mûres. Parfois, je réprimandais un joueur. Il se pouvait même que je l'engueule crûment. Parfois, je laissais filer, en fonction du contexte. Une fois, à la mi-temps d'un match de Coupe d'Europe, William Prunier était littéralement hors de lui. Il ne maîtrisait plus ses nerfs. Il démolissait toutes les prises de courant avec ses pieds. *Poum, poum, poum.* J'avais hurlé : « Tu vas arrêter ! », tout en jetant une boîte de craies à travers la pièce. Les murs en tremblaient. Pour un peu, j'aurais pu provoquer avec lui ce qu'Alex Ferguson avait fait dans le vestiaire de Manchester avec David Beckham, lorsqu'il lui envoya une chaussure au visage et le blessa à l'arcade sourcilière.

Une autre fois, contre Nice, nous étions menés 2-0 à la mi-temps, à la suite de deux contres rapidement menés. Philippe Mexès, que je trouvais un peu lourd, avait été dans ma ligne de mire dès la porte du vestiaire refermée. « Mais tu es trois fois trop gros, comme quand tu es rentré de vacances!» Je m'en étais pris ouvertement à lui, suscitant une violente réaction de sa part. Il était normal qu'il se rebiffe, car j'avais mis la dose. Je l'avais fait sciemment. À cinq minutes de la reprise, j'avais choisi de ne pas répliquer pour ne pas envenimer la situation. Mais je ne laissais jamais ce type d'incident en l'état. Le lendemain, à l'entraînement, je trottinais à côté du joueur pour qu'il sente bien ma présence. Après, il venait me voir et me donnait ses explications: «Je n'étais pas dans un bon jour...», «J'étais très énervé...», «Ça ne tournait pas rond...» Parfois, il s'excusait. Mais, s'il ne le faisait pas, je ne lui en tenais pas rigueur. Qu'il soit venu me parler suffisait à calmer les esprits. On se tapait dans la main. Et puis terminé, on tournait la page!

Il s'en passe parfois de belles, dans les vestiaires, qui sont un lieu clos où les tensions nourries par des hommes sous pression peuvent être très puissantes. À ceux qui me demandent, à la lumière de l'affaire Anelka, si je n'ai jamais été contesté à la mi-temps d'un match, je réponds en écartant tout angélisme. Moi, jamais contesté? Mais plutôt deux cents fois, oui! Deux cents fois en deux mille matchs, peut-être même davantage! Certaines années, j'avais de véritables «chiens» dans mon équipe. Mais des «chiens» qui me permettaient de gagner les matchs. Les entraîneurs qui préfèrent s'entourer d'agneaux dociles n'exercent pas leur métier très longtemps. On a besoin d'avoir des loups dans la meute, pour aller conquérir des points et remporter des victoires. Alors oui, de temps en temps, ils sont là, face à vous, la bouche ouverte, presque la bave aux lèvres! À vous de l'accepter et de savoir bien les prendre.

Je n'ai pas cherché à accabler Raymond Domenech sur sa gestion d'Anelka à la mi-temps de France-Mexique. En cette circonstance, son attitude m'avait semblé adaptée.

Il avait fait plus ou moins le sourd sur l'instant et, sans déclencher de polémique, il l'avait remplacé à la mi-temps. J'aurais agi de la même façon. Il désamorçait le conflit pour mieux se préoccuper de son équipe à qui il restait une mi-temps pour jouer et se qualifier. Parfait! D'autres, selon moi, n'ont pas affiché ce comportement professionnel: les joueurs, les agents ou les membres du staff technique, qui ont cru devoir révéler cet épisode de la vie interne du groupe. Or, il n'aurait jamais dû sortir, encore moins s'étaler sur la place publique.

À Auxerre, j'ai toujours fonctionné en camouflage intégral pour protéger mon groupe. Un matin, j'avais demandé aux joueurs d'organiser un toro à sept pour commencer l'échauffement. À peine cinq minutes s'étaient écoulées qu'une bagarre éclata entre deux d'entre eux. Je m'étais précipité pour intervenir, sans succès. Ils n'arrêtaient pas de se distribuer des coups. Mes costauds, Philippe Mexès et Jean-Alain Boumsong en tête, tentèrent de les séparer et, avec une énergie farouche, ils y parvinrent, non sans mal. Le tout sous le regard d'une dizaine de spectateurs, des retraités pour la plupart, qui nous accompagnaient chaque jour. Je les avais prévenus, à la fin de l'entraînement: «Si jamais l'incident sort dans les journaux demain, vous ne remettrez plus jamais les pieds au stade! Compris?» Rien ne filtra. Nulle part. Jamais.

À Johannesburg, quelques jours après la fameuse une de *L'Équipe* qui déclencha la tempête, j'eus l'occasion de rencontrer Mme Amaury, propriétaire du journal, lors d'une conférence de presse révélant l'accord de partenariat scellé entre la Fifa et *France Football* pour le Ballon d'Or. Je la connaissais un peu pour avoir suivi plusieurs étapes du Tour de France, dont sa société est l'organisatrice. Je lui demandai si elle avait été avertie, avant la parution, du contenu de cette première page au parfum de scandale. « Non, me dit-elle, mais je l'ai approuvée après. » Ma réponse fut directe, et sans équivoque : « C'est dommage, madame, car elle va causer beaucoup de tort au football mais aussi à vos journaux. »

J'estime que le directeur de *L'Équipe* a commis une faute. En tentant de battre, ce jour-là, le record de ses ventes, il a réussi le double exploit de pulvériser le football français et son propre titre pour de longues années. Car la décision de donner son feu vert à la fabrication de cette édition a coûté plusieurs millions d'euros à son entreprise. S'autodétruire tout en détruisant son produit d'appel que représente l'équipe de France : il fallait le faire !

Aux abonnés absents

Dans la plupart de mes commentaires qui prolongèrent ce jour de grève historique, j'ai plusieurs fois déploré les absences conjuguées de Noël Le Graët et de Jean-Michel Aulas, qui n'effectuèrent pas le déplacement en Afrique du Sud. L'un et l'autre avaient pourtant fait des pieds et des mains pour escorter l'équipe de France, et la guider dans son opération de redressement après le désastre de 2008. Au moment où elle avait probablement le plus besoin d'eux, ils se trouvaient à des milliers de kilomètres. Incapables, donc, de peser sur les événements et de recadrer tout ce petit monde. Ce qu'ils savent très bien faire.

Mais tout a commencé bien avant Knysna ! Le plan de préparation de l'équipe de France ne ressemblait à rien : un modèle de ce qu'il aurait fallu éviter à tout prix. Un contre-exemple, à ne jamais reproduire. Très souvent, dans son histoire, la sélection nationale avait suivi des stages en altitude pour optimiser sa forme. Pour les JO de Mexico en 1972, déjà, l'équipe de France olympique s'était préparée pendant six semaines à Font-Romeu. Michel Hidalgo, avant la Coupe du monde 1982 et l'Euro 1984, et Henri Michel, avant le Mundial mexicain de 1986, n'avaient pas procédé d'une manière différente. Avec de belles réussites à la clé.

Or, au moment d'élaborer son calendrier, la Fédération oublia d'examiner les effets bénéfiques d'un séjour prolongé en altitude. L'équipe de France commença par six jours à Tignes, où la principale activité consista à prendre des photos souvenir sur le glacier. Et elle enchaîna par une préparation décousue. Le reste fut à l'avenant : les joueurs voyagèrent de nuit à chaque étape. Arrivés à Johannesburg à 3 heures du matin, ils débarquèrent défoncés de fatigue six heures plus tard à George, où un bus les attendait pour les conduire une heure après à Knysna. On ne pouvait pas faire pire ! Et quelle idée absurde de s'installer, en Afrique du Sud, dans un lieu situé au niveau de la mer, quand votre équipe est appelée à jouer en altitude ! Il fallait vraiment le faire exprès. Le neveu de mon moniteur de ski, un ingénieur confirmé qui réalisa une étude poussée sur les réactions de l'organisme humain en milieu d'hypoxie, m'assura que la France aurait des ressources physiques inférieures de 30 % à celles de ses adversaires. Il avait vu juste, malheureusement.

Mais qui se montra irréprochable, au fond ? Après le match contre le Mexique, Patrice Evra avait dû sécher ses séances d'entraînement car sa fonction de capitaine l'aspirait vers d'autres tâches qui ne relevaient pas des nécessités du terrain. Sa principale préoccupation consistait à retrouver la taupe du vestiaire. Ou à parlementer avec les dirigeants de la Fédération pour tenter de régler le cas Anelka. À quarante-huit heures d'un match décisif de Coupe du monde, le capitaine de la France négociait en coulisses et manquait à toutes ses obligations sportives ! Même en Division d'honneur, la conscience des droits et des devoirs est davantage ancrée dans l'esprit des joueurs. On ne doit jamais manquer une séance d'entraînement.

À Knysna, il n'y avait plus rien du tout. Sauf le néant.

J'en ai voulu à la Fédération d'avoir mis en branle une parodie de justice pour juger Nicolas Anelka du jour au lendemain, sans lui donner la possibilité réelle de se défendre. Jean-Pierre Escalettes aurait dû s'appuyer sur les textes réglementaires : il existait une commission de discipline habilitée à s'emparer de ce type d'incident, dont la composition était connue de tous. Or le pseudo-tribunal qu'il convoqua dans l'urgence avait un caractère parfaitement illégal. C'est tout juste si le chauffeur du bus n'a pas été sollicité pour donner son avis et participer à la décision de renvoyer Anelka en France. Pour qui veut faire respecter les lois, il s'agissait là d'un manquement grave. S'il l'avait souhaité, Anelka aurait pu se saisir de ces dysfonctionnements pour attaquer la Fédération : au moins, ce match, il l'aurait gagné !

De bout en bout, Knysna aura vraiment été une épreuve de vérité. Pour tout le monde.

Et une dure leçon à encaisser pour le football français.

19

Comme le Brésil, une France métissée

À la découverte de la diversité

La première fois que je me suis retrouvé face à un homme de couleur, c'était pendant la Seconde Guerre mondiale, à Appoigny, en août 1944. J'avais 6 ans. Un convoi de l'armée américaine, qui s'apprêtait à attaquer l'arrière-garde allemande, circulait dans les rues du village et mon regard croisa celui d'un soldat qui conduisait une Jeep. Il était noir. J'avais écarquillé les yeux : je n'en revenais pas ! Un être humain pouvait être noir ? J'ai aussitôt partagé ma sidération avec mes copains. « Regardez-le, regardez-le ! Il est noir ! » Je me suis même demandé si ce soldat ne sortait pas d'une cheminée. Il s'arrêta devant notre petit groupe et nous distribua quelques chewing-gums et du chocolat. Il nous libérait du joug de l'occupant et, en plus, il nous offrait des cadeaux. Ma première approche avec une personne dont la couleur de peau différait de la mienne valait vraiment le coup d'être vécue !

Je ne fus pas plus déçu par ma rencontre suivante, qui me toucha profondément. Le nouveau proviseur de mon lycée venait de Dakar. À la demande du ministère, il arrivait avec, dans « ses bagages », cinq enfants de l'Afrique-Occidentale française, qui regroupait, à l'époque, le Sénégal, la Côte d'Ivoire, le Dahomey, la Guinée, la Haute-Volta, la Mauritanie, le Niger et le Soudan français qui, plus tard, allait devenir le Mali. Ce fut un authentique événement dans notre établissement. Très vite, c'est à moi qu'ils s'adressèrent tous, sans exception. Pour une raison simple : en tant que capitaine de l'équipe de football, j'étais le détenteur de l'objet tant convoité. Le ballon ! Ils voulaient tous y jouer.

Issus tous les cinq de familles aisées, ils me prêtaient parfois un de leurs costumes pour sortir. Ils en avaient plusieurs dans leurs armoires, contrairement à moi qui n'en possédais aucun. Jusqu'à l'âge de 16 ans, je n'ai porté que des culottes courtes, une des conséquences les plus voyantes de l'infortune de ma famille.

J'ai très vite mesuré nos singularités. Mes jeunes camarades africains étaient solidaires, généreux et joyeux. Ils étaient toujours de bonne humeur, le rire aux lèvres, alors qu'ils se trouvaient à cinq mille kilomètres de leurs foyers et qu'ils subissaient, chez nous, les rigueurs de l'hiver. Doués d'un merveilleux tempérament de conteurs, ils pouvaient être de fieffés menteurs, à l'occasion. Ce que j'appelle des menteurs « à la palabre » : des gars qui vous racontent une histoire à laquelle ni eux ni vous ne croyez. Mais, à la fin, eux y croient dur comme fer, vous toujours pas. Quand plusieurs joueurs africains sont venus renforcer l'équipe d'Auxerre, des années plus tard, cette première expérience humaine se révéla très utile. Je n'ai jamais été choqué, ni décontenancé, par tout ce qu'ils ont bien pu me raconter dans l'intimité du vestiaire. Je connaissais si bien leur façon de chercher à palabrer…

Cette découverte de la diversité de vie et des comportements dans un monde que je croyais uniforme fut fondamentale dans ma construction personnelle. Car, lorsque vous accomplissez vos premiers pas dans la vie avec des jeunes originaires d'une autre civilisation, vous avez toutes les chances de les comprendre et vous finissez par les adopter.

Je n'ai jamais éprouvé l'ombre d'un sentiment de rejet envers une race ou une culture. Mieux encore : plus le temps a passé, plus mes voyages m'ont ouvert l'esprit. En parcourant le monde, j'ai bien remarqué que les hommes étaient plus ou moins riches, plus ou moins intelligents, plus ou moins sympathiques, plus ou moins cultivés, plus ou moins intéressants, mais que cela n'avait rien à voir avec leur couleur de peau ou leur religion.

Faire une place aux musulmans

La France a connu, au fil du temps, des vagues d'immigration massives. J'ai vu débarquer en Bourgogne, en 1945, de très nombreux Polonais qui se portaient candidats pour l'extraction du charbon dans les mines de Saône-et-Loire, particulièrement à Montceau-les-Mines, dans les puits de Darcy et de Plichon. Sur les douze mille mineurs que comptait la région à l'époque, plusieurs milliers étaient issus de la communauté polonaise. Un village comme Sanvignes-les-Mines, par exemple, avait vu sa vie quotidienne totalement transformée : il existait même un journal écrit en polonais diffusé chaque semaine dans la communauté. Dans d'autres agglomérations, des curés originaires de Varsovie ou de Lodz, qui avaient suivi les pas de leurs compatriotes, célébraient la messe dans des églises très fréquentées. Nous jouions certains de nos matchs, au Creusot ou à Montceau-les-Mines, contre des équipes formées en majorité par des joueurs polonais, devant un public composé presque exclusivement de leurs familles. Il s'était produit dans notre région à peu près le même phénomène que dans le nord de la France après la Première Guerre mondiale, quand une première vague de travailleurs polonais commença à s'installer dans notre pays.

La France avait un grand besoin des Polonais pour se lancer dans un vaste plan de reconstruction et les Polonais avaient un grand besoin de la France pour satisfaire leur obligation de travailler et de nourrir leurs familles. Chacun y trouvait son compte. On parlerait aujourd'hui d'un rapport « gagnant-gagnant ».

À cette arrivée de population en provenance des pays de l'Est, succéda la venue d'une importante colonie italienne dont l'intégration ne connut pas toujours le même degré de réussite. Peut-être nous ressemblaient-ils trop, ces Italiens, pour pouvoir espérer recevoir un accueil plus convenable ? Ils étaient parfois présentés comme des rivaux pour les Français de souche, à tort sans doute. Toujours est-il que quelques comportements racistes accompagnèrent leur installation sur notre territoire – il faut avoir l'honnêteté et le courage de le reconnaître. Mais, au final, et le temps aidant, leur assimilation s'opéra dans des conditions relativement acceptables. Avec l'arrivée des Portugais, catholiques et blancs eux aussi, qui suivirent le mouvement, un phénomène assez identique se produisit. Pour remettre notre pays debout, pour ériger des maisons, pour dresser des immeubles, pour bâtir des villes, pour construire des routes, la France faisait face à un tel chantier que tous les concours extérieurs furent les bienvenus pour accomplir ce travail d'ampleur.

Pour le développement de son industrie, elle se projeta de l'autre côté de la Méditerranée afin de solliciter la main-d'œuvre du Maghreb. C'est Renault qui entra d'abord en scène avec sa société de transports et de voyages. La régie alla chercher les hommes au bled, elle les sélectionna puis les véhicula jusqu'à Alger avant de les amener à Marseille, puis à Paris. Ces ouvriers immigrés étaient logés dans des préfabriqués, à proximité des usines de construction automobile de Boulogne-Billancourt. Ils travaillaient dur et longtemps, de l'ordre de cinquante à cinquante-cinq heures par semaine, leur vie était difficile et laborieuse, mais ils mangeaient à leur faim et ils envoyaient de l'argent chaque mois à leur famille, restée en Algérie. Grâce à eux, à leur activité, à leur courage, des dizaines de milliers de 4 CV sont sorties des ateliers, et de nombreuses industries induites, en relation avec Renault, ont prospéré.

Il fallut attendre 1974 pour que le président de la République de l'époque, Valéry Giscard d'Estaing, prenne une décision humainement compréhensible et souhaitable : organiser le regroupement familial. Elle transforma radicalement le cours des choses. Les femmes vinrent rejoindre leurs maris en France, entraînant la naissance d'enfants, puis de petits-enfants. Des générations entières ont ainsi grandi dans une France qui s'était ouverte et qui compte désormais environ six millions de personnes issues de cette immigration venue d'Afrique.

Le projet commun, aujourd'hui, est de réussir à assimiler cette population que la France colonisa dans un passé pas si lointain et à laquelle elle imposa la guerre, ne l'oublions pas. Ce projet n'est pas aussi facile à atteindre et le succès rencontré avec l'assimilation des vagues migratoires précédentes, qu'elles soient polonaises, italiennes ou autres, n'est pas encore assuré. Les gens n'ont pas la même couleur de peau et, pour la plupart, ils pratiquent une religion qui est historiquement rivale de la nôtre.

La France est parvenue à surmonter les clivages entre les catholiques et les protestants, les juifs y sont citoyens à part entière depuis plus de deux siècles. Elle se trouve confrontée, en ce début du XXIe siècle, à un même challenge historique pour faire une place aux musulmans dans notre société. Rien que leur place, mais toute leur place.

«Mais c'est ici, chez eux!»

À ceux qui pourraient avoir tendance à l'oublier, il faut rafraîchir un peu la mémoire. Notre pays s'est souvenu qu'il comptait des colonies, donc des réserves humaines, au moment de s'engager dans les campagnes des deux guerres mondiales. Il avait un besoin urgent de trouver ailleurs qu'à l'intérieur de ses propres frontières des soldats que les Français ne pouvaient fournir en nombre suffisant en raison d'une baisse importante de la natalité. C'est pourquoi l'on fit appel à des combattants venus du continent africain qui, au péril de leur vie, acceptèrent de se mobiliser sous l'impulsion de l'administration coloniale.

Se souvient-on que la première percée significative des lignes prussiennes, dans la région de Lens, en 1915, fut l'œuvre d'un bataillon marocain? Mon grand-père, qui était un laïc dreyfusard, me parla souvent, de manière élogieuse, de ces régiments de tirailleurs sénégalais auprès desquels il avait combattu. Ils se couvrirent de gloire à la bataille d'Ypres, à Dixmude fin 1914, ou lors de la prise du Fort de Douaumont en 1916. Ils participèrent aussi à la bataille du Chemin des Dames en 1917, au cours de laquelle le nombre de morts s'éleva à plus de sept mille hommes sur seize mille cinq cents combattants.

De même lors de la Seconde Guerre mondiale. Alain Mimoun, par exemple, qui remporta le marathon des jeux Olympiques de Melbourne en 1956, fut blessé au pied par un éclat d'obus lors de la bataille du mont Cassin en janvier 1944. Il évita de justesse l'amputation de sa jambe gauche dans des combats où les goumiers marocains et les tirailleurs tunisiens subirent des pertes humaines effroyables. Quand le général de Lattre de Tassigny forma avec les FFI ses régiments, celui d'Auxerre devint le 1er régiment du Morvan, qui avec l'aide d'un régiment algérien libéra la première vallée des Vosges du Sud, celle de Saint-Amarin.

Dans les années 1960, Auxerre accueillit sur son territoire un régiment de huit cents soldats marocains. Je les connaissais bien. Chaque année, je sélectionnais leurs deux meilleurs joueurs pour renforcer mon équipe de football. Tout le monde était content, eux bien sûr, mais moi le premier. Les chauffeurs de bus de la ville étaient pour la plupart d'origine marocaine car ils avaient profité de leur passage dans l'armée pour obtenir leur permis de conduire. Certains se marièrent avec de jeunes Auxerroises, ils eurent des enfants aux noms et prénoms à consonance maghrébine, et une Zup fut construite afin qu'ils puissent y trouver un logement et y vivre.

À l'hôpital d'Auxerre, l'urologue est algérien, tout comme le deuxième interne du service. Ils y travaillent depuis longtemps et répondent à l'attente des patients. On avait jadis un chirurgien africain qui intervenait inlassablement sur tous les accidents de la route. Certains jours, il pouvait pratiquer jusqu'à cinq interventions, presque à la chaîne ! Il sauva de la mort des dizaines de personnes. Au centre de formation de l'AJ Auxerre, les gamins profitent d'un enseignement général assuré par des professeurs maghrébins ou africains... Je pourrais multiplier les exemples de ce type, pour montrer combien le phénomène d'intégration est enraciné dans la réalité locale.

Alors, quand j'entends proférer des slogans vengeurs, du genre «Il faut les renvoyer chez eux!», édictés par des individus qui refusent catégoriquement tout processus d'assimilation, je ne peux m'empêcher de leur répliquer: «Mais c'est ici, chez eux!» Dire à une frange de la population «dehors!», rejeter des centaines de milliers de personnes, sous prétexte que leur grand-père est originaire d'un autre pays, je ne l'accepterai jamais!

Lorsqu'on prétend qu'ils prennent le travail des Français, je m'insurge tout autant. Dans le développement économique d'un pays, il y a de la place pour tout le monde. On pourrait aussi alléguer que les enfants des paysans de la région qui venaient s'installer à Auxerre volaient le travail des Auxerrois de la ville. Il n'y aurait plus de limite dans la surenchère, et ça n'aurait aucun sens.

Toute l'histoire de l'humanité montre que l'homme ressent la peur de celui qui est différent. Cette crainte de l'autre peut vite se transformer en xénophobie et en racisme, si l'on n'y prend pas garde. Avec toutes ses conséquences néfastes pour la vie de la société. La culture et l'honneur d'un pays civilisé qui se respecte, c'est de dominer toutes ses pulsions de peur, mères de toutes les dérives, et de combattre le racisme.

L'humanité biologique est en marche

Si chacun d'entre nous prenait un peu de hauteur, comme le font les cosmonautes embarqués dans leurs vaisseaux spatiaux, on s'apercevrait en survolant la Méditerranée que la distance n'est pas si grande entre Alger et Marseille.

Certaines résistances, manifestées ici et là, trouvent souvent leur origine dans la religion, le voile et le ramadan, qui provoquent tant de fantasmes chez nous. Mais la pratique religieuse des musulmans ne me semble pas du tout gênante pour des catholiques qui organisèrent, dans le passé, des processions sur la place publique autrement plus démonstratives. La religion musulmane pourrait représenter un obstacle sérieux si ses adeptes voulaient prendre le pouvoir en son nom. En France, l'obstacle me paraît très limité. Il est plus sérieux lorsqu'un assassin commet son acte criminel au nom de la religion. Mais aucun imam de France n'a donné raison au tueur de Toulouse, à ce que je sache. Et avant de porter des jugements à l'emporte-pièce, n'oublions pas que, dans notre grande Histoire de France, nous avons connu des périodes de catholicisme ou de protestantisme innommables. Des tortures ont été pratiquées en leur nom, on voudrait occulter cette réalité ?

Bien sûr, sous le voile protecteur de l'islam, certains apprentis sorciers s'aventurent dans une voie terroriste qui n'est pas acceptable et qu'il faut combattre. Ils cherchent à détourner et à convertir ceux qui se sont fondus dans notre système. À nous tous, à la société française dans son ensemble, par conséquent, d'être encore plus attentifs à la scolarisation des enfants, à la qualité de l'enseignement, à la diffusion de la culture, à l'esprit de responsabilité des médias et au respect de nos principes de vie en commun.

Je regrette la disparition du service militaire qui servait de creuset pour l'intégration, par le brassage qu'il permettait d'opérer entre les jeunes venus de tous les horizons. Mais je déplore tout aussi profondément que la cause nationale de l'intégration ne fasse pas l'objet d'une mobilisation générale du pays, susceptible de jeter les bases de relations nouvelles, et d'un mieux-vivre ensemble.

Par nature, je reste optimiste. La religion musulmane est devenue la deuxième de France, des mosquées ont été construites, les relations entre les garçons et les filles de notre pays se nouent quelles que soient leurs origines, les enfants suivent des études dans les mêmes écoles : la voie dans laquelle nous sommes engagés me paraît être la bonne. Elle se situe à l'opposé, par exemple, du communautarisme pratiqué par les Anglais qui me semble bien plus dangereux. Pour avoir traversé Bradford, j'ai pu observer une ville pakistanaise à sa périphérie, avec un maire pakistanais, une administration pakistanaise, des policiers pakistanais mais pas un Anglais ! Quand, avec Auxerre, nous avions affronté Arsenal en Coupe d'Europe dans son stade de Highbury, nous avions circulé avec notre bus dans plusieurs quartiers exclusivement indiens. C'est un modèle de société qui n'est pas le nôtre, et qui, je l'espère, ne verra jamais le jour chez nous.

Je suis ouvert à la France telle qu'elle se dessine. Je n'oublie pas que notre pays est situé à l'extrémité de l'Europe, peuplé de voyageurs qui s'y sont arrêtés parce qu'ils ne pouvaient pas aller plus loin.

Le mélange a toujours été un facteur de qualité et de progression. L'apparition d'hommes de races et de couleurs différentes, dans le panorama général de notre population, ne me dérange pas du tout. L'humanité biologique étant en marche, les petits Maghrébins aimeront de plus en plus nos blondes et les Celtes de France, eux, apprécieront de plus en plus les brunes aux yeux noirs. Ils feront ensemble de beaux enfants et, dans une cinquantaine d'années, on aura oublié tout ce que l'on dit aujourd'hui, y compris les prétendues menaces auxquelles nous serions exposés.

Petit à petit, la France va devenir le Brésil, avec de nombreux mariages mixtes, et son peuple sera de plus en plus métissé. Ce métissage ne diminuera pas notre potentiel, bien au contraire, il l'augmentera.

Ce qui nuirait aux perspectives de développement de la France, ce serait le maintien d'une consanguinité obligatoire. Notre population sera de grande qualité si la France accomplit convenablement son travail d'intégration, ce dont je ne doute pas.

20

Un moteur efficace d'intégration

Un mauvais procès

Quand l'affaire dite des quotas mit le feu aux poudres du football français, je fus d'abord furieux. Bien plus que lorsque d'autres affaires défrayèrent la chronique par le passé. Le site d'information Mediapart avait relayé, au printemps 2011, des propos exprimés par plusieurs participants lors d'une réunion de la Direction technique nationale à Ouistreham, à l'automne 2010. François Blaquart, le DTN, se serait alors déclaré favorable à la limitation du nombre de joueurs d'origine étrangère formés en France, dont certains choisissent, au bout de leur cursus sportif, une autre équipe nationale que la sélection française. Laurent Blanc, qui assistait à ce séminaire de réflexion en qualité de sélectionneur de l'équipe de France, fut lui aussi montré du doigt.

Je m'insurgeai d'abord quant à la forme : les débats avaient été enregistrés à l'insu de tous les intervenants, et diffusés volontairement à l'extérieur dans le seul but de nuire. Depuis que je suis petit, j'éprouve une horreur viscérale vis-à-vis des délateurs, quels qu'ils soient. À l'école primaire, lorsqu'il nous arrivait d'en attraper un, on le traitait de « rapporte-paquet sans ficelle » et on lui cassait la figure dans un coin de la cour de récréation. J'éprouvais, face à cette affaire, à peu près les mêmes sentiments. Celui qui mérite la critique et la sanction dans un tel cas, c'est le « cafteur » qui cause un tort considérable à son entourage par ses manœuvres sourdes et mesquines. Mon analyse de l'affaire Anelka, pendant la Coupe du monde 2010, fut la même. Le plus grand fautif, selon moi, est celui qui a choisi délibérément de briser l'intimité du vestiaire des Bleus pour semer le trouble en dehors.

Dans cette affaire des quotas, le préjudice était autrement plus grave puisque l'ensemble du football français, les entraîneurs nationaux et Laurent Blanc lui-même furent taxés de racisme dans un procès hâtivement et honteusement mené. C'était d'une injustice totale et même carrément insultant pour les « présumés coupables ». Je connaissais la plupart des orateurs qui développèrent leurs différents points de vue au cours de la réunion. Aucun ne pouvait être accusé de défendre des options racistes, et de vouloir opérer un tri entre les jeunes en formation. Pas un ! Et surtout pas Laurent Blanc que j'avais eu auprès de moi comme joueur, à Auxerre, et dont j'avais pu mesurer la droiture intellectuelle. Lorsque la rumeur de sa démission du poste de sélectionneur circula, je me suis résolu à lui téléphoner pour l'en dissuader et pour lui remonter le moral. Il m'avait semblé très affecté par tout ce qui s'écrivait et se racontait sur son compte, ce qui démontrait au passage qu'il n'était en rien coupable de ce qu'on lui reprochait.

Peut-être certains échanges avaient-ils été trop loin. Sans doute des concepts un peu « limites » n'auraient-ils pas dû être maniés. Mais un dérapage oral de dix minutes dans la confusion d'une discussion animée et débridée ne fait pas une politique. Or, dans le procès-verbal de conclusion de la réunion de la DTN, il ne fut pas une seule fois question d'éliminer des jeunes de nos centres de formation en fonction de leur race ou de leur origine. Pas une ligne sur ce thème. Rien qui puisse alimenter le moindre soupçon. Les clubs de football se rangent, au contraire, parmi les organismes les plus éducatifs et les plus intégrateurs de France. J'en veux pour preuve la composition sociologique des centres, fréquentés à 85 % par de jeunes immigrés ou par des enfants nés de parents immigrés. Et on voudrait jeter l'opprobre sur un sport qui présente un tel bilan? On laisserait croire que des relents racistes guideraient les projets de ses responsables?

Ce sujet compliqué de la France et de son rapport avec l'immigration apparaît tellement crucial pour l'avenir de notre pays qu'on n'a pas le droit d'intenter de mauvais procès.

Or, c'en était un.

Les effets de la France coloniale

Le football français s'est affirmé grâce, notamment, à l'apport successif de joueurs issus de l'immigration. Sur les onze internationaux français qui l'emportèrent face à la RFA, en octobre 1952, par exemple, cinq étaient assimilés: Thadée Cisowski, né en Pologne, César Ruminski et Raymond Kopa, nés en France de parents polonais, Lazare Gianessi, né en France de père et de mère italiens, et Joseph Ujlaki, né en Hongrie. Parmi les remplaçants, on trouvait aussi Lido Albanesi, né en Italie. Ils se situaient tous dans la lignée d'autres joueurs de renom comme Gusti Jordan et Henri Hiltl, nés en Autriche, Jean Swiatek, né en Pologne, ou André Simonyi, né en Hongrie, qui portèrent tous fièrement le maillot de l'équipe de France avant la guerre.

À cette première vague venue principalement de l'est de l'Europe, en succéda une autre en provenance d'Italie. Roger Piantoni et Michel Platini en furent les meilleurs symboles, en leur qualité de petits-fils de migrants italiens qui trouvèrent en Lorraine un moyen d'échapper, à la fin du XIXe siècle, à leurs conditions de vie misérables dans la Péninsule. Enfin, plus tard, on nota la présence de Jean Tigana (Mali), Marcel Desailly (Ghana), Patrick Vieira (Sénégal), Claude Makelele (République démocratique du Congo), Djibril Cissé (Côte d'Ivoire) ou, le plus célèbre de tous, Zinedine Zidane (Algérie). Ils furent, en quelque sorte, les héritiers de Larbi ben Barek, né au Maroc, dont l'étoile brilla dans le ciel de l'équipe de France avant la guerre. Notre passé colonial explique en très grande partie l'émergence de ces joueurs venus d'ailleurs, qui surent découvrir dans la France métropolitaine une seconde patrie. Et un véritable tremplin pour leurs ambitions sportives.

La banlieue parisienne constitue un immense vivier de jeunes footballeurs, l'un des plus importants au monde, où les enfants noirs sont de plus en plus nombreux à intégrer les clubs. Ils sont même devenus majoritaires par rapport aux gamins maghrébins, qui eux-mêmes avaient relégué au second plan les petits Gaulois. C'est la photographie de la France du football d'aujourd'hui. Comme ils se montrent les plus acharnés dans leur volonté de réussir, ils investissent massivement les sélections nationales de jeunes, qui sont parfois composées en totalité de gamins d'origine africaine et antillaise.

Les banlieues sont habitées par des populations issues de l'immigration, preuve que la France doit progresser dans sa politique d'intégration. Il lui reste beaucoup d'efforts à accomplir pour éviter que ne prolifèrent des ghettos. Mais c'est vieux comme le monde : les pauvres logent à la périphérie des villes tandis que ceux qui réussissent élisent domicile au centre de la cité. Dans un Auxerre idéal, les Africains et les Maghrébins ne résideraient pas exclusivement dans la Zup : ils seraient équitablement répartis dans tous les secteurs de la ville. Dans un futur que j'espère proche, ce phénomène de séparation géographique tendra à disparaître. Mais on n'est pas encore au bout du chemin.

Je suis persuadé que le football reste un moteur extrêmement efficace d'intégration, mais que la société française oppose encore des résistances tenaces. Je suis convaincu que si Samir Nasri avait été breton, on ne l'aurait pas embêté comme on l'a fait. Dans l'acharnement dont il a été la victime, il se pourrait que son origine maghrébine ait pesé dans la balance. Il a été malpoli ? Peut-être. Mais pas plus que ça. Et avant d'adresser son geste à la tribune de presse, un jour de match lors de l'Euro 2012, il avait lu un article très sévère sur son jeu dans *L'Équipe*. Telle fut sa réponse. Ce n'était pas un beau geste, il aurait sans doute mieux valu l'éviter, mais il n'y avait pas non plus de quoi déclencher un drame.

Je remarque, au passage, que les sélections nationales qui comptent peu de joueurs noirs en leur sein sont souvent l'émanation de pays qui, à une époque de leur histoire, ont été des dictatures. Je pense en particulier à l'Allemagne, à l'Italie et à l'Espagne qui ne disposaient pas, ou peu, de colonies. Dans ces pays marqués jadis par l'empreinte du fascisme, un vieux fond de xénophobie, plus prononcé que dans les autres démocraties, irrigue des pans entiers de la société.

Je n'ai jamais été confronté à des comportements de type raciste dans l'enceinte du stade d'Auxerre. Aucun chant blessant, aucun cri de singe, aucun tract vengeur, aucune banderole haineuse. Rien. Aucun joueur étranger ayant revêtu la tunique du club n'a fait l'objet de la moindre attaque ciblée en raison de la couleur de sa peau, de sa religion ou de son passeport. Je ne suis intervenu qu'une seule fois, en quarante ans, pour mettre un peu d'ordre dans les tribunes. Mais il s'agissait d'une affaire spéciale, qui fut vite résolue.

Au cœur des années 1990, un drapeau des Pays-Bas flottait dans les mains de quelques supporters à chacune des apparitions de Frank Verlaat dans l'équipe, au sein de laquelle il évoluait en défense centrale. Une initiative à la fois amusante et sympathique : il devait être l'unique drapeau de ce pays déployé dans un stade français. Il y a un siècle, de nombreuses familles hollandaises s'étaient implantées dans le Morvan. Verlaat découvrait un soutien à la fois chaleureux et démonstratif qu'il savait apprécier à sa juste valeur, lui le natif d'Haarlem. Cet exemple inspira les gars de la ZUP qui décidèrent de hisser le drapeau algérien pour soutenir Moussa Saïb, né à Theniet El Had, et Abdelhafid Tasfaout, originaire d'Oran. Dans l'absolu, pourquoi pas? Il n'y avait aucune raison de leur interdire ce qu'on autorisait aux Hollandais.

Mais des amis pieds-noirs élevèrent auprès de moi de vives protestations : ce drapeau algérien leur faisait mal au cœur. Ils souffraient à chaque fois qu'il claquait au vent et qu'il était brandi devant leur nez. Ils ne le supportaient pas, pensant voir non pas le drapeau de l'Algérie mais celui du FLN. Si j'avais décidé de ne prêter aucune attention à leurs remarques, le foyer de tension aurait très bien pu se développer. J'étais donc allé à la rencontre de nos supporters de la Zup pour leur expliquer posément le problème. «Comprenez: ceux qui se sentent heurtés par l'exposition de ce drapeau ne sont pas des colons. Pour la plupart, ils sont fonctionnaires ou employés des chemins de fer, et ils n'ont rien à voir avec les nostalgiques du colonialisme. Aucun réflexe raciste ne guide leur demande, et ma démarche vise seulement à l'apaisement. Alors, s'il vous plaît, retirez le drapeau...» À ma grande satisfaction, mon message fut entendu, et suivi d'effet immédiat. La bannière algérienne disparut des tribunes tout comme celle des Pays-Bas car, très intelligemment, les fans de Verlaat comprirent, eux aussi, qu'ils devaient accomplir ce geste. En misant sur le dialogue, j'avais parié sur le sens des responsabilités des uns et des autres. Et je ne m'étais pas trompé.

La religion des jeunes Maghrébins pensionnaires au centre de formation d'Auxerre aurait pu aussi être une autre source d'incompréhension. Mais j'avais choisi de la traiter comme un sujet normal, au même titre qu'un problème scolaire. L'observance du ramadan nous posait une réelle difficulté. J'entendais dire que nos jeunes n'avaient ni le droit de manger ni celui de boire durant la journée. Pour en avoir le cœur net, j'avais appelé Dalil Boubakeur, le recteur de la Grande Mosquée de Paris, qui fut le premier président du Conseil français du culte musulman en 2003. On m'avait assuré qu'il était un fervent supporter de notre club, ce qu'il me confirma lors de notre conversation.

«Il est embêtant que tous ces jeunes ne puissent pas boire dans la journée. Pouvez-vous m'expliquer ce que dit exactement le Coran à ce sujet?»

«Pour les moins de 16 ans, il n'y a pas de contre-indication: vous pouvez leur donner à boire, et même à manger. Car rien ne doit pouvoir nuire à leur croissance.»

«Parfait. Et au-dessus de 16 ans?»

«Les jours de match et d'entraînement, ils connaissent une sudation importante: faites-les boire. Manger? Là, non! Débrouillez-vous comme vous le pouvez mais ils n'ont pas le droit de manger dans la journée.»

«Bon, eh bien, on va s'adapter! Vous êtes sûr que, les jours de match, on ne peut vraiment rien envisager?»

«Vous avez le droit de les faire manger trois heures avant le coup d'envoi mais ils devront alors rattraper un jour de jeûne à la fin du ramadan.»

«Très bien, très bien...»

«J'ajouterai que lorsque votre équipe joue à l'extérieur, ils peuvent avoir le droit de s'alimenter sous certaines conditions.»

«Lesquelles?»

«Par exemple, si le déplacement va au-delà d'une journée de chameau. C'est écrit dans le Coran.»

«Une journée de chameau représente quoi au juste?»

«Trente kilomètres...»

Trente kilomètres! Trente kilomètres seulement! J'avais été bien inspiré de chercher à m'informer.

Grâce à tous ces éléments, notre organisation put se mettre en place. Avec le docteur du club, nous avions décidé de préparer un repas complet de 3000 calories pour les joueurs musulmans, entre la tombée de la nuit et le lever du jour. On leur mettait à disposition une pièce dans laquelle on entreposait des fruits secs et des bananes. À 5 heures du matin, on les réveillait avec un bon beefsteak préparé par un cuisinier levé de bonne heure, aidé d'une serveuse. C'était un problème pratique à gérer, rien d'insurmontable. Il fallait simplement s'organiser.

Amdy Faye, d'origine sénégalaise, a été le plus pratiquant de tous les joueurs dont j'ai eu à m'occuper. Il se débrouillait tout seul. Les jours de match, il dévorait dans la nuit, et refusait tout aliment dans la journée. Il m'avait demandé de ne pas assister aux repas collectifs car il préférait ne pas voir ses coéquipiers se restaurer pendant qu'il respectait le jeûne. Il descendait de sa chambre une fois la collation terminée. Je prenais le soin de faire débarrasser la table, pour ne pas le tenter, avant d'entamer la causerie. Abdelhafid Tasfaout respectait aussi le ramadan. À la signature de son contrat, il m'avait dit: «Ayez confiance en moi! J'ai la foi. Mais je vais répondre présent pendant les matchs, ne vous inquiétez pas...»

Je n'ai jamais eu à souffrir des effets du ramadan parce que nous l'avions pratiqué de manière souple, sur les conseils avisés de Dalil Boubakeur. Cette méthode nous permit de remporter de très nombreuses rencontres dans les catégories de jeunes, contre des équipes de la région parisienne qui n'avaient sûrement pas pris les mêmes précautions que nous et qui étaient de la sorte affaiblies.

Quant aux prières, je n'en ai jamais vues dans les vestiaires d'Auxerre. Certains joueurs, catholiques, se signaient. D'autres, musulmans, me disaient bonjour en mettant leur main sur le cœur, en signe de respect. Moi, tout m'allait. J'ai toujours été assez libéral dans notre vie de groupe, contrairement aux idées répandues. J'ai laissé croire que j'étais un dur mais, en réalité, j'étais un faux dur. Je pouvais être intransigeant, voire féroce, dans la lutte contre l'alcool ou les cigarettes. Il m'arrivait même de piétiner des paquets qui traînaient dans les vestiaires. Mais, pour l'exercice de la religion, je laissais faire à partir du moment où rien ne venait contrarier la vie collective.

Cette forme de tolérance m'épargna, sans doute, quelques incidents de parcours que certains de mes collègues ne surent éviter.

21

Radin, moi ? Jamais !

Les Guignols s'invitent au Fouquet's

Un soir d'automne, vers la fin des années 1990, je suis allé dîner au Fouquet's, le célèbre restaurant de l'avenue des Champs-Élysées, à Paris, en compagnie du représentant d'un éventuel futur sponsor pour l'AJ Auxerre. L'équipe venait de réussir une remarquable performance en Coupe d'Europe et la cote d'amour du club ne cessait de grimper dans l'opinion publique. On était le petit David qui rivalisait avec les gros Goliath. Les publicitaires raffolent de ces combats perdus d'avance surtout… quand ils tournent à l'avantage du plus modeste. Pour eux, il y a de la bonne matière à utiliser. C'est vendeur, comme ils disent. Le maître de salle m'installa dans le fauteuil de Raimu, ce qui eut le don de me mettre de bonne humeur. L'un de ses grands succès, *La Femme du boulanger*, avait été présenté sur les écrans en 1938, l'année de ma naissance. Le clin d'œil était sympathique.

Le sponsor voulait surfer sur l'image avantageuse d'Auxerre, et envisager les conditions d'un partenariat. Notre conversation tourna autour de l'histoire du club, de son identité, de ses prouesses et de ses projets. Elle s'étira pendant près de deux heures, entrecoupée de quelques plats savoureux et d'une bonne bouteille. La plupart des clients de l'établissement, en majorité des hommes d'affaires, m'avaient reconnu. Certains m'observaient avec insistance, m'adressant un léger sourire ou un petit signe de la tête, pour se signaler à mon attention. Même au cœur de la capitale, dans l'un des lieux qui font sa renommée, j'avais moi aussi la cote, manifestement. Quand le garçon apparut avec l'addition en fin de soirée, un silence quasi total se fit sentir dans la salle. Toutes les discussions cessèrent séance tenante. On aurait pu entendre une mouche voler, comme si le temps, tout à coup, suspendait son vol. Je me doutais bien pourquoi tous ces regards se braquaient sur moi. Il n'y avait pas besoin d'être grand clerc pour le deviner…

À l'époque, les «Guignols» réalisaient de nombreux sketches désopilants pour Canal+, dont certains me concernaient au premier chef. Le plus célèbre me mettait en scène lors d'un repas au restaurant avec Michel Denisot et Thierry Roland. Au moment crucial où il fallait régler la note, paniqué, je me levais pour me diriger vers les toilettes pendant que Denisot sortait avec flegme une carte bancaire de sa poche. En revenant à table, l'air satisfait, limite enjoué, soulagé surtout d'avoir été invité, j'annonçais à mes deux compères que je prendrais bien un second dessert. Ce sketch, qui me représentait comme un grippe-sou sans gêne, connut un succès phénoménal. Je peux même assurer qu'il me poursuit aujourd'hui encore et qu'il a contribué à entretenir ma fausse réputation.

Silence absolu dans la salle du Fouquet's. Posément, presque en décomposant mes gestes, je pris mon portefeuille où se trouvait ma carte bancaire, que je posais sur une soucoupe pour payer. C'est bel et bien moi qui invitais mon convive. Et là, tout à coup, brisant le calme ambiant, une personne se mit à applaudir. Puis une autre, une troisième et une quatrième. Ça ne s'arrêtait plus. Plus aucune table ne résista à ce mouvement général. Tout le monde m'acclamait, rires à l'appui. Pour un peu, j'aurais eu droit à une ola, comme celles qui s'enchaînent d'une tribune à l'autre, dans les stades de football, pour fêter une magnifique action.

Les clients du Fouquet's voyaient en direct ce que la télévision ne leur montrait pas: j'étais capable de générosité. On est impuissant face à la puissance de l'image.

Ainsi, si j'en crois le qu'en-dira-t-on, je serais donc radin...

Gaspiller, c'est jeter

Radin, moi? Au risque de contrarier tous ceux qui véhiculent des idées reçues, je ne l'ai jamais été. Pendant longtemps, je n'ai pas eu beaucoup d'argent et, très jeune, j'ai appris à compter. Ce n'est pas exactement la même chose qu'être radin. Quand j'étais pensionnaire au lycée, ma grand-mère me donnait 1 franc par semaine. Ma plaquette de margarine valant 76 centimes, il m'en restait 24. Le jeudi, j'avais droit à un cornet de frites à 20 centimes, et je gardais précieusement les 4 centimes restants. Toutes les cinq semaines, je pouvais donc m'acheter deux cornets de frites au lieu d'un.

Ma grand-mère, qui était une femme généreuse, me glissait de temps en temps dans la main une pièce pour que je puisse me rendre au bal. Mais, quand je n'avais pas le moindre argent, je coupais une pomme de terre en deux et confectionnais une sorte de tampon avec l'une des moitiés. Je reproduisais sur mon poignet le signe distinctif qui me permettait de passer le contrôle d'entrée de la salle. Il faut savoir se montrer ingénieux quand vous êtes démuni. Vous n'avez pas le choix. Gamin, je n'ai jamais eu les billes que je convoitais, ni la pâte à modeler colorée que je désirais car elles étaient bien trop chères pour moi. J'ai passé de longs moments devant la vitrine du magasin de jouets en y jetant des regards furtifs et envieux. Ce n'était pas pour moi. Je m'étais fait une raison.

Depuis cette époque où tout se refusait à moi, faute de moyens, je prends mon temps avant d'engager une quelconque dépense. C'est encore le cas aujourd'hui. Je compare le prix de l'essence dans les stations-service avant de remplir le réservoir de ma voiture. Je parcours de très nombreux kilomètres chaque année, et l'économie ainsi dégagée me permet de m'offrir parfois un bon restaurant. Ce n'est pas négligeable. Pourquoi me priverais-je de cette possibilité? Lorsque je veux engager des travaux de peinture chez moi, j'organise un appel d'offres entre plusieurs entreprises et, après examen minutieux des devis, je choisis la moins onéreuse. Pourquoi paierais-je plus qu'il n'est nécessaire?

Je dois l'avouer, j'ai une petite satisfaction intérieure en sachant que je n'ai pas à prévoir une grosse ligne de dépenses pour l'achat de mes tenues vestimentaires. Depuis 2005, grâce à mon contrat de consultant de Canal+, une marque de vêtements me fournit gracieusement plusieurs costumes et chemises chaque année. C'était déjà le cas au temps, plus ancien, où j'officiais pour TF1. Ma penderie est bien garnie, sans coût excessif, vous l'aurez compris. Autre exemple, je suis parfaitement heureux quand, pendant deux ou trois mois, je mange les tomates et les pêches de vigne qui poussent dans mon jardin. Je vais alors rarement chez le marchand de fruits et légumes. Tant mieux : j'économise. J'organise mes voyages en cherchant toujours à obtenir le meilleur prix. Une fois la destination ciblée et la sélection opérée, je négocie le montant de mon séjour avec la direction de l'hôtel. Mais je ne me rends jamais dans un palace : dans un hôtel trois ou quatre étoiles, parfois même un deux étoiles, pour limiter mon budget. Je pourrais dépenser davantage en piochant dans mes économies, mais je m'y refuse. Rien ne me détournera de ce principe de vie.

Chaque début de saison, j'avais pour habitude de prendre un petit quart d'heure pour mettre en garde mes joueurs contre toute forme de gaspillage ou de dépenses inconsidérées. « Votre carrière est courte, pensez à l'avenir, faites des économies. Commencez par remplir votre Livret A. Après, constituez-vous un pécule pour acheter un terrain à bâtir. Si vous ne souhaitez pas construire une maison à Auxerre, bâtissez-la dans votre région d'origine pour plus tard, ou pour vos parents... » Ils ne m'ont sans doute pas tous écouté. C'était leur droit. Mais il était de mon devoir de les avertir.

Dans l'ensemble, ils se montraient plutôt raisonnables, mis à part la folie regrettable des changements incessants de voitures. Et pas n'importe lesquelles : de préférence des rutilantes, dont les joueurs n'avaient pourtant nul besoin pour parcourir les dix kilomètres maximum qui séparaient leur domicile du terrain d'entraînement. Un jour, je me suis emporté devant eux tant la situation m'exaspérait. « J'en ai marre de faire gagner de l'argent à des fabricants de voitures allemandes alors que mon grand-père et mon père ont fait la guerre ! » Mon cri de colère avait jeté un froid dans le vestiaire. J'avais beau expliquer à certains qu'avec l'achat de quatre nouvelles voitures ils pouvaient s'offrir un pavillon, ils n'en faisaient qu'à leur tête.

Gaspiller n'a jamais fait partie de mon vocabulaire. Quand j'étais gamin, j'avais l'interdiction formelle de laisser un quignon de pain près de mon assiette, à la fin du repas. Gaspiller, c'était jeter. Et ce n'était pas bien. On m'incitait à penser à ceux qui souffraient du manque de nourriture et qui habitaient à deux pas de la maison. Ça calme.

Un enfant ne peut oublier ce que ses aînés lui apprennent.

Une étiquette collée dans le dos

Molière a signé un chef-d'œuvre de la littérature avec *L'Avare*, personnifié par Harpagon, dépeint sous un mode à la fois sordide et comique. Il économisait sur tout et refusait d'engager le moindre frais. Il ne pensait qu'à sa cassette contenant ses écus d'or, qu'il avait cachée dans son jardin. Il ne voyait que des voleurs autour de lui.

Goûtons sa fameuse réplique : « Hélas ! mon pauvre argent, mon pauvre argent, mon cher ami ! On m'a privé de toi ; et puisque tu m'es enlevé, j'ai perdu mon support, ma consolation, ma joie ; tout est fini pour moi, et je n'ai plus que faire au monde ! Sans toi, il m'est impossible de vivre. »

Je n'incarne pas l'avare des temps modernes, contrairement à ce que se dit ici et là. Mais, je ne cherche pas à enlever l'étiquette collée dans mon dos. Le parcours d'un homme témoigne de sa personnalité.

J'habite la même maison depuis vingt ans, dans un quartier populaire où résident des retraités de la SNCF et des fonctionnaires. On voudrait m'expédier dans des lieux plus huppés d'Auxerre, réservés aux chefs d'entreprise ou aux professions libérales, au prétexte que je suis connu. Mais je me sens à l'aise dans un environnement qui me ressemble et dans lequel je compte bien rester.

Je possède l'équivalent d'un très bon F4, je m'y plais et je n'en changerai pas.

De même pour mes moyens de locomotion. Dans ma vie, je me suis déplacé d'abord à pied, à vélo et en scooter. Puis j'ai fait l'acquisition d'une 4CV pour 400 francs. Elle avait été rafistolée avec des pièces détachées tirées de plusieurs automobiles. Ensuite, j'ai acheté une Simca 1000, qui était en réalité une Simca 900, le prix affiché étant plus abordable. Désormais, je roule en Citroën DS4. Pourquoi circulerais-je dans une berline de plus grosse cylindrée ? Je n'en vois pas l'intérêt. Surtout, je n'en ressens pas le besoin.

J'ai accepté l'image dont on m'affublait, au risque d'être caricaturé à l'excès. Un risque pris en pleine connaissance de cause. Lorsque des marques s'adressèrent à moi pour me proposer de tourner des spots publicitaires afin de vanter leurs produits ou services, que recherchaient-elles ? Une image de compétence, d'abord. Je symbolisais, par exemple, l'entraîneur au bon sens paysan qui savait entretenir sa pelouse, et en prenait soin. Mais ces marques voulaient aussi mettre en avant celui qui pouvait assurer le lien entre la qualité et le petit prix. Du bon à bas coût. Sans aucun complexe, je me suis prêté à bon nombre de sollicitations qui, au fond, me correspondaient assez bien. J'ai accepté qu'on m'utilise, et je ne le regrette en aucune façon.

J'étais l'entraîneur d'un petit club qui réalisait de grandes performances avec peu d'argent, qui n'achetait pas beaucoup mais qui savait bien vendre, et qui avait l'art de cacher sa nouvelle richesse. Un véritable filon pour les agences de publicité, toujours à la recherche de symboles forts !

Je n'étais pourtant pas le promoteur principal de la stratégie de l'AJ Auxerre, dont la conception et la mise en œuvre relevaient d'un expert en la matière, je veux parler de Jean-Claude Hamel. Dépenser peu, tout négocier à l'euro près: il maîtrisait à merveille une gestion rigoureuse, mais saine. Pour preuve, les paies de l'ensemble du personnel du club – joueurs et administratifs – ont toujours été assurées sur nos fonds propres. Jamais la banque n'a été sollicitée pour intervenir et pallier une quelconque défaillance. C'est suffisamment rare dans le monde du football pour que je me permette de le souligner. Quant au budget de l'AJA, il accusait un déficit de 8000 francs quand nous avons pris le poste de commandement. En 2005, au moment de mon départ, plusieurs dizaines de millions d'euros gonflaient les caisses, qui n'avaient jamais été aussi remplies.

Ces résultats financiers exceptionnels sont à porter au crédit de Jean-Claude Hamel, dont la gestion du club fut longtemps un modèle du genre.

Trop fort, Hamel!

On ne mesure pas combien le président d'Auxerre pouvait se montrer redoutable en affaires. J'ai été le témoin direct d'une invraisemblable leçon de négociations, menées par ses soins alors que l'équipe évoluait en Division d'honneur. Elle illustre sa capacité à ne rien lâcher et à atteindre, coûte que coûte, l'objectif fixé. Je la restitue comme je l'ai vécue.

«Bonjour, monsieur. Jean-Claude Hamel, de l'AJA, à l'appareil. Comme chaque année, notre équipe va jouer contre Le Creusot dimanche en championnat. On souhaiterait s'arrêter chez vous, au Vieux Jambon, vers 11h30, pour déjeuner. On prendrait le même repas que l'année dernière : du jambon, un steak de 200 grammes, de la purée, une orange et de l'eau. C'est toujours 8,50 francs le menu ? »

« Ah non, monsieur Hamel, vous vous trompez. L'année dernière, vous aviez payé 9 francs. Là, le prix de la viande a augmenté, on est passé à 9,20 francs. »

« Ah bon ? Non, non, ce n'est pas possible. On ne peut pas payer ce tarif-là. Je crois pourtant me souvenir que le repas était à 8,50 francs la dernière fois ! »

« Absolument pas, monsieur Hamel. Je peux vous ressortir la facture si vous le voulez. »

« Bon, d'accord, d'accord. Mais cette fois, il faut nous compter le repas à 8,70 francs, pas plus. »

« Non, je ne peux pas... »

« Allez, faites un effort ! »

« D'accord, pour vous, on facturera le repas à 9 francs. »

« 9 francs, 9 francs... Bon, tout bien réfléchi, mettez-le à 8,70 francs et donnez-nous des steaks un peu moins épais... »

« Bon, c'est entendu. Ce sera 8,70 francs le repas. »

« Très bien, très bien. On se dit 8,70 francs, rendez-vous dimanche et, naturellement, vous nous offrirez le café ! »

Il raccrocha le combiné téléphonique, sans même attendre la réaction de son interlocuteur, probablement estomaqué par tant de culot.

Je pourrais parler d'un merveilleux négociateur, sauf quand il m'arrivait de prendre la place du restaurateur ! Là, je rigolais moins. Au terme de mon premier contrat à l'AJA, j'avais voulu rediscuter des conditions financières de mon engagement. Je gagnais 800 francs par mois et je visais une augmentation de 100 francs. Ce n'était pas la mer à boire mais je savais qu'il me faudrait ramer pour l'obtenir. Pour en discuter ensemble, Jean-Claude Hamel me donna rendez-vous dans le club de tennis qu'il fréquentait. Lorsque je me suis présenté sur les lieux, il disputait une partie acharnée qui s'éternisa jusqu'au bout de la nuit. Il prit ensuite sa douche et but un verre avec son adversaire avant d'accepter enfin d'engager les discussions avec moi. Je revendiquais 900 francs, il m'opposait une revalorisation salariale plus modique. «Ce sera 840 francs!» À 2 heures du matin, épuisés l'un et l'autre, nous décidâmes de remettre notre conversation au lendemain. Avec un scénario identique: match de tennis à rallonge, douche prolongée, buvette, comme s'il cherchait à me tester et à m'user à petit feu. De guerre lasse, j'avais dû accepter un nouveau salaire de 870 francs, qui ne correspondait pas à mes aspirations. Il me tapa dans la main en signe d'accord. J'avais été pris en tenaille dans son piège. Trop fort, président!

Il me disait toujours qu'il ne pouvait pas offrir ce qu'il ne détenait pas en caisse. Un argument irréfutable que j'avais parfaitement intégré. Très tôt, d'ailleurs, j'ai eu conscience que mon job serait en grand danger si le club ne gérait pas ses finances avec la rigueur indispensable à sa bonne marche.

Quelques semaines après mon départ forcé, mes successeurs tournèrent le dos à cette culture pointilleuse de gestion, qui avait fortement contribué à notre solidité. En cinq ans, une cinquantaine de joueurs débarquèrent de tous les horizons, soit cinquante primes à la signature et autant de commissions à verser à leurs agents. Mis en péril par tant d'argent jeté par les fenêtres, le club se retrouva au bord du gouffre, prêt à basculer dans le vide. Là, on peut parler de gâchis!

Mes autres renouvellements de contrat s'enclenchèrent selon une trame différente. Il m'arriva de me rendre au domicile de Jean-Claude Hamel, où Gérard

Bourgoin m'attendait lui aussi, pour jeter les bases financières de mon avenir au club. On s'asseyait tous les trois autour d'une table et chacun inscrivait un chiffre correspondant à mon futur salaire sur une feuille de papier. L'un après l'autre, on retournait le bout de papier. Ensuite, on discutait âprement.

Jean-Claude Hamel pratiquait souvent cette tactique du morceau de papier, y compris pour prendre des décisions stratégiques. Quelques semaines après notre participation à la finale de la Coupe de France 1979, un cas de conscience se posa à nous. Nous avions récupéré une belle somme d'argent à la suite de notre excellent parcours dans la compétition. Deux solutions se présentèrent : ou nous achetions un terrain pour y construire notre centre de formation, ou nous récupérions Olivier Rouyer que Claude Cuny, président de Nancy, souhaitait vendre. Ce jour-là, M. Hamel me tendit une carte de visite.

« Écrivez, derrière, où va votre préférence ! »

« Et si nos choix différaient ? »

« En cas d'égalité, la voix du président est prépondérante, sachez-le ! »

Notre vote coïncida : l'achat du terrain ! Mon choix relevait d'un vrai sacrifice. Rouyer était international, sa valeur sportive ne faisait aucun doute, il nous aurait beaucoup apporté en termes d'expérience, c'est certain. Mais je misais sur le long terme avec un plan de développement qui, selon moi, allait pouvoir transformer notre club.

Pour évaluer le prix du transfert d'un joueur, susceptible de venir nous rejoindre, nous avons souvent procédé de cette manière avec le président d'Auxerre. Un stylo, une feuille, que l'on retournait ensuite sur la table.

Dans l'ensemble, on ne s'est pas trop trompés. Ni très souvent.

Les raisons d'une inflation

Il est tout à fait exact de dire que, depuis le début des années 2000, l'argent coule à flots dans le monde du football. Personnellement, je ne juge pas cette arrivée massive anormale. Notre sport connaît une chance formidable. C'est un spectacle télévisé qui plaît au public, qui joue sur l'émotion et le direct, qui utilise les gros plans, et qui permet à la publicité d'y trouver largement son compte. Avant, vingt-deux joueurs se donnaient en spectacle devant quinze mille personnes en moyenne dans des stades d'un autre âge. Maintenant, à chaque match, ces vingt-deux joueurs évoluent devant des millions de téléspectateurs dans des enceintes modernisées et plus vastes. Il est logique que cette démultiplication des moyens mis en œuvre s'applique à la rémunération des principaux acteurs. Johnny Hallyday, en 1964, rassemblait trois cents personnes à Migennes dans un cabaret exigu. J'y étais. Il était affublé d'un smoking rose et chantait couché par terre! Trente-cinq ans plus tard, il se produisait devant quatre-vingt mille fans au Stade de France. Son tour de chant fut diffusé sur des chaînes de télévision, la vidéo de son concert s'écoula à des centaines de milliers d'exemplaires, et plusieurs partenaires sponsorisaient la soirée. Vous croyez que son cachet était équivalent?

Le football n'a en rien inventé l'inflation. Les télévisions dites payantes lui font une cour effrénée depuis trente ans car elles puisent dans l'attraction footballistique un levier essentiel pour la vente de leurs abonnements. Pourquoi les principaux acteurs n'en profiteraient-ils pas?

Quand on parle de l'explosion du salaire des joueurs, il convient toutefois d'apporter un correctif qui a son importance. Ce correctif, c'est l'impôt. Si le football rémunère très cher ses acteurs, ceux-ci reversent à la société des sommes importantes. Quand un professionnel gagne 100 euros, il ne lui en reste généralement que 37 une fois déduits les cotisations sociales et les impôts. Et je ne parle même pas de l'impôt sur la fortune quand ces 37 euros sont multipliés par un très grand nombre de fois, ni des charges sociales et des diverses taxes reversées aux pouvoirs publics par les clubs. Dans la mécanique économique de la société française, j'estime que ce flux d'argent n'est pas pernicieux. Je peux même affirmer qu'il entre dans l'ordre du gagnant-gagnant.

Avec l'évolution de la société et de ses mœurs, l'argent est devenu, malheureusement, un instrument de mesure de la valeur des gens. Il pose un vrai problème de conscience à ceux qui en possèdent et qui habitent dans un pays prospère qui laisse une quantité non négligeable de sa population en dessous du seuil de pauvreté. Ne pas manger à sa faim, ne pas pouvoir se loger convenablement : il s'agit, pour moi, des deux curseurs d'un dénuement insupportable qui n'épargne pas la France.

22

Tout l'art de la communication

Roi du radioreportage, prince de l'improvisation

La cloison était bien trop étroite pour que mes oreilles, toujours à l'affût du moindre bruit, ne puissent pas entendre le son grésillant de la TSF qui s'échappait de la pièce principale. Blotti dans mon lit où mon grand-père m'envoyait me coucher de bonne heure, le soir, je ne bougeais pas d'un millimètre, emmitouflé dans ma couverture, tous les sens en éveil. Je retenais mon souffle et j'attendais en silence qu'il allume son poste pour écouter Radio Londres. J'avais 5 ans. Pendant que les enfants de mon âge s'endormaient au son des comptines fredonnées par leur maman, j'étais bercé par les informations propagées par les Forces françaises libres. « Ici Londres, ici Londres, les Français parlent aux Français... » Tous ces mots resteront à jamais gravés dans ma mémoire.

Depuis mon enfance, la radio est une compagne qui ne m'a jamais abandonné. J'étais un fanatique des retransmissions sportives radiophoniques de Georges Briquet, au point de l'imiter dans nos petits jeux à l'aide d'un modeste bout de bois et d'un fil imaginaire. Je me souviens d'un après-midi où nous nous étions retrouvés, mes copains et moi, dans le jardin du notaire du village.

La fenêtre était grande ouverte et, tout en improvisant un match entre nous, nous écoutions ses commentaires autour d'un France-Italie haletant. Il parlait vite, donnant un rythme soutenu à chacune de ses interventions. Nous nous étions laissé guider par les intonations de sa voix surtout quand, après un but, il avait accéléré son débit pour une description minutieuse de l'action. Il me fascinait. Avec son phrasé impeccable, avec juste ce qu'il mettait de distance et d'implication, j'avais l'impression de recevoir une carte postale sonore.

J'ai toujours voulu l'approcher pour le voir à l'œuvre, de l'autre côté du poste de radio. L'occasion se présenta lors d'un France-Yougoslavie à Colombes, le 11 novembre 1955, qui fut mon premier match international vécu dans un stade. Je m'étais glissé dans la foule et, parvenu à cinq bons mètres de Georges Briquet, je m'étais installé pour le contempler. Autant lui, d'ailleurs, que les Remetter, Penverne, Piantoni ou Kopa, qui étaient les principales vedettes de la rencontre. À cette époque, il n'y avait qu'un ballon et pas de ramasseurs sur les bords du terrain pour assurer la fluidité du jeu. Les temps morts duraient parfois un bon moment. Briquet ne disait jamais que le ballon était sorti en temps réel. Pour meubler l'antenne, il inventait des actions, ajoutait une faute, un dribble, une passe ou un tir à un joueur qui avait perdu le ballon depuis déjà cinq secondes. « Frappe d'un Yougoslave, repoussé sur le côté, récupéré par un Français… » Il décrivait des situations de jeu alors que, sur le terrain, il ne se passait strictement rien ! Je n'en croyais ni mes yeux ni mes oreilles. J'avais compris, ce jour-là, que le roi des radioreporters pouvait également être le prince de l'improvisation.

Il ne fut pas le seul à me transmettre le virus des ondes : Alex Virot et Jean Quittard, de Radio Luxembourg, excellaient dans l'art de relater les étapes du Tour de France. Pour rien au monde je n'aurais raté leurs flashes d'information, programmés à heure fixe. La première édition qui attira mon attention fut celle de 1947, au cours de laquelle Robic, Vietto et Caput accomplirent de nombreux exploits. J'écoutais la retransmission, avec mes copains, chez le cordonnier du village qui nous accueillait sur le trottoir voisin. À la fin de la course, il écrivait le classement de l'étape sur une ardoise et ma tâche consistait à effectuer quelques additions rapides pour déterminer le classement général et le porteur du maillot jaune. Ce n'était pas si facile avec les secondes et les minutes ! Mais je me suis toujours bien défendu en calcul mental.

Virot et Quittard incarnèrent, eux aussi, une source d'inspiration qui m'amena à créer, plus tard, une émission pour étudiants sur Radio Limoges. J'y animais une émission mensuelle dont l'indicatif, choisi en fonction de mes préférences musicales, fut emprunté au catalogue de Sidney Bechet avec l'un de ses succès de l'époque : « Les Oignons. » J'invitais un étudiant pour l'interroger sur ses origines et sur son parcours, et je donnais aussi des nouvelles d'étudiants appelés en Algérie pour y accomplir leur devoir militaire. Je prenais un vrai plaisir à parler dans le micro, et à dialoguer avec mes invités. J'ai toujours aimé m'exprimer, y compris dans l'ambiance feutrée d'un studio.

Mon commentaire le plus marquant, je pense l'avoir réalisé bien après, sur Europe 1, station avec laquelle je collabore depuis 1992. C'était un soir funeste de novembre 1993. Il ne restait qu'une poignée de secondes à jouer et l'équipe de France, opposée à la Bulgarie, tenait encore sa qualification pour la Coupe du monde qui se déroulerait l'été suivant aux États-Unis. Le score était d'un but partout. Il fallait le conserver jusqu'au coup de sifflet final. Je me trouvais aux côtés d'Eugène Saccomano, un formidable compagnon qui m'apprit les fondements du métier. Je n'oublierai jamais nos propos escortant la dernière action.

Eugène : « Coup franc pour la France sur le côté gauche de la défense bulgare. David Ginola va le tirer, Vincent Guérin s'approche. »

Moi : « Éric Cantona réclame la balle au centre de la surface de réparation, il ne faut pas qu'il la lui donne, nous sommes dans la dernière minute. Il faut jouer le coup franc à deux. Pas de centre, surtout pas de centre. »

« Long centre devant le but, Cantona ne peut s'en saisir, le ballon file… La contre-attaque est déclenchée à vive allure… »

« Oooooh ! »

Puis un long silence, qui dura une éternité.

« La France n'ira pas à la Coupe du monde. »

Je n'avais pas prononcé un seul mot pendant tout le déroulement de l'action parce j'avais senti la catastrophe arriver. Je suis entraîneur, et j'avais anticipé la conclusion de la contre-attaque des Bulgares. J'avais vu le ballon franchir la ligne de but quelques secondes avant que ce ne soit le cas. J'étais complètement tétanisé.

Des cours d'art oratoire

Je dis souvent, pour schématiser, qu'il existe deux catégories d'individus dans la société. Les introvertis : ils ont une vie intérieure parfois riche, ils lisent, ils s'informent, ils réfléchissent, ils ont des émotions, mais ils n'en font jamais profiter personne. Ils gardent tout dans un coffre-fort qu'ils ne veulent pas ouvrir. Rien ne sort. Et puis, il y a les communicants, une catégorie à laquelle je pense appartenir. Mon grand-père vivait en autarcie et travaillait dans son jardin potager à longueur de journée, près d'une petite route où les habitants d'Appoigny circulaient à pied, ou avec leurs chevaux et leurs charrues. Il engageait la discussion avec eux pour deviser sur le temps, la récolte, ou évoquer les dernières nouvelles du village. Il m'arrivait de me mêler à leur conversation, car j'étais bavard et curieux. Seule interdiction formelle : je n'avais pas le droit d'évoquer la guerre car le sujet était considéré comme trop sensible. La Kommandantur avait monté son camp dans un lieu proche de chez nous et, de l'autre côté, quelques kilomètres plus haut, les maquisards avaient fait de la forêt leur repaire. Je me souviens de cet interdit qui me fut constamment rappelé.

Je dois en grande partie ce goût de la parole à mon grand-père, qui assura mon éducation pendant vingt ans. Tous les jours, jusqu'à sa mort, entre une demi-heure et une heure par jour, j'ai eu des conversations avec lui comme je n'en ai plus jamais nouées par la suite avec qui que ce soit. C'était un homme simple, doué d'une intelligence phénoménale et d'une faculté d'analyse exceptionnelle.

À l'école, j'ai toujours démontré une certaine aisance dans le maniement de la parole. Notre instituteur n'hésitait pas à nous garder jusque tard dans la soirée pour nous enseigner le français. Il nous demandait de recopier une centaine de mots avec leur définition précise. La tâche peut paraître fastidieuse mais elle me permit d'acquérir un vocabulaire plus élaboré que la moyenne. J'ai participé, également, à des concours d'élocution ou de poésie. Au lycée Bartholdi de Colmar, en 1948, notre instituteur nous enseignait un vocabulaire riche et varié, et, dans la classe, plusieurs affiches punaisées aux murs nous rappelaient que «parler français, c'est la clé du succès». À cette époque, mon expression orale était bien meilleure que celle d'aujourd'hui. Elle se détériora au fil du temps, et de l'emploi excessif de mots d'argot ou de formules franglaises qui polluent nos conversations.

En 1975, sur les conseils d'un ami proche, Claude Érignac, chef de cabinet du préfet de l'Yonne – qui périra assassiné en Corse en 1998 –, j'avais effectué un stage d'audiovisuel et d'art oratoire, organisé par la Jeune chambre économique d'Auxerre. Ayant moins de 40 ans, j'ai pu être formé pendant soixante-dix heures aux métiers de la communication. Il s'agissait d'apprendre à s'exprimer à la radio ou à la télévision, en respectant les rythmes de la voix et en articulant pour bien se faire comprendre. Il fallait savoir retenir son souffle, traquer les tunnels et les blancs; ce fut un exercice passionnant. Notre professeur, alsacien d'origine, nous donna des conseils pour s'adresser à un public de dix, cinquante, cent ou mille personnes. «À partir de cent personnes, parlez par-dessus le Rhin! Imaginez que celui auquel vous vous adressez est de l'autre côté du Rhin: portez votre regard au dernier rang et balayez ensuite l'assemblée des yeux, méthodiquement, jusqu'aux premières rangées, devant vous.» Il me captiva: s'exprimer de façon posée face à un auditoire, en restant à l'aise, maître de soi, concentré sur l'objectif. Je me suis toujours employé à suivre à la lettre ses recommandations.

Je les ai souvent mises en pratique. De nombreuses sociétés font appel à moi, depuis les années 1990, pour participer à des conférences sur le thème du management. Elles souhaitent que je fasse partager mon expérience du milieu sportif, et de la conduite des hommes, pour dynamiser leurs équipes commerciales. J'ai accepté, dès le départ, en m'engageant à faire don de mes cachets à l'Association des paralysés de France. Ils se montaient au début à 5 000 francs, puis ils passèrent à 10 000 francs, et plus. L'Association pour la recherche contre le cancer me sollicita un jour pour tourner un film mais, au dernier moment, un ami m'alerta : son président, Jacques Crozemarie, allait connaître, selon lui, de très gros ennuis et il valait mieux que je renonce à ce projet. Je suivis son conseil et je n'eus pas à le regretter, compte tenu des événements. Je me suis engagé, quelques années plus tard, auprès de Mécénat Chirurgie cardiaque, chacune de mes prestations auprès des entreprises s'élevant alors à 120 000 francs ! Il m'arrive aujourd'hui encore d'être sollicité pour me produire, plusieurs heures durant, face à des assemblées de salariés ou de représentants commerciaux. Je l'avoue bien volontiers : c'est une activité vraiment intéressante dans laquelle je me sens l'aise.

Chroniques et caméra cachée

En tant qu'entraîneur d'Auxerre, je suis toujours resté attentif à ce que *L'Yonne républicaine*, qui vendait environ 45 000 exemplaires par jour dans la région, parle en permanence de notre club. J'avais rencontré en 1964 le directeur du journal, Louis Clément, qui avait porté les couleurs de l'AJA plus jeune, afin de le supplier de nous donner davantage de place dans la semaine. « Eh bien, vous n'avez qu'à écrire vous-même ! Prenez la plume et nous vous publierons », me répondit-il en signe de défi. J'acceptai de le relever. Deux ou trois fois par semaine, je me déplaçais au siège du journal où la direction m'offrait l'hospitalité le temps d'écrire mon article. Je m'installais sur le coin d'un bureau et je rédigeais mon papier, non signé, en révélant quelques informations et en parlant de moi à la troisième personne! Sans brosse à reluire: je ne refusais pas de constater nos difficultés lorsque tel était le cas, mais j'ouvrais toujours la porte en évoquant l'idée d'un mauvais passage qui ne s'éterniserait pas. Ma collaboration, totalement gracieuse, dura cinq années. Aujourd'hui, je dispose d'une chronique hebdomadaire – qui est payée 5000 euros, au profit de la Ligue contre le cancer. J'y parle très peu du club de football d'Auxerre, je préfère m'intéresser à d'autres villes de la région et à d'autres sports.

J'ai toujours considéré France 3 Bourgogne comme un autre partenaire essentiel de l'AJA. Depuis notre accession en championnat de France amateurs, la chaîne a filmé tous nos matchs, au début avec une seule caméra et un seul homme aux manettes. Il était situé juste en face de la tribune principale et, chaque quart d'heure, il quittait son poste de réalisateur pour descendre boire une rasade de chablis à la buvette. Le manège était immuable. Son verre était prêt, il l'attendait. Il n'avait plus qu'à s'en saisir. Nous avons toujours eu l'élégance de ne pas marquer de but lorsqu'il s'y trouvait. Je m'en suis longtemps amusé: il était le seul Bourguignon à n'avoir jamais raté un seul but…

Quand TF1 a obtenu l'exclusivité des droits de retransmission du football à la fin des années 1970, FR3 se retrouva reléguée sur la touche, ce qui était, de mon point de vue, difficilement admissible. J'estimais que la chaîne nous avait permis de pénétrer dans les foyers de nos clients, dans l'ensemble de la Bourgogne, en diffusant les images de notre club et les publicités de nos sponsors. Nous leur devions beaucoup et il n'était pas question de les laisser tomber au moment où les cartes étaient redistribuées. Pour s'assurer du respect de son nouveau règlement audiovisuel, la Ligue dépêcha des contrôleurs dans tous les stades de Première division afin de filtrer l'entrée d'éventuelles caméras jugées indésirables. Sauf qu'à Auxerre, j'avais mis au point un stratagème : la caméra de FR3 était cachée dans mon bureau dès la veille des matchs. Au dernier moment, je la faisais sortir afin qu'elle soit fixée sur un trépied et que le caméraman puisse ainsi entrer en action. Curieusement, personne ne songea à nous dénoncer. Comme quoi les plus grosses ficelles peuvent parfois passer inaperçues.

Le premier match de Coupe d'Europe de notre histoire, en septembre 1984, eut pour cadre Lisbonne, où nous rencontrions le Sporting Portugal. FR3 Bourgogne, qui disposait de moyens budgétaires limités, effectua néanmoins le déplacement, pour rendre compte de l'événement. La veille de la rencontre, la bagarre s'enclencha avec les autorités locales : aucune caméra n'était tolérée dans l'enceinte du stade ! Elles ne plaisantaient pas : leur volonté était sans appel, et il fallut ruser pour la contourner. Le jour du match, quelques minutes avant d'effectuer l'ultime échauffement sur le terrain, j'avais vidé le sac de survêtements, que je distribuai aux joueurs à leur grande surprise. Je mis la caméra à l'intérieur et, le sac à la main, l'air de rien, j'avais parcouru les quatre-vingts mètres qui me séparaient de la tribune où les journalistes de FR3 m'attendaient, comme convenu. Ils récupérèrent leur outil de travail et, au beau milieu des spectateurs portugais, sans jamais susciter l'attention ni se faire remarquer, ils purent filmer les principales actions du match. Quand mon sentiment d'injustice est plus fort que le règlement écrit, je donne libre cours à mon sentiment. Et ce fut le cas ce jour-là.

Lorsque le calendrier nous rapprochait des semaines de Coupe d'Europe, je mettais un point d'honneur à soigner la communication au sens large du terme. Il en allait de l'image du club à l'étranger, et de la mienne. Je consacrais beaucoup de temps à l'accueil de la presse. Je n'oubliais pas qu'elle nous apportait de la richesse. Car la notoriété, c'est aussi de la richesse !

Il m'arriva aussi, je le confesse bien volontiers, d'entrer en conflit avec quelques journalistes, dont l'attitude m'avait déplu. J'ai par exemple « suspendu » Hervé Mathoux pendant six mois parce qu'il avait commis un sujet à charge contre William Prunier dans « Téléfoot ». Il l'avait accusé d'avoir matraqué l'avant-centre de Monaco, Jurgen Klinsmann, pendant tout un match, que nous avions d'ailleurs perdu 4-0. La sanction tomba aussitôt, mais j'abrégeai sa peine. Quelques années plus tard, je me suis retrouvé en sa compagnie à l'Euro 1996, où nous faisions équipe pour TF1 !

Je demandais aussi aux journalistes de questionner mes obscurs, mes vieux soldats qui se battaient à chaque match, et dont on ne parlait jamais dans la presse. Ils ne s'intéressaient qu'aux vedettes ! Je me souviens d'un journaliste de TF1 qui voulait une interview de Djibril Cissé. Je lui avais répondu d'accord, à condition qu'il interroge aussi celui qui avait été, à mes yeux, le meilleur homme du match, un joueur discret.

Une fois, je m'en suis pris à un jeune journaliste de *But* : il venait de mettre dans la tête d'un de mes joueurs qu'il n'était pas assez payé. Alors qu'il devait bien gagner quinze fois plus que lui ! J'eus un brusque accès de colère à son encontre : « Fous-moi la paix et ne reviens plus jamais ici ! » Au final, j'eus pitié de lui, et les portes lui furent rouvertes. Vincent Machenaud, lui, avait titré son article « L'abominable GR », dans *France Football.* Ça avait chauffé, entre nous deux. Mais ces franches engueulades avaient le mérite d'instaurer des relations plus fortes entre le journaliste et moi. Je ne les regrette pas.

Ce que je ne supportais pas, en revanche, c'était de découvrir dans la presse, les jours de match, des interviews de mes joueurs qui proclamaient leur désir de quitter Auxerre et d'être transférés dans des clubs plus rémunérateurs. Je savais bien que le métier de journaliste commandait de ne pas se soucier du moment où les articles étaient publiés, du moment qu'ils faisaient parler et qu'ils suscitaient des commentaires. Mais j'avais bien le droit de me plaindre. Je ne me gênais d'ailleurs pas, et personne ne pouvait m'en dissuader.

À l'écoute du duo Roland-Larqué

Ma vie médiatique bascula en 1984 quand, à l'arrivée d'une étape de la course cycliste Paris-Nice dans la région auxerroise, Jean-Michel Leulliot, alors patron des sports de la première chaîne, m'invita à intégrer sa jeune équipe de journalistes le temps de l'Euro que la France organisait sur son territoire. Je venais de disputer ma première Coupe de l'UEFA avec Auxerre. Je commençais tout juste à être connu du public et, si je m'imaginais plutôt intervenir à la radio, j'avais estimé qu'il serait judicieux de ma part d'accepter cette proposition. Curieusement, Jean-Michel Leulliot ne me proposa pas un statut de consultant et ma tâche consistait à réaliser un sujet technique quotidien pour « Téléfoot » qui, pendant toute la durée de la compétition, était diffusé chaque midi en direct.

Je me déplaçais un peu partout en France en compagnie d'un caméraman et d'un monteur, et je rapportais tôt le matin un petit reportage inspiré par ce que j'avais pu observer dans un stade la veille au soir : les tacles allemands, le jeu par les ailes des Danois, ou encore le portrait d'Enzo Scifo, un jeune espoir belge qui fit un bout de chemin par la suite – à Auxerre notamment. J'enregistrais mes commentaires par-dessus les images. Pour un novice comme moi, c'était ardu. Ardu, mais passionnant. Pendant trois semaines, je n'ai pas eu le temps de souffler ! Cette expérience, plutôt réussie de mon point de vue, ne fut pas sans lendemain.

Deux ans plus tard, pour la Coupe du monde organisée au Mexique, TF1 m'accrédita et projeta de m'intégrer à une deuxième équipe de commentateurs. Mais une réaction de mécontentement à caractère corporatiste provoqua des secousses en interne et me priva d'accès à l'antenne. Je fus donc réduit à l'inactivité médiatique, sauf une fois lorsque la délégation de la télévision belge me réserva une place auprès d'elle pour commenter France-RFA, en demi-finale. Lorsque Brehme arma son tir sur le coup franc qui permit aux Allemands d'ouvrir le score, j'ai cru devoir intervenir : « Attention à la frappe dans le soupirail ! Il y a un espace sur le côté droit du but. C'est le mauvais côté de Joël Bats ! » Je le connaissais tellement bien, pour l'avoir entraîné pendant quatre ans à Auxerre ! Nous avions des débats éternels, tous les deux. Pour stopper les frappes des attaquants adverses, il détendait souvent son bras opposé pour avoir davantage d'élan ; je lui disais qu'il fallait plutôt allonger le premier bras car il allait plus loin pour détourner le ballon. « Il va mettre le ballon dans le soupirail... » Ça n'a pas loupé : ma crainte trouva une justification immédiate au tableau d'affichage. RFA 1 France 0. J'ai été l'inventeur de ce terme un peu spécial de « soupirail » car, chez mon grand-père, il y en avait un. Un jour, un résistant, qui était venu se cacher dans sa maison, se sauva précisément par ce soupirail, à l'arrivée des militaires allemands qui le cherchaient. C'est un mot qui, pour moi, revêt une signification particulière.

Je situerais mes véritables débuts comme consultant en 1990. Cette année-là, Jean-Claude Dassier, le directeur des sports de TF1, décida de m'associer à Frédéric Jaillant pour composer, après le tandem Thierry Roland Jean-Michel Larqué, une autre paire pour le Mondial en Italie. Je ne savais pas trop comment me positionner dans mes commentaires. C'est pourquoi je pris le soin d'observer Jean-Michel et Thierry pendant trois matchs avant de me lancer dans le grand bain. Un peu à l'écart, mais près d'eux, je les avais écoutés, je mesurais leur degré de complicité, et guettais leurs tics de langage. Je n'avais rien raté d'un mode de fonctionnement qui pouvait faire école. Grâce à eux, je me fis une idée précise de mon rôle. J'en avais déduit que le journaliste devait être le patron du tandem, parce que, même dans une équipe de deux, il faut toujours un numéro 1. Et que le consultant, lui, devait être un éditorialiste permanent. Pour résumer, le journaliste s'acquitte du descriptif et le consultant éclaire le téléspectateur. Pas sur la belle-mère de l'avant-centre comme certains le font parfois, mais sur des aspects techniques ou tactiques du match. Ses propos interviennent si possible en dehors de l'exposé basique, quand il y a des moments de respiration ou quand le ballon sort. Jamais dans le feu de l'action.

Ma première expérience au micro fut un ratage complet. Je voulais tellement m'imposer, je cherchais tant à en dire, que j'avais oublié de laisser un espace d'expression à Jaillant. Jean-Claude Dassier m'en fit le reproche lors du débriefing. La fois suivante, je m'étais tenu volontairement en retrait, beaucoup moins disert – trop peu au goût de mon patron. À un moment, j'entendis Dassier crier dans le casque : « Mais il est où Guy Roux ? Il est parti ? Il est à la buvette ? » Il fallut ajuster nos interventions, entre Jaillant et moi, et trouver ensemble la bonne mesure. Au fil du temps et des retransmissions, tout s'arrangea.

Jean-Claude Dassier fut toujours très attentif à mon expression, comme le sera plus tard Charles Villeneuve. Il m'apprit beaucoup : la longueur des phrases, la respiration, l'attitude, la gestuelle. D'une grande pédagogie, il se comportait comme un chef paternel auprès de ses équipes, dont il se sentait très proche. Au besoin, il savait manier l'humour pour les faire avancer. Il me permit de vivre une histoire étonnante. Le samedi 16 juin, je commentais Brésil-Costa Rica, à Turin. Le match débutait à 17 heures, or je voulais absolument assister, le soir même, à 21 heures, au match qui opposait l'Angleterre aux Pays-Bas à Cagliari. La première grande affiche de la Coupe du monde 1990. Une mission *a priori* impossible mais nous pouvions bénéficier de l'avion privé que TF1 avait mis à notre disposition pendant la compétition. Et ça changeait tout.

J'avais demandé au taxi qui nous avait amenés au stade de venir nous récupérer à 19 heures pétantes. Il refusa, prétextant qu'il y aurait trop de monde dans les rues et qu'il lui serait impossible de passer. Je pris alors de ma poche l'équivalent de 1 000 francs en lires : « Et pour ça, tu viens me chercher ? » Sa réponse ne se fit pas attendre. « Bon, d'accord, d'accord, je vais m'arranger… » Je déchirai alors la liasse de billets en deux et lui en donnai la moitié. « Si tu es là à 19 heures, comme prévu, tu auras l'autre moitié. » Évidemment, il ne rata pas le rendez-vous. À 19 heures, on sautait dans son taxi. Il nous transporta dare-dare à l'aéroport de Turin, où nous attendait l'avion de TF1. On se posa à Cagliari à 20 h 20. Tous les accès de la ville étant bouchés, un chauffeur de taxi nous assura qu'il serait impossible d'arriver au stade avant 21 heures, à moins d'emprunter le couloir mis à la disposition des officiels de la Fifa et des véhicules de sécurité depuis l'aéroport. Comme j'étais bien habillé, avec une belle veste et une chemise impeccable, je l'avais convaincu de prendre le couloir et de foncer en mettant les warnings. J'étais à l'arrière, exhibant une carte prise au hasard dans mon portefeuille – je crois que c'était celle d'entraîneur – par la fenêtre, tout au long du trajet. Personne ne nous arrêta, pensant que nous étions dans la caravane des officiels. Il roula à 120 kilomètres à l'heure et, à 20 h 40, j'étais assis en tribune de presse, prêt pour le choc entre Anglais et Néerlandais ! Un coup fameux. Jaillant n'en revenait pas.

Au total, de 1984 à 2005, j'ai dû commenter une bonne centaine de matchs internationaux et une trentaine de Ligue des Champions pour le compte de TF1. Ce fut, pendant plus de vingt ans, une union sans nuage, avec des contrats extrêmement corrects qui, pour un homme de la campagne comme moi, représentaient même beaucoup d'argent. Mais notre collaboration prit fin lorsque Canal+ frappa à ma porte. La chaîne cryptée me faisait des avances car je venais de prendre la décision, irrévocable, d'arrêter ma carrière d'entraîneur. Cyril Linette me proposait d'intégrer son équipe pour assurer les commentaires des matchs de Ligue 1, dont elle détenait les droits exclusifs.

Jean-Claude Dassier n'étant pas habilité à résilier un contrat que son patron avait signé, il m'invita à prendre rendez-vous avec Patrick Le Lay pour négocier avec lui. Je savais que le président de TF1 était un homme ponctuel, j'avais donc pris mes précautions. Convoqué à 11 h 55 dans son bureau, je me trouvai à 11 h 45 dans celui de son assistante, de peur d'être en retard et de contrarier mes chances d'obtenir ce que je venais chercher. À l'heure dite, mon propos fut sans détour.

« J'ai passé vingt et une années formidables avec vous, sans aucun accroc, sans un loupé, sans une remontrance, et je tiens à vous en remercier. Je vous demande aujourd'hui de me libérer car Canal me propose de suivre le championnat de France chaque semaine et, cette offre, je n'ai pas envie de la refuser. Ce n'est pas une question d'argent. Je ne viens pas vous voir pour faire monter les enchères, pas du tout. Mais au lieu de rester chez moi le samedi, et de prendre le risque de m'ennuyer, j'irai au stade.»

«Écoutez, j'ai apprécié, moi aussi, notre collaboration, mais ce que vous me demandez m'embête beaucoup. Canal+ est devenu notre concurrent pour la retransmission des épreuves sportives, particulièrement celles de football...»

«Mais rendez-vous compte, monsieur Le Lay: trente-huit journées de championnat, c'est trente-huit samedis où je vais pouvoir me déplacer dans les stades pour voir des matchs de football, et en parler aux téléspectateurs. C'est ma vie, il faut que je reste dans ce monde-là.»

«Bon d'accord, je n'ai pas l'intention de vous en priver. Vous repasserez voir mon assistante dans quelques jours pour l'annulation de votre contrat.»

Je quittai le bureau de Patrick Le Lay avec le sentiment d'avoir dialogué avec un homme de grande classe.

Un autre canal d'expression

Le jour où j'ai paraphé mon accord avec ma nouvelle équipe, je me suis aperçu que le responsable des sports de Canal, Alexandre Bompard, avait tout juste la moitié de mon âge. Cette constatation n'était pas banale. J'en avais éprouvé un certain étonnement. Je le connaissais un peu car il se trouvait avec Alain, son père, alors président de l'AS Saint-Étienne, lorsque le sort des Verts se joua au conseil d'administration de la Ligue, dans l'affaire des faux passeports, en 2001. Contrairement à ce que souhaitaient la plupart des présidents de club, Gérard Bourgoin, alors président de la Ligue, refusa de les disqualifier et de les envoyer en Deuxième division, pour les punir. Je partageais son avis et, après un débat assez âpre, nous avions réussi à prononcer une sanction beaucoup moins radicale : la perte de sept points au classement. Quelques minutes après la réunion, j'avais déposé les Bompard, père et fils, à leur hôtel, pour leur rendre service.

J'ai toujours entretenu d'excellentes relations professionnelles avec l'ensemble du personnel de Canal+, les directeurs comme les journalistes. J'étais conscient, lorsque j'étais en exercice à Auxerre, que je leur devais une partie de mon salaire d'entraîneur. J'avais mes règles de fonctionnement, comme celle de refuser les interviews à la mi-temps, mais j'ai toujours essayé de me montrer coopératif après les matchs, même en cas de défaite. Ce que beaucoup ne savaient pas, c'est que j'avais forgé mes premières armes de commentateur, dans les années 1980, au côté de Charles Biétry pour un France-Espagne Espoirs à Auxerre. Je m'en souviens pour avoir eu un mot malheureux à l'encontre de Marc Bourrier, l'entraîneur des Bleuets, qui m'en fit ensuite le reproche. J'avais critiqué l'un de ses changements de joueurs sur un corner, qui avait abouti à un but espagnol. En fait, c'est l'intervention tardive d'un juge de touche qui provoqua, entre nous, une brouille passagère.

Avant mon premier match « officiel », Marseille-Bordeaux, le 30 juillet 2005, je voulus m'imprégner du « ton Canal », que je savais différent de celui de la Une. Profitant d'un match de l'Euro des 19 ans, entre la France et l'Angleterre, j'avais improvisé un commentaire chuchoté dans un coin de tribune, comme un étudiant répète une dernière fois avant l'oral. Je m'étais entraîné tout seul, d'une voix à peine audible : « Les Français reprennent le dessus, ils viennent de subir une pression physique des Anglais avec des balles hautes, du *kick and rush*, mais ça fait deux fois qu'ils ressortent la balle à terre. La première fois, ils ont fait trois passes, la seconde, six. Ils arrivent plus vite devant le but, il y a du progrès, et ça nous laisse espérer un bon quart d'heure. » Je savais qu'il me faudrait adapter mon commentaire car je m'adresserais désormais à des abonnés passionnés qui, dans 90 % des cas, avaient payé pour voir des matchs de football. Il fallait être plus précis dans l'analyse technique du jeu. Je m'y soumis sans problème, tout en écoutant les recommandations qui me furent adressées par Cyril Linette et ses collègues journalistes : « Lorsque le match est mauvais, n'ayez aucun scrupule à le dire ! » Globalement, je les ai respectées, tout en veillant à ne pas trop égratigner mes collègues entraîneurs. Je ne voulais pas être une cause supplémentaire de leurs tourments, principalement pour ceux dont les équipes se trouvaient en bas de classement. L'épisode fâcheux avec Marc Bourrier est resté longtemps dans mon esprit.

Depuis que la Ligue a procédé à une redistribution des droits TV du championnat de Ligue 1, je ne suis plus autant sollicité par Canal. J'ai ressenti un manque terrible, que j'ai dû surmonter avec le temps. Prendre ma voiture le samedi matin, emprunter l'autoroute déserte d'Auxerre à Paris, écouter la radio jusqu'à Orly, me garer en sous-sol, décoller pour Marseille, Nice ou Bordeaux, partager un repas avec toute l'équipe de Canal, satisfaire à une sieste avant la collation, le départ au stade, la discussion d'avant-match avec les acteurs, l'installation dans la tribune, le match, les commentaires, l'après-match, le retour à l'hôtel, le dîner, puis le chemin inverse en direction d'Auxerre. C'était exigeant physiquement, mais j'ai tellement aimé mes week-ends pendant sept ans !

Je dispose encore d'une fenêtre d'exposition une fois tous les quinze jours dans l'émission « Les Spécialistes », sur Canal+ Sport, où chaque intervenant campe le rôle qui lui convient le mieux. Moi, je ne joue pas au méchant, ni au critique systématique. Je ne sais pas faire. Je pouvais être d'une grande fermeté dans mes jugements, avant, quand je partais au combat avec mon équipe pour la conquête d'une victoire. Là, ce n'est plus le cas. J'ai plus de distance et de recul.

En revanche, égratigner les joueurs déviationnistes ou les clubs riches, ça ne me gêne pas. Je peux, par exemple, ne pas être tendre pour les « sorteurs », les Yann M'Vila et ses trois copains qui profitèrent d'un match de l'équipe de France Espoirs au Havre pour faire le mur et passer toute une nuit en discothèque à Paris. Ayant été trompé tout au long de ma carrière d'entraîneur par certains joueurs qui en ont fait autant, je ne résiste pas aujourd'hui à l'envie de taper durement. Un autre sujet m'inspira, lors de la saison 2012-2013. Quand Zlatan Ibrahimovic et David Beckham restaient sur le terrain six minutes après le coup de sifflet final, pour discuter avec ferveur avec les arbitres, sinon pour les engueuler, je m'interrogeai sur un ton faussement naïf, dans le studio : « L'aurait-on permis à trois obscurs joueurs de Troyes ? » Je me suis aussi lâché en ironisant sur les 42 millions d'euros dépensés par le PSG pour obtenir le transfert d'un joueur argentin tout juste remplaçant dans sa sélection nationale, et encore, quand il est convoqué ! Ou je me suis moqué de la tactique dite de l'arbre de Noël d'Ancelotti : « À quand celle de l'œuf de Pâques ? », avais-je demandé, faussement candide. Canal+ est une chaîne payante : il faut aller chercher le sourire de l'abonné, et lui en donner pour son argent.

J'ai entraîné en Première division pendant vingt-cinq ans, j'ai dirigé mon équipe pendant 100 matchs de Coupe d'Europe, j'ai été secrétaire et président des entraîneurs pendant vingt-trois ans… Alors, je crois pouvoir affirmer que, sans le concours de la télévision, le public me connaîtrait. Mais il me connaîtrait beaucoup moins, c'est certain. Les plateaux avec Roger Zabel lors des grandes soirées de Ligue des Champions sur une chaîne de la dimension de TF1, mes apparitions dans diverses publicités et mes neufs années à Canal+ ont beaucoup contribué à ma notoriété. Car, en pénétrant chez les gens par la petite lucarne, on entre aussi en grand dans leur vie.

Quand les dames, jeunes ou moins jeunes, me sollicitent pour un autographe, elles m'assurent que j'ai la même tête qu'à la télévision ou que je suis même mieux en vrai. Moins bien, ça, elles n'osent pas me le dire…

23

Fils de pub

Pionnier, avant les champions du monde

Je n'ai refusé qu'une seule proposition de tournage publicitaire dans ma vie. Elle émanait d'une agence spécialisée qui me fit pourtant miroiter un contrat extrêmement rémunérateur. À l'origine, Éric Tabarly avait été choisi pour incarner le personnage principal du film, mais il venait tout juste de disparaître en mer et il fallait très vite lui trouver un remplaçant. J'étais celui-là ! Or, ce rôle de remplaçant ne me convenait pas : toute la France aurait su que la publicité devait mettre en scène Éric Tabarly et que Guy Roux avait finalement pris sa place. Moralement, ça ne me convenait pas du tout. Une raison supplémentaire motiva ma fin de non-recevoir : la publicité vantait les atouts… d'une assurance obsèques ! Le sujet ne me plaisait pas non plus. Je n'avais donc pas donné suite.

Avant même que les footballeurs, sacrés champions du monde en 1998, n'envahissent les écrans de télévision ou les affiches, à l'image de Zinedine Zidane, égérie de Dior et de Generali, de Fabien Barthez croqueur de Petit Écolier et de Big Mac, de Bixente Lizarazu, amateur de Petit Beurre, de Marcel Desailly, oreille vissée au portable SFR, ou encore de Youri Djorkaeff, tartineur de Nutella, mon occupation du terrain publicitaire avait déjà rencontré quelques succès. Je n'étais certes pas un pionnier mais j'avais démarré « dans le métier » bien avant eux !

Dès la fin des années 1980, Uhlsport m'avait établi un contrat particulier unique en son genre puisque j'étais le seul entraîneur, en France, à en bénéficier. L'équipementier allemand, spécialisé, au départ, dans le paquetage pour gardiens de but, proposa d'apposer mon nom sur les ballons, moyennant évidemment rémunération. Son offre, originale, reçut mon agrément. Peu de temps après, Noël Le Graët, président de la Ligue nationale, décida que les clubs de Première division seraient équipés par Adidas. Et seulement par Adidas. Il était hors de question que je me plie à cette mesure, qui pouvait condamner mon contrat personnel. Ma réplique fut immédiate. Je fis floquer un immense sigle Uhlsport de 30 centimètres de haut sur mon survêtement. Comme les caméras de télévision me cadraient souvent en gros plan, debout devant mon banc de touche ou au centre du terrain pendant l'entraînement, les téléspectateurs croyaient que l'équipementier d'Auxerre n'était autre qu'Uhlsport. Loin de moi l'idée de les contredire !

Un autre type de problème se posa à moi des années plus tard. Airness, qui se lançait dans le monde du football, équipa Auxerre à la condition expresse que je signe, parallèlement, un engagement individuel de trois ans. Tout se passa bien jusqu'à ce que je quitte Auxerre pour rejoindre Lens que… Nike sponsorisait. Or, une des clauses de mon contrat avec Airness stipulait que je ne pouvais pas me lier avec une autre marque avant qu'il n'arrive à échéance. À chacune de mes apparitions publiques, j'avais donc plaqué un sparadrap sur le logo de Nike, au risque de provoquer des réactions acides, de part et d'autre. Elles ne manquèrent pas de s'exprimer.

Des engrais, de l'eau, des voitures...

La première publicité filmée dont je fus le personnage principal date de 1998. Elle concernait la promotion d'un engrais pour gazon, le Compo Floranid. C'est l'agence Aprime Communication qui pensa à moi. Selon elle, j'étais l'entraîneur emblématique de la campagne, bien inséré dans un environnement rural – ne me faisais-je pas traiter de paysan à chacun de mes déplacements au Parc des Princes ou à Marseille ? Un premier atout qui faisait de moi le « communicant » idéal. Mais ce n'était pas tout : je parlais très souvent de la qualité des pelouses dans les stades – ce qui a toujours été pour moi une vraie préoccupation. On me voyait parfois remettre une motte de terre en place, ou un râteau à la main pour égaliser le terrain ou chasser de mauvaises herbes. Je ne jouais pas un rôle, je ne forçais pas ma nature, j'ai toujours été attentif à l'entretien de notre outil de travail. C'est ce qui avait beaucoup plu à la société allemande : ma crédibilité.

Le texte que je devais réciter ne présentait aucune difficulté majeure : je louais les mérites d'un produit qui transformait une pelouse en « un vrai tapis bien vert, bien résistant ». Le tournage dura pendant deux jours pleins, une partie dans le stade d'Auxerre, l'autre dans le jardin de mon ami Claude Laguillaumie à Appoigny, pour un spot qui, à l'écran, n'excéda pas trente secondes ! Le scénario était somme toute assez banal mais le mot même de Compo Floranid, assez musical quand on le prononce, fut vite repris en boucle, notamment par les jeunes. C'était bon signe : la preuve que la publicité fonctionnait et qu'elle pénétrait dans la tête des gens. Conforté par un succès aux retombées commerciales évidentes, le producteur d'engrais fabriqua des silhouettes en contreplaqué de deux mètres de haut me représentant avec une boîte d'engrais dans les mains, alors que je ne mesure qu'un mètre soixante-seize. J'étais si impressionnant que ma belle-mère buta un jour sur l'une d'elles dans une jardinerie de Limoges en faisant ses courses! Elle en fut toute retournée.

C'est en me voyant distribuer à tour de bras des bouteilles d'eau à mes joueurs, lors d'un match de championnat Auxerre-Lorient, que le groupe Roxane eut l'idée de faire appel à mes services pour une grande campagne télévisée en faveur de Cristaline. Le spot, diffusé en 2004, tenait en douze secondes pendant lesquelles je faisais «l'article»: «Cristaline, ça coule de source...» Depuis, chaque fois que j'assiste à un tournoi de jeunes ou à une kermesse, les gamins n'oublient jamais de chanter à mes oreilles: «Elle est bonne, la Cristaline...» C'est un excellent moyen personnel de juger du degré de pénétration et d'efficacité d'une publicité. Je ne sais pas si c'est encore le cas mais, à l'époque, elle détrôna Évian de la plus haute marche du podium, en volume. Vendue moins cher, elle collait assez bien à mon image. Des vieux dans mon genre, avec ma frimousse, capables d'amplifier les ventes, comme disent les publicitaires, c'est plutôt rare.

Ce monde publicitaire est très spécial. Pour s'y faire une place, rien ne va de soi. Vous avez, d'abord, une société qui sollicite une agence, l'agence qui élabore ensuite un projet et vous contacte. Mais vous avez aussi dans la boucle un producteur, un réalisateur et ses assistants, des preneurs de son, des comédiens... Une longue chaîne où chacun a un rôle à jouer. Sur le lieu des prises de vues, vous devez faire preuve d'une patience d'ange, le temps que l'ensemble du dispositif se mette en place et s'ordonne. J'en discutais avec Éric Cantona, dont la patience est à peu près inversement proportionnelle à son talent. Le calme et le flegme n'ont jamais figuré parmi ses qualités premières lorsqu'il jouait au football et je lui avais demandé, un jour, comment il arrivait à maîtriser son caractère pour tourner des scènes au cinéma ou pour des publicités. Sa réponse fusa, telle une reprise de volée : « Comme je suis un travailleur, je considère que tous ces moments d'attente représentent du travail ! » Il s'en tint là. Il n'y avait rien de plus à ajouter.

J'ai eu l'occasion de découvrir et d'apprendre beaucoup de choses au cours des différentes productions auxquelles j'ai participé. Par exemple quelques « règles sociales de base » qui, avant, me passaient complètement au-dessus de la tête. Un jour, l'équipe de réalisation de Pierre Salvadori tournait un film publicitaire pour le compte de Citroën en Picardie. Le temps était épouvantable, la pluie se mêlait au froid et, dans la plaine ouverte à toutes les intempéries, le vent s'engouffrait le long des rangées de voitures. Un léger soleil d'automne osa se montrer une ou deux fois, pas plus, sans pour autant réchauffer l'atmosphère, glaciale. Chacun s'affairait dans son coin quand une voix s'éleva.

« Stop, on arrête tout ! Déjeuner ! »

J'interrogeais mon voisin.

« Pourquoi on ne continue pas ? La nuit va vite tomber, profitons-en avant qu'on ne puisse plus rien y voir. »

« On arrête parce que c'est la pause syndicale. Il est 13 heures. Tout le monde va déjeuner. »

« On pourrait profiter de la brève éclaircie… »

« C'est la pause, je te dis ! »

Le déjeuner fut rapidement avalé mais, le temps de digérer et de se remettre en action, de gros nuages lâchèrent des trombes d'eau sur nos têtes. Le réalisateur fut contraint d'installer des filtres sur les caméras, pour éviter les gouttes et la buée. Comme dirait Cantona, la pause fait partie du travail, donc des risques du métier.

Une autre fois, je demandai à un camionneur au volant de son poids lourd remorquant des Citroën : « Excusez-moi, vous l'avez trouvé où votre chariot ? » Il nous fallut près de trois heures avant d'avoir la bonne prise. Trois heures à débiter la même phrase, je peux vous assurer que c'est vraiment très long ! Et vu l'air idiot que mon partenaire affichait, j'étais persuadé d'avoir affaire à un demeuré ! Au moment du déjeuner, on dialogua.

« Que faites-vous dans la vie ? Vous êtes acteur pour la publicité ? »

« Oui, ça m'arrive parfois. Sinon, je suis responsable d'un théâtre en Normandie... »

J'étais sidéré. Et même épaté ! « Mon » camionneur était en réalité tout le contraire d'un crétin et pourtant, pendant une matinée entière, il avait réussi à se faire passer, auprès de moi, pour le nigaud de service. Bravo au professionnel de la mystification, belle malice !

Il ne me déplaît pas de jouer la comédie même si je pense ne pas être suffisamment doué pour interpréter autre chose que les petits rôles que l'on me confie. Il faut être très concentré, avoir l'œil à tout, bien écouter les conseils des metteurs en scène. Je m'arrêtais parfois pour découvrir les rushes et prendre la mesure de nos travaux. On me disait souvent : « Allez, Guy, c'est parfait ! » Je croyais en avoir terminé, mais on enchaînait : « Guy, encore une petite séquence pour assurer le coup ! » On repartait alors pour une nouvelle série de cinquante prises ! Mais je ne rechignais jamais à la tâche. Au fond, je crois bien que j'aimais ça. Et puis j'avais « vendu » l'utilisation de ma personne pour la réalisation d'une histoire. Je devais m'appliquer au maximum pour répondre à l'attente placée en moi. Tant qu'on ne me disait pas d'arrêter, je continuais! J'étais aux ordres.

Et ça marchait. Fin 2001, Citroën boosta ses soldes de fin d'année, qui s'étalèrent pendant quarante jours chez tous les concessionnaires de la marque, entre novembre et décembre. Le hasard voulut que cette période corresponde à mon immobilisation après mon opération au cœur. Lorsque *Stratégies*, le magazine de «l'économie de la communication et des médias», publia son enquête annuelle sur les pubs préférées des Français, je savourai les résultats, sur mon lit de convalescent. Les joueurs de l'équipe de France n'avaient pas fait d'étincelles, au contraire de leurs exploits répétés sur les terrains. Aucune publicité dont ils avaient été les vedettes n'apparaissait dans le haut de la hiérarchie. En revanche, ma contribution pour Citroën fut classée onzième en termes d'agrément, et, surtout, deuxième en termes d'impact! De quoi me remettre d'aplomb!

Je suis, à ce jour, l'unique «acteur» à avoir collaboré au tournage de trois publicités télévisées pour le compte de Citroën. Avec un seul regret: je devais être associé à Claudia Schiffer pour un tournage mais la célèbre mannequin étant enceinte, elle dut finalement renoncer.

Après m'avoir vu dans plusieurs publicités exercer mes rôles de composition, Gérard Depardieu me suggéra de franchir le Rubicon.

«Mon Guy, viens tourner avec moi. Je te mets dans mon prochain film si tu veux. Je te trouve un bon second rôle, on te verra à l'écran, ça va être formidable!»

À l'époque, il figurait tout en haut de l'affiche de *Napoléon*, dont les batailles ressemblaient à une boucherie monstrueuse.

«Si c'est pour interpréter un grenadier qui se prend un boulet en pleine tête dès la première séquence du film, merci, ça ne m'intéresse pas!»

« Non, non, mon Guy, je vais te tailler un rôle sur mesure. Un beau petit rôle. Ne t'inquiète pas, tu seras content. »

Je n'ai jamais vu le début du commencement de la moindre proposition, et c'est sans doute mieux ainsi. Même si, le temps passant, je me suis piqué au jeu.

Caché dans un lit avec une jeune fille

C'est une agence qui gérait les contrats de stars plus ou moins dans l'air du temps, de Johnny Hallyday à Carlos, en passant par Georges Descrières ou Raymond Poulidor, qui me proposa l'une de mes premières publicités télévisées. Elle comptait un client à Lyon, la société Isogard System, qui commercialisait une alarme domestique fonctionnant sans fil. Dans le film, une très jolie actrice, de nationalité suédoise, me demandait si je pouvais surveiller sa maison. Je lui répondais par un « non » ferme et définitif, parce que j'allais partir en déplacement à l'étranger, avant de lui conseiller : « Mais faites comme moi, installez une Isogard ! » Le tournage se prolongea pendant deux jours, c'était une pub très soignée, qui m'ouvrit de nouveaux horizons.

J'ai appris le métier de comédien sur le tas. J'ai vite senti que j'étais capable de le mener à bien et de progresser à condition de changer de comportement. Moins ronchon et plus souriant, moins impatient et plus placide, moins froid et plus avenant, moins farouche et plus commercial : j'ai cherché à gommer quelques traits dominants de ma personnalité, y compris mon ego et mon amour-propre. Je n'ai pas eu à le regretter : de toute façon, tous ces défauts vous égarent et vous projettent sur des chemins négatifs.

Au cours de ma vie professionnelle, je n'ai jamais cessé de douter de mes capacités. Si j'ai tant travaillé depuis la Division d'honneur, si je me suis astreint à répéter inlassablement les mêmes gammes, si je suis allé partout pour observer les grands entraîneurs étrangers, si j'ai rempli mes cahiers de nombreuses notes, c'est parce que je croyais qu'il me manquait une dimension essentielle pour faire carrière dans le métier d'entraîneur : avoir été un joueur de premier plan.

C'est le travail qui m'a permis d'atteindre un niveau auquel je ne pensais pas pouvoir accéder.

La remarque s'applique à la publicité, toute proportion gardée. Mais le résultat, franchement, valait la peine que je corrige quelques-unes de mes carences.

J'ai beaucoup apprécié mon association à la campagne de Nomad, une marque satellite de Bouygues Telecom, destinée aux étudiants. Le fils de mon meilleur ami, notaire à Appoigny, travaillait comme directeur artistique dans l'agence de publicité Jean & Montmarin, en charge de ce budget. Il avait été à l'origine de ses deux premiers spots sulfureux, qui firent grand bruit. Le premier mettait en scène un jeune marié qui découvrait la véritable identité de sa femme en la voyant uriner debout ! Dans le second, une jeune épouse, au lendemain de sa nuit de noces, revêtait le peignoir n° 23, en rapport avec le nombre de femmes figurant dans le harem de son mari. L'un comme l'autre avaient frappé les imaginations, dont… la mienne !

Il me proposa un rôle dans le troisième volet de la saga, dont il était le promoteur, avec un scénario inhabituel sur le thème : « Réfléchissez bien avant de vous engager. » Je devais recadrer un jeune homme qui rêvait d'une carrière de footballeur sans avoir à fournir le moindre effort. Je me retrouvais dans mon élément : je jouais un

Guy Roux sévère, attentif à tout, qui surveille ses joueurs, y compris dans leur vie privée. En plus de mon rôle d'acteur, j'avais pour mission de conseiller le réalisateur pour une partie plus technique liée au football, qui fut filmée au centre de formation d'Auxerre.

Mannequin et plutôt beau garçon, le jeune comédien, acteur principal du spot, était assez doué dans le maniement du ballon. Le réalisateur danois capta tous ses gestes, passes, tirs, reprises de volée, jonglages, dont certains, sans toucher à l'excellence, furent brillants. Mais, avant de s'amuser sur la pelouse du stade, je lui avais fait goûter une préparation commando à la sauce auxerroise : lever aux aurores, pompes dans la boue, séance de kiné musclée…

Le lendemain, il poursuivit le tournage à Paris, sans moi, car ma présence n'était pas requise. Son maillot, son short et ses crampons remisés au vestiaire, il devait endosser un costume merveilleusement bien taillé. Avec pour objectif de séduire une superbe jeune fille avec laquelle il devait simuler un acte d'amour à l'arrière d'une limousine. Une scène chaude, quoi ! Elle s'intégrait dans le scénario plutôt osé, pour ne pas dire hardi, tel qu'il m'avait été présenté.

Mon jeune partenaire m'annonça la couleur, très sûr de lui et de son magnétisme auprès de la gent féminine.

« Demain, il paraît que je tourne la journée entière avec une Anglaise. Je vais me la faire… »

Le retrouvant quarante-huit heures plus tard dans un studio d'Aubervilliers, pour la suite du tournage, je le pris à part pour l'interroger sur sa soirée, qu'il m'avait annoncée torride.

« Alors, comment s'est passée ta soirée ? »

« Ah, vous parlez d'une soirée ! Elle n'a rien voulu entendre ! »

«Tu as fait chou blanc?»

«Elle est fiancée à un guitariste écossais. Je l'ai bien emmenée dans une discothèque mais elle a repoussé mes avances. Sympathique, la fille, mais c'était non. Elle m'a dit qu'il était inutile d'insister…»

«Tu es un manche, mon garçon, tu ne représentes pas bien la France!»

Nous avions bien rigolé, avec cette histoire, tous les deux. Un rapport complice s'était instauré entre nous.

La dernière séquence du film me conduisait dans le lit des tourtereaux, où j'étais planqué sous une épaisse couette. Je devais surprendre mon joueur et l'empêcher de succomber aux charmes de cette jolie brune. Qui était effectivement très, très belle.

«Quel âge as-tu?»

«19 ans.»

«Tu es anglaise?»

«Non, écossaise.»

J'assurais la conversation, le temps que l'équipe de production règle tous les éclairages et les derniers petits détails avant le clap de départ. La couette remontait jusqu'à mon nez. Je fixais ma «collègue» de travail.

«Et ta maman, quel âge a-t-elle?»

«39 ans.»

«Elle est aussi belle que toi?»

«Bien plus belle que moi, vous n'imaginez même pas! Mais il faut que vous sachiez une chose: mon papa est une armoire à glace.»

Et elle partit dans un grand éclat de rire communicatif. Elle n'était pas britannique pour rien: elle savait manier l'humour. Je n'avais pas manqué de pouffer de rire, moi aussi. Il fallut trois bonnes heures pour que le réalisateur estime, après visionnage répété de la scène, qu'il disposait des images idéales pour leur diffusion. Au total, le film comptait quarante-cinq plans. Un petit chef-d'œuvre, je ne crains pas de l'affirmer, qui reçut d'ailleurs un prix décerné par un jury européen.

C'est long, trois heures, surtout quand vous êtes dans un lit avec une superbe créature sans autre projet que de lui tenir compagnie en tout bien tout honneur. Mais je m'étais amusé comme un fou : quelles circonstances insolites !

Dans ce même film, je forçais ensuite mon joueur à se rhabiller dare-dare pour aller courir autour de la place Vendôme, où je l'engueulais et l'invitais à se dépêcher. « Plus vite, plus vite, avance plus vite ! Tu étais plus vif tout à l'heure… » Une punition dont il se souviendrait ! La circulation avait été bloquée une grande partie de la nuit par la préfecture, et un orage dantesque nous arrosa sur les coups de 2 heures.

Au petit jour, j'avais accepté de passer la porte d'entrée du VIP, sur les Champs-Élysées, pour y boire un verre en compagnie de l'équipe de réalisation réunie au grand complet. Ce n'est pas un lieu que je fréquentais d'ordinaire, à l'inverse de certains de mes joueurs qui y avaient leurs habitudes. Mais je fis un effort pour fêter notre fin de tournage, effort qui n'eut rien de surhumain. Même si je ne m'y éternisai pas.

Dès 9 heures, je me retrouvai devant la porte de mon bureau au stade de l'Abbé-Deschamps. L'entraînement démarrait dans une petite heure.

« Tu es la honte de tout Paris »

Du plaisir, encore du plaisir, rien que du plaisir ! Ces tournages publicitaires m'offraient de vrais moments de détente. Avec aussi un peu d'argent à la clé – il ne faut pas le nier.

Je n'ai pas discuté le tarif de mes prestations avec la jeune start-up allemande qui me sollicita pour une publicité au service du comparateur de billets d'avion vol24.fr. Je m'étais rendu à Francfort à l'invitation de son équipe de direction, composée de trois personnes assez jeunes, et fort sympathiques. La proposition financière, qui n'avait rien d'extravagant, colla avec mes prétentions. Et le chapitre fut aussitôt refermé.

Avec Citroën, en revanche, un bras de fer nous opposa durant quelque temps. Et je ne voulais pas céder. L'agence de pub du constructeur automobile, Euro RSCG Works, chargée des tractations, me proposa, au départ, un contrat représentant… un huitième de ce que j'allais finir par obtenir ! C'est dire si la distance qui nous séparait, au départ de nos négociations, était importante. J'avais marchandé pied à pied, avec force arguments. À un moment, je m'étais même emporté : « Comment ? Mon image apparaît partout : sur les abribus, dans les journaux, à la télévision. On ne voit que moi ! Et c'est tout ce que vous me proposez ? » À l'arrivée, mes honoraires semblèrent correspondre au prix du marché, tel que je me le représentais. J'estimais, sans forfanterie, avoir conclu une belle affaire. Peut-être avais-je tort…

Avec son air persifleur, Gérard Depardieu m'envoya à la figure une attaque de première.

« Mais, mon Guy, tu es la honte de tout Paris ! »

« Pourquoi ? Elle n'est pas bien ma publicité ? Elle ne te plaît pas ? »

« Elle est très bien, mon Guy, elle est très bien. Justement, c'est parce qu'elle est très bien que ton cachet est dérisoire. »

« Oh, mais je ne suis pas Depardieu, moi ! Je ne me déguise pas en curé. Je n'entends pas des voix dans une église, comme dans ta pub pour les pâtes… »

« Et alors ? »

« Alors, je suis Guy Roux, je n'ai pas la prétention d'être un acteur. J'ai ma notoriété dans le football... »

« Eh bien, justement ! Tu aurais dû toucher beaucoup plus ! Tu brades les prix, je te dis. »

Moi qui pensais avoir réalisé l'affaire du siècle, j'en étais pour mes frais, à l'écouter ! Il m'intrigua un bon moment avant que je reprenne pied dans la réalité. D'accord, un gars comme Zinedine Zidane flirte avec le 1,5 million d'euros pour chacun de ses contrats publicitaires. Mais sa renommée est planétaire et peut capter l'attention d'un milliard de téléspectateurs, au bas mot. Moi, je suis un gagne-petit par rapport à lui : je touche une dizaine de millions de personnes. Je ne peux pas non plus revendiquer le glamour de Claudia Schiffer, qui fait entrer en transe la moitié de l'humanité.

Mais qu'importe ! Ça ne me dérange pas de laisser courir le bruit, sur la place de Paris, que je ne suis pas cher. Qu'il est possible de me solliciter sans dépenser des fortunes. Ce n'est peut-être pas le meilleur argument de vente mais c'en est un.

Et je m'en tiens toujours à cette formule gagnante : mieux vaut trois publicités moyennement rémunérées mais sûres qu'une publicité très bien payée mais hypothétique. Ce sont les petits ruisseaux qui font les grandes rivières.

24

Le travail, c'est la santé

Ma phobie du chaud et froid

L'image tourna en boucle pendant de longues semaines et contribua à me ranger dans la catégorie des pères Fouettard. A-t-elle d'ailleurs disparu un jour des écrans? On me voyait râler dans la salle de presse de l'AJ Auxerre. Une équipe de télévision interviewait Djibril Cissé qui, trois ou quatre minutes après la fin d'un match, répondait tranquillement aux questions des journalistes torse nu, le maillot replié sur l'épaule. J'étais hors de moi. Son corps ruisselait encore de sueur et on ne trouvait rien de mieux que de braquer des caméras sur lui dans une pièce balayée par des courants d'air. Je l'avais pris par le bras pour le ramener vite fait à l'intérieur du vestiaire, dans un lieu fermé et chauffé.

On me reparle souvent de cette scène.

Je faisais la chasse systématique à tous mes joueurs qui, en état de sudation, restaient sur le terrain au coup de sifflet final pour livrer leurs états d'âme à des journalistes qui, eux, étaient couverts de la tête aux pieds. J'avais beau leur répéter de refuser le micro tendu, ils se laissaient prendre au piège. Car c'en était un, pour leur propre santé. Je n'ai jamais cessé d'y penser, tout au long de ma carrière. L'effort physique entraîne une élévation de la température du corps, de l'ordre d'un ou de deux degrés. Le danger est évident.

Aussi loin que ma mémoire me ramène, j'ai toujours eu la phobie du chaud et froid. Elle me vient d'un aïeul qui, dans mon village, avait succombé à une pneumonie dans des conditions singulières. Il avait transporté sa charrue sur son dos pendant deux kilomètres pour la faire réparer chez le maréchal-ferrant auprès duquel il resta pendant toute la durée de son travail. Froid d'un côté, chaud de l'autre : son organisme ne le supporta pas. À peine quinze jours plus tard, il décédait. Cet épisode douloureux pour notre famille me marqua pour la vie entière.

Un joueur en bonne santé, on se demande s'il va bien se comporter sur le terrain, ou pas. Tout dépend de ses qualités, de son moral, de son psychisme et d'autres facteurs liés au jeu. Mais un joueur malade, on se demande seulement s'il pourra jouer, ou pas. Ce n'est pas du tout la même chose.

Un entraîneur vit avec le souci permanent de la santé de ses joueurs. Et de la sienne, naturellement.

Trois cent quatre-vingt-dix kilomètres en deux-roues, un rein fissuré…

Pendant longtemps, j'ai affiché une santé de fer. Je marchais au rythme d'une demi-angine et d'un rhume par an, que je soignais avec les plantes de ma grand-mère et de l'aspirine. Je n'ai été malade que neuf jours, au point d'arrêter de travailler, jusqu'à mon accident cardiaque. C'était autant grâce à la nature qu'à la chance. Je ne commettais que des excès contrôlés et rares. À peine un bon restaurant gastronomique par an, une bouteille de vin par semaine, mais du bon. Du chablis? Seulement en cave, ou alors exceptionnellement. À table avec mes joueurs, je ne buvais que de l'eau, soit cent quatorze jours dans l'année. Je n'ai jamais fumé, si ce n'est en cachette et des cheveux de maïs, à l'âge de 12 ans. J'ai eu une vie normale, équilibrée, que j'espère encore mener longtemps.

Dans la tête, je me suis toujours senti jeune. D'abord, j'arrivais vite à évacuer la tension nerveuse créée par la compétition et le management des hommes. Si je ne grappillais que quelques heures de sommeil la nuit qui suivait les matchs, le lendemain je dormais dix heures d'affilée. J'avais aussi une façon naturelle de me ressourcer en me promenant dans la forêt. J'avais mes rites. À l'automne, des pieds de vigne plantés au XIXe siècle ressurgissaient, je mangeais du raisin. Au printemps, je savais où se trouvaient les sangliers, les biches et les cerfs. Je les débusquais. J'étais pleinement à l'aise, comme chez moi, avec mes sensations et mes repères. En deux heures, mon plus grand désespoir pouvait être oublié, et j'étais de nouveau d'attaque pour reprendre le collier.

Mon seul souci majeur de santé avait eu pour origine un match de football, sans même que je le sache! J'avais disputé un match avec mon équipe de Poitiers le 24 décembre 1957, à Périgueux, dans l'après-midi. Sur un corner, le gardien de but de l'équipe adverse me donna un vilain coup de genou dans les reins sur une sortie aérienne, provoquant chez moi un début de malaise. Je m'étais retrouvé à l'hôpital où le médecin qui m'examina décida de me garder en observation pendant quarante-huit heures. Mais il n'était absolument pas question que je reste cloué au lit. Mes copains d'Appoigny m'attendaient à quelques centaines de kilomètres de là pour le réveillon de Noël. Je ne pouvais pas leur faire faux bond.

Après avoir signé une décharge, mes dirigeants me ramenèrent dans une 203 Peugeot à Montmorillon d'où, un quart d'heure plus tard, je filais en direction de la Bourgogne sur mon scooter.

Je me souviens encore de cette traversée de la France en deux-roues, dans la nuit noire et par un froid saisissant. En parcourant les villages, j'entendais des notes de musique et des ritournelles s'échapper des maisons en fête. Ça dansait, ça chantait, ça rigolait. Il y avait des guirlandes partout et des sapins illuminés. Pour le reste, quelle galère ! À 4 h 30, au terme d'un périple incroyable, long de trois cent quatre-vingt-dix kilomètres, j'arrivai enfin pour déguster la soupe à l'oignon que mon meilleur copain, le fils du notaire du village, m'avait préparée. Elle me sembla encore meilleure que d'habitude.

J'ignorais, à l'époque, que mon rein était fissuré à cause du choc sur l'action de jeu. Mon expédition nocturne sur des routes incertaines et par un temps épouvantable n'avait rien dû arranger. Tous les trois mois, je souffrais de coliques néphrétiques. J'ai eu une alerte sérieuse pendant mon service militaire en Allemagne. Mais je refusais catégoriquement de me soumettre aux examens médicaux qu'on me poussait à faire. Je me soignais au seul Spasfon : je considérais, en effet, que rien de grave ne pouvait m'arriver. Jusqu'au jour où, terrassé par une crise terrible, je m'écroulai au sol avec 42 de fièvre.

Le matin du jour de Pentecôte 1965, Pierre Lemarchand, député gaulliste d'Auxerre, m'emmena de toute urgence à Paris dans la clinique qui appartenait au chirurgien personnel du général de Gaulle. Le Dr Montmal, son urologue, me sauva la vie. On m'enleva mon rein, qui était la cause de toutes mes douleurs et dont l'état représentait un risque important pour ma santé. Enkysté, il avait doublé de volume.

Les médecins m'avertirent: le meilleur ami du rein, c'est l'eau. «Buvez, buvez beaucoup!» Et ils ajoutèrent: «Il vous reste un rein, ne vous inquiétez pas, il fera le boulot pour deux.»

Je m'étais cru intouchable. Je ne l'étais pas.

«L'artère est bouchée, il faut opérer!»

Intuitivement, j'ai toujours pensé que je serai victime, un jour, d'un accident cardiaque. Au début des années 2000, quelques footings douloureux commencèrent à m'alerter et m'annoncèrent les prémices de mes ennuis physiques. Je me sentais de plus en plus fatigué, parfois même sans ressort, incapable de réagir, raison pour laquelle je souhaitais m'octroyer un break d'un an. Douze mois pleins pour recharger les accus. J'avais écouté divers petits signaux alarmants que mon organisme me renvoyait, et j'en étais arrivé à cette conclusion. Je dois avouer aussi que ma contrariété, à l'époque, était grande, et qu'elle pouvait être à l'origine de mes problèmes de santé.

Mon éviction de la présidence de l'Unecatef me porta un premier coup dur à encaisser. Je ruminais contre l'injustice qui me frappait. Mais c'était presque dérisoire par rapport au décès brutal de mon ancien capitaine, Serge Mesonès, terrassé par une crise cardiaque en jouant au football avec ses amis du Variétés Club de France sur le terrain de son enfance. Cette terrible nouvelle m'affecta profondément. Une semaine avant sa mort, survenue le 1er novembre 2001, nous dînions ensemble avec son épouse, et la soirée fut très amicale, comme toujours. Serge est sûrement l'homme qui m'a le plus marqué dans ma carrière. Des liens très forts nous unissaient. Avec sa disparition, je perdais le petit frère que je n'avais jamais eu. J'ai été incapable de trouver le sommeil pendant des nuits et des nuits entières. Je ne cessais de penser à lui. J'étais très perturbé. Et je l'étais aussi par les malheurs de Gérard Houllier qui subit une lourde opération de chirurgie vasculaire pendant cette même période. Nous étions très proches l'un de l'autre, même si nous pouvions nous opposer sur un certain nombre de sujets liés au football. Je m'étais inquiété de son état de santé auprès d'Alain Cayzac, son ami, qui me tenait régulièrement informé de son évolution.

Ma forme physique chancelait peu à peu et tout, autour de moi, vacillait. J'ai eu un mauvais pressentiment: je pensais, secrètement, qu'un grave pépin allait survenir et me frapper à l'improviste.

Un matin, dans la forêt de Branches, j'ai cru que ma dernière heure avait sonné. Je me suis senti soudainement oppressé et ma cage thoracique me serrait tellement que je respirais avec peine. Je me suis assis sur un tronc d'arbre pour reprendre mes esprits. Et pour m'accrocher à la vie. Je me motivais. «Tu es tout seul, si tu fais un infarctus, personne ne viendra te secourir. Calme-toi, calme-toi… Tu te calmes, et tu te relèves doucement.» Au bout de quelques minutes, mes pulsations étaient retombées à un rythme à peu près normal. Je contrôlais à nouveau ma respiration. Tout danger semblait provisoirement écarté. À petits pas, tout doucement, je regagnai ma voiture, conscient d'avoir croisé la Grande Faucheuse. Elle ne s'était pas arrêtée pour me balayer mais j'avais la claire conscience de l'avoir échappé belle.

Les grands arbres ne tombent jamais? Pas si sûr.

Quelques jours plus tard, tout se précipita.

Dans mon bureau du stade de l'Abbé-Deschamps, sur les coups de midi, j'avais reçu les représentants de la presse, venus nombreux à deux jours de notre déplacement à Lyon. Le matin, j'avais ressenti une vive douleur à la cage thoracique, suffisamment forte pour m'alerter à nouveau sur mon état de santé et pour anticiper sur-le-champ une visite prévue chez le cardiologue la semaine suivante.

La batterie de tests, dans l'établissement hospitalier d'Auxerre, dura à peine une demi-heure. Et la décision des médecins tomba, sans appel : direction l'hôpital Cochin, à Paris, en ambulance médicalisée, pour de plus amples examens et, probablement, une intervention rapide. On ne me laissa pas le choix.

Je me rappelle ma conversation avec le professeur Christian Spalding, de l'unité de cardiologie interventionnelle de Cochin. J'étais allongé, et déjà entubé.

« Vous faites une sale tête, professeur ! »

« C'est vous qui devriez faire une sale tête, monsieur Roux. »

« Pourquoi ? »

« L'artère est bouchée. Vous présentez une anomalie cardiaque. »

« Vous allez me mettre un stent ? »

« Non, non, impossible, il faut opérer. C'est trop près du cœur. »

« Pas d'autre solution ? »

« Si vous voulez, on vous opère ce soir ou demain matin. Sinon, vous courez un grand risque. »

Je ne pouvais pas me complaire dans un déni de réalité, et reculer devant l'obstacle. Un drôle de match se présentait à moi. J'en connaissais toutes les données. Il n'était pas question que je le perde.

Dans la foulée, je fus admis à l'hôpital Saint-Joseph, sous un nom d'emprunt. J'assistai, presque incrédule, au surprenant cérémonial de ma propre opération.

La préparation du corps réclame le plus grand soin, davantage que celle qui précède un enterrement. J'avais réclamé la présence de mon fils auprès de moi pour lui indiquer où se trouvaient les assurances vie et les papiers nécessaires au règlement des impôts. D'autres détails encore à régler de toute urgence, au cas où je passerais de vie à trépas. J'étais un peu dans la situation du « laboureur sentant sa mort prochaine »... François, mon fils, prenait tout ce que je lui disais en note sur son carnet et fit preuve d'un sang-froid et d'un courage formidables.

Je pris aussi le temps d'appeler Alain Fiard, mon adjoint à l'AJA, pour le prévenir que j'allais me faire opérer, pour lui communiquer le groupe des seize joueurs retenus pour le match à Lyon et pour lui confier l'équipe. « À partir du coup d'envoi, tu seras le seul patron, jusqu'à nouvel ordre. Et peut-être éternellement si je ne suis plus de ce monde demain matin. »

Le vendredi 23 novembre 2001, vers 21 h 30, je montai en salle d'opération pour y subir un double pontage coronarien. Je ne sais plus très bien combien de personnes m'entouraient à ce moment-là. Mais à l'infirmière, une jolie brune, qui contrôlait la machine extérieure censée assurer la circulation de mon sang au cours de l'opération, je posai la question de confiance.

« Vous êtes en forme ? »

« Oui, ça va ! »

« Moi, mes gars, ils ratent des buts tout faits, seuls devant le gardien. Et vous, vous en ratez, des opérations ? »

« Certaines finissent mal. Mais parfois on ne les pratique même pas tellement le malade est en mauvais état. Ce n'est pas votre cas. »

«Quelle proportion de réussite?»

«70 %. Certains meurent avant même de sortir de l'ambulance. À Paris, c'est épouvantable: les embouteillages, la pluie… Il est parfois trop tard pour intervenir quand ils arrivent à l'hôpital.»

«Et pour une opération sur un gars comme moi?»

«Vous, ça ira!»

Malgré ces mots bienveillants, je n'en menais pas large.

Cinq heures plus tard, j'appartenais toujours à la communauté des terriens.

Dans la chambre de Belmondo

Dans la salle de réveil, mon premier regard se posa sur un grand bonhomme vert avec un masque de la même couleur qui lui barrait une partie du visage. Il était juste au-dessus de ma tête.

«Quelle heure est-il?»

«3 heures du matin.»

«Je suis vivant?»

«Il faut croire.»

«Tout s'est bien passé?»

«Votre cœur n'avait aucune nécrose. Vous pourrez faire un bon centenaire.»

«Je vais rester longtemps ici?»

«On va voir. Guy Roux, je vous préviens: vous avez peut-être l'habitude de commander. Mais ici, c'est moi le chef!»

J'avais les deux poignets et les deux pieds attachés, et des tubes enfoncés dans le nez. J'étais pour ainsi dire prisonnier. Comment aurais-je pu m'échapper? Et seulement y penser un seul instant?

On me transféra ensuite dans une chambre que Jean-Paul Belmondo avait occupée trois mois auparavant. Alors qu'il passait ses vacances en Corse, chez son ami Guy Bedos, il avait été victime d'un accident vasculaire cérébral et transféré d'urgence à Paris. J'étais de cinq années son cadet, je le suivais à la trace…

Au bout d'une petite semaine, je repris du poil de la bête. Je m'alimentais normalement, je lisais les journaux, je regardais la télévision, je téléphonais, notamment au président Jean-Claude Hamel et à Alain Fiard pour garder le contact avec le club.

Le samedi suivant, Gérard Depardieu fit irruption dans ma chambre. Il venait prendre de mes nouvelles avec l'enthousiasme débordant qui lui était coutumier. Pour me détendre et me rassurer, il me raconta sa propre opération, car il avait subi, lui aussi, un pontage coronarien. Il ôta sa chemise, se mit torse nu pour me montrer ses cicatrices, en élevant la voix. C'est pratiquement à ce moment précis que Lionel Jospin entra à son tour dans la pièce! La scène valait le coup d'être vécue: Depardieu à demi nu face au Premier ministre. Une franche rigolade s'empara de l'assistance… réduite en fait à nous trois et à mon fils!

Lionel Jospin, mon ancien camarade de régiment, savait que l'Histoire me passionnait. Il m'offrit un livre sur la campagne d'un sous-officier de Napoléon, que j'ai lu et que j'ai conservé précieusement dans ma bibliothèque. Il resta auprès de moi pendant trois quarts d'heure, le temps de reconsidérer ensemble l'actualité de la France. Les sujets brûlants ne manquaient pas. Je l'avais chaudement félicité pour la Couverture maladie universelle. «On doit payer pour que les gens ne meurent pas à la porte d'un hôpital, c'est bien», lui avais-je dit. Mais la loi visant à réduire le temps de travail à 35 heures ne me convenait pas du tout. Je la trouvais inadaptée. Je portai même une accusation directe : « C'est travailler moins pour travailler moins ! » Il ne me sembla pas lui-même pleinement convaincu par le projet et, entre les lignes, je compris qu'on lui avait peut-être un peu forcé la main. « Les technocrates nous ont assuré que si les gens travaillaient moins, il y aurait plus de boulot pour les autres… » Il ne faut pas toujours écouter l'avis des technocrates.

Je reçus aussi la visite d'un vieux monsieur avec lequel j'entretenais des relations respectueuses mais distantes puisque je ne le voyais qu'une fois par an : Jean Chamant. Ancien président du conseil général de l'Yonne, il avait été ministre des Transports du général de Gaulle, étroitement associé au développement de réalisations aussi considérables que le Concorde, l'Airbus ou le TGV. On l'appelait « le roi Jean » tant son influence se déployait dans tout le département. Il entra dans ma chambre, posa son parapluie et esquissa un sourire : « Vous êtes un compatriote de l'Yonne que j'estime. Je me devais de venir vous voir… » Âgé de 88 ans, il s'était déplacé à pied, de chez lui, tout seul, pour venir me rencontrer. Une bonne heure de marche, sans doute. Je n'en revenais pas : j'avais trouvé ce geste fantastique de sa part.

Le courrier afflua pendant mes six jours d'hospitalisation : plus de cinq cents lettres d'encouragement s'accumulèrent sur ma table de chevet, dont l'une émanait de Jacques Chirac qui, dans son courrier personnalisé, employait à mon égard le mot amitié. J'étais tout particulièrement ému de son attention.

Un compte-rendu opératoire effrayant

Pour quelles raisons votre corps vous lâche-t-il subitement ? Et votre cœur se met-il à flancher ? J'ai retourné le problème dans tous les sens sans pouvoir réellement le résoudre. L'hérédité, bien sûr, est une cause invoquée mais il faut remonter à quatre générations pour en mesurer la pertinence. Une surcharge pondérale? Me concernant, elle pourrait faire partie des arguments avancés. L'âge joue son rôle, certainement : plus on accumule les années, moins le système cardiovasculaire fonctionne à plein régime. C'est un facteur aggravant, comme le tabac ou une mauvaise hygiène de vie. Mais je n'ai jamais cédé à la tentation de la nicotine, et l'alcool n'est pas mon plus fidèle compagnon. Le stress alors? J'entraînais depuis quarante ans. Pourquoi cela me tomberait-il dessus à 63 ans? Je n'y croyais pas. De l'angoisse? Bien sûr, elle ne m'épargnait pas. Pour la surmonter, je faisais appel au concours d'un spécialiste qui me traitait par une méthode d'autohypnose. Elle avait pour vertu de me calmer.

Je méditais une formule que Jean-Louis Trintignant prononça, un jour, à la radio, et que je trouvais appropriée. «Quand tu as plus de 60 ans et que tu n'as mal nulle part, c'est que tu es mort.» Elle sonnait bien à mes oreilles. Elle touchait juste.

À bien y réfléchir, la fatigue pesa pour beaucoup dans la détérioration physique de mon organisme. J'allais au feu sept jours sur sept, sans interruption. Et j'enchaînais les matchs, les déplacements, les retours tardifs, sans même compter les heures consacrées au management exigeant d'un groupe d'une trentaine d'hommes. Une année sur deux, je m'accordais dix jours de vacances l'été et six jours l'hiver. Mais les années paires, je prenais ma valise pour partir assister à une Coupe du monde ou à un championnat d'Europe. C'était trop. Beaucoup trop. Je ne savais pas me ménager des plages de repos.

Et puis s'ajoutait cette très vive douleur représentée par la cabale qui m'avait visée à l'Unecatef. Qu'est-ce que j'avais été stupide de vouloir m'accrocher! J'aurais dû tout lâcher dès la première minute, sans regret ni remords, et les laisser s'emparer à leur guise de la direction du syndicat. Ils la voulaient? Qu'ils la prennent! Je me suis beaucoup reproché ma vaine résistance. En même temps, cela signifiait que les notions de justice et d'injustice m'importaient encore.

Cet engagement de tous les instants, sans jamais économiser ses forces, justifiait-il cependant ce compte rendu opératoire qui passa entre mes mains? Plus je le lisais, plus il m'effrayait. On m'avait replié les poumons sous les bras avec des pinces à linge. Le but consistait à découvrir le cœur. Ensuite, on m'avait découpé le sternum à la verticale avec une scie électrique. Car il fallait ouvrir la cage thoracique à l'aide d'épingles. Puis, l'équipe médicale avait abaissé la température de mon cœur à 7 degrés afin de l'opérer. Elle le réchauffa une fois l'intervention terminée. Et, pendant tout ce temps, mon cerveau continuait à être alimenté par la machine à circulation extérieure dont la jolie infirmière brune avait la lourde responsabilité.

À tête reposée, je me représentai la salle d'opération et mon corps, ouvert en deux, allongé sur le billard. Je frissonnai des pieds à la tête.

Je ne remercierai jamais assez ce personnel dévoué, compétent, souriant et d'une valeur inestimable, qui m'épargna une fin de parcours prématurée.

Je souhaitais le récompenser avec une enveloppe garnie mais on me fit comprendre que les mœurs de la profession ne l'autorisaient pas. Tout juste accepta-t-on que j'offre des… bonbons à l'ensemble de l'équipe. Le directeur de l'usine Haribo de Saint-Florentin, près d'Auxerre, alerté par mes soins, adressa une caisse de 50 kilos deux jours plus tard.

Pendant une année, ce fut Dragibus, Tagada, Car en Sac et Chamallows à volonté pour tous ceux qui s'étaient penchés avec tant de bonté sur mon corps alité.

Mon régime, quant à moi, se résumait à une marque de médicament : le Sectral, destiné à lutter contre l'hypertension artérielle. À raison de deux prises par jour. Et *ad vitam aeternam*…

Rééducation en compagnie de Houllier

Après plusieurs séances de rééducation cardiaque dans un centre spécialisé à Évecquemont, dans les Yvelines, je pris ensuite la direction de la Corse où je retrouvais un autre rescapé : Gérard Houllier, lui aussi en phase de reprise après son opération. Nous étions d'autant plus heureux de nous revoir que les événements avaient failli nous séparer à tout jamais. Le destin se chargea, au contraire, de nous réunir. Le plaisir partagé fut immense.

La journée, je marchais en montagne pour tenter de récupérer mon souffle. Un ou deux kilomètres au début de mon séjour, quatre ou cinq à la fin. La forme revenait peu à peu. L'espoir de ma guérison complète aussi. Je ne cédais à aucun abattement. Le soir, on dînait ensemble, Gérard et moi, dans le restaurant de l'hôtel Le Maquis, à Porticcio, avec un bon verre de vin corse auquel nous avions droit l'un et l'autre. Des moments délicieux pour deux combattants qui l'avaient échappé belle. La passion reprit vite le dessus et le football se glissa, comme toujours, au centre de nos conversations.

Le terrain me manquait terriblement. Les joueurs, les entraînements, le vestiaire, les stades, l'ambiance, le ballon, les pelouses, les plots, les chasubles, mon quotidien, abandonnés un soir de novembre… Je me disais, intérieurement, depuis quelque temps : je vais vite revenir à l'AJ Auxerre. Mais comme entraîneur, surtout pas comme un convalescent.

Le samedi 19 janvier 2002, totalement rétabli, je me suis présenté devant les joueurs réunis au grand complet au stade de l'Abbé-Deschamps, en m'excusant auprès d'eux d'avoir manqué l'école pendant cinquante jours.

Quatre jours après, je m'asseyais sur le banc de touche de l'équipe visiteuse au stade de la Mosson, à Montpellier, pour le compte de la 22e journée de championnat de Ligue 1, avec le feu vert des médecins.

Le football reprenait tous ses droits dans ma vie.

Enfin.

25

Croire ou ne pas croire, telle est la question

Non au bon Dieu

Sous l'effet de l'anesthésie et de la prise de quelques médicaments, je me suis fabriqué mon « film » sur mon lit d'hôpital, dans un moment de grande solitude. Je venais de sortir indemne de mon opération du cœur et, tout en réfléchissant à ma condition de terrien échappant à l'appel de l'au-delà, j'avais laissé libre cours à mon imagination. Elle me porta loin et haut.

Je me souviens encore du scénario incroyable que j'échafaudai. Le voici.

« Installé au Ciel, le bon Dieu désire changer d'entraîneur et se dit : "Tiens, je vais contacter un entraîneur tout neuf sur la Terre pour le faire venir à moi." Il pense à Gérard Houllier, qu'il appelle pour devenir l'entraîneur de l'équipe du Paradis, qui doit participer à un tournoi triangulaire contre les équipes du Purgatoire et de l'Enfer. Il est très diminué par son opération du cœur mais il accepte néanmoins de monter au Ciel pour discuter. Le bon Dieu lui détaille sa stratégie. Et lui explique ce qu'il attend exactement de sa collaboration. Enfin, il lui pose la question incontournable : quelles sont vos prétentions financières? Gérard Houllier lui communique le salaire qu'il perçoit à Liverpool et réclame le même montant. "Bien que je sois le bon Dieu, je ne peux pas m'aligner. Vous êtes beaucoup trop cher pour moi!", s'entend-il répliquer. Gérard Houllier est donc prié de repartir sur Terre. Le bon Dieu se replie alors vers une autre solution: il a entendu parler d'un entraîneur d'un petit club de Bourgogne, en France, qui n'aura pas les mêmes exigences salariales, qui sait gérer et qui est radin. Il s'appelle Guy Roux. Le bon Dieu met alors un coup de frein à ma vie terrestre et me reçoit, tout là-haut, pour débattre d'un éventuel contrat. Il ne s'agit pas d'un contrat à durée déterminée mais d'un contrat à caractère définitif. "Tu veux entraîner?", me demande-t-il. Il me donne une liste illimitée de joueurs morts, susceptibles d'intégrer les rangs de l'équipe. Je peux compter sur les meilleurs, tous disponibles. Il me parle aussi des plus beaux terrains mis à ma disposition et du public, innombrable, qui viendra voir jouer l'équipe. L'accord est vite conclu entre nous, d'autant que j'accepte que mes revenus soient identiques à ceux d'Auxerre. Au moment de prendre congé pour aller récupérer mes affaires sur Terre, le bon Dieu m'intercepte. "Il faut quand même que je te dise une chose: la composition de l'équipe, c'est moi qui la ferai car je suis Dieu. C'est moi qui décide." Je reviens immédiatement sur mes pas: "Alors, dans ces conditions, je me vois dans l'obligation de refuser votre proposition. J'ai toujours eu la responsabilité de composer mes équipes, je ne vais pas commencer à changer aujourd'hui." Ayant bien compris qu'il n'obtiendrait pas satisfaction, le bon Dieu préféra me renvoyer sur Terre pour que je puisse y poursuivre ma vie terrestre si difficile…»

J'avais inventé cette histoire de toutes pièces, liée à Dieu, au Ciel, à l'Enfer, à la Terre, en imaginant une fin qui me convenait, évidemment. Car je voulais retomber sur mes pieds : surtout ne pas quitter ma bonne vieille condition de bon vieux terrien.

J'étais si bien ici, en ce bas monde. Même sur mon lit d'hôpital.

Tant et tant de déviations !

Treizième enfant d'une fratrie de dix-huit, mon grand-père maternel n'était pas baptisé. Son père s'étant fâché avec le curé du village à la naissance de son douzième enfant, il n'eut jamais à entretenir la moindre relation avec la religion.

Mon père appartenait, lui, à une famille d'officiers catholiques pratiquants et ma mère décida de m'inscrire aux cours de catéchisme, délivrés par un curé hollandais à Appoigny. Un saint homme, doublé d'un excellent pédagogue, qui ne chercha pas à nous bourrer le crâne et nous inculqua un enseignement intelligent. Malgré toutes ses qualités de pédagogue, je suis toujours resté sur mes gardes. À 7 ans, j'étais déjà sceptique. J'assistais à la messe sans réelle conviction, jusqu'au jour où un blocage définitif me détourna de la pratique religieuse.

Il arriva qu'un moine me proposa d'accomplir un pèlerinage à proximité de Colmar. Pour me convaincre, il m'assura que si j'acceptais d'y participer, ma mère guérirait du mal qui la frappait. Son propos était catégorique. Et, comme le rétablissement de ma mère m'importait plus que tout, je n'allais pas refuser cette formidable opportunité de lui venir en aide ! Au lendemain du pèlerinage, pourtant, rien ne changea pour elle. Aucune amélioration de son état de santé, qui resta stationnaire avant d'empirer. J'eus le sentiment très désagréable d'avoir été berné. La promesse n'avait pas été tenue et j'ai longtemps maudit celui qui m'avait fait espérer.

Si le bon Dieu existait, il avait gravement manqué à sa parole. Mais, finalement, pouvait-on assurer sans risque de se tromper qu'il existait vraiment? Et toute l'Histoire du christianisme, dont j'étais imprégné, avait-elle le moindre fondement? D'autres interrogations surgirent, ajoutant à ma perplexité. Pourquoi Dieu, dont on magnifiait la générosité, ne se démenait-il pas pour sauver les dizaines de millions d'êtres humains qui mouraient de faim? Et pourquoi n'intervenait-il pas pour empêcher que les guerres ne détruisent des vies, des hommes, des familles, des peuples?

Pourquoi, pourquoi, pourquoi?

La religion catholique, telle qu'on me l'avait enseignée, n'avait tout de même pas été conçue pour bloquer les pieds des gens dans des chaussures qu'on resserrait petit à petit jusqu'à leur écraser leurs phalanges, comme ce fut le cas pendant le Moyen Âge. Elle ne s'était pas davantage développée pour livrer une lutte sans merci aux protestants, combattus avec une violence inouïe et une cruauté sans égale.

Tant et tant de déviations, de désolations, de peines et de déchirements conduits en son nom!

Sans réponse satisfaisante à ce que l'expérience de la vie, mes études et mes lectures commençaient à m'apprendre, j'ai opéré assez tôt un virage à 180 degrés.

Depuis ce temps-là, plus du tout chrétien mais pas tout à fait athée, je reste au bord de ce que je n'arrive pas à comprendre.

Tenir le peuple et l'encadrer

J'observe de nombreuses failles dans ce système où Dieu est présenté comme la clé de voûte de l'univers et de toute forme d'existence. Depuis la nuit des temps, l'homme cherche à découvrir les limites de l'univers. Plus il avance dans son exploration, plus il trouve de très vastes étendues, et plus il en ouvre de nouvelles, qui dépassent toutes les idées de proportions. Confronté à ce qu'il est incapable d'imaginer, l'homme préfère s'en remettre à Dieu dont l'existence pourrait permettre d'expliquer l'inexplicable. Il lui donne aussi l'espoir que tout ne sera pas fini après sa fin inévitable, et qu'un au-delà accueillera l'homme au terme de sa vie terrestre.

À l'entendre et à le lire, Dieu, qui présente des visages différents et souvent opposés, créa les religions, avec leurs Églises et leurs rites.

Ma conviction profonde est que l'on entretient une Église dans le but de tenir le peuple et de l'encadrer. La preuve : à la fin du XIXe siècle et au début du siècle suivant, dans un monde en pleine transformation, les industriels contribuèrent au financement des Églises et des associations sportives et culturelles religieuses, afin de disposer d'un prolétariat mieux pensant, de lui occuper l'esprit et de le distraire. Pour prévenir tout risque de grève, aussi, ne l'oublions pas. Elles achetèrent la paix sociale afin de s'éviter tout conflit. Karl Marx parlait d'opium du peuple, qu'il dénonçait vigoureusement. Je ne suis pas du tout marxiste mais son analyse reposait sur une réalité indéniable.

L'utilisation du fanatisme religieux pousse parfois certains gouvernements à asseoir leur domination sur les peuples. C'est la montée foudroyante de l'islam, par exemple, qui fait parfois des musulmans les ennemis jurés des chrétiens, et qui entretient en même temps, en son sein, des conflits très durs entre différents cousins, les sunnites contre les chiites.

Je veux bien admettre que la religion puisse se révéler bienfaisante et charitable si elle emmène les peuples vers de bons chemins, sur la voie du bonheur, et si le respect qui guide ses principes est partagé par tous. Mais ce que je constate ne va pas toujours dans cette direction : elle conduit parfois à des écarts monstrueux, à des exactions ou à l'extermination de communautés entières.

Moi-même incroyant, je ne considère pas que les croyants forment un regroupement d'imbéciles. Mais je ne donne pas le droit aux croyants d'affirmer que les incroyants sont des idiots.

Il n'y a pas une partie de la population mondiale qui serait intelligente et une autre qui ne le serait pas, avec la religion pour ligne de démarcation.

Assumer la laïcité

Avec les vagues migratoires des trente dernières années, des millions de personnes ont afflué sur de nouveaux territoires, apportant avec elles une autre religion que celle du pays qui les accueillait. Dans ceux où il existe une vraie tolérance religieuse et culturelle, tout se passe à peu près bien. Certains pays, en revanche, exercent une persécution des minorités par la majorité religieuse, et les tensions y sont fréquentes.

L'approche de la France sur ces questions me plaît bien. Pays catholique pur, fondé sur une religion unique, il a su évoluer avec le temps et se transformer peu à peu. Le principe de la laïcité à la française pose comme fondement la neutralité religieuse de l'État, énoncé en deux temps : sous la Révolution française, dans la *Déclaration des droits de l'homme et du citoyen de 1789*, puis par la loi de 1905 relative à la séparation de l'Église et de l'État. Notre pays permet ainsi la cohabitation de toutes les religions en adoptant une parfaite impartialité. C'est merveilleux quand tout le monde accepte un principe qui devient le bien commun. Pour l'instant, je suis heureux que ce soit le cas, malgré quelques soubresauts ici et là.

Un grand pays comme les États-Unis, lui, est un pays religieux. Lors de son investiture à la Maison Blanche, le nouveau président prête serment sur la Bible. C'est un acte incontournable. La reine d'Angleterre, elle, est patronne de la religion anglicane, puisqu'elle en possède le grade le plus élevé. En France, il serait aujourd'hui impensable qu'un président de la République, lors de son intronisation à l'Élysée, s'engage devant le peuple français en jurant sur le livre sacré de telle ou telle religion.

Notre pays a résolu le problème en affirmant et en assumant sa laïcité. Et il a eu raison de le faire.

Le Coran n'invite pas au combat

Comme je comptais quelques joueurs musulmans à l'AJ Auxerre, j'avais étudié les grands principes du Coran. Je voulais leur permettre de pratiquer leur religion harmonieusement, tout en favorisant leur exercice du football de haut niveau. Au centre de formation du club, il existe d'ailleurs une salle de prière destinée aux jeunes musulmans. Quand ils me saluent le matin, ils mettent la main sur leur cœur. C'est un beau geste relationnel, plutôt bien choisi. Contrairement aux idées toutes faites que certains répandent à dessein pour dresser les uns contre les autres, le Coran n'invite pas au combat. L'islam a pour but de rendre les gens heureux, et de les sauver. Par exemple, si le porc relève de l'interdit chez les musulmans, c'est qu'il propageait le botulisme, une maladie paralytique rare due à une bactérie que l'homme contractait.

Je remarque que des discussions sans fin sur les signes extérieurs de la religion musulmane alimentent tous les préjugés. Elles visent surtout à susciter la peur. Mais la peur de quoi ? On oublie bien vite que la religion chrétienne possède aussi ses propres signes extérieurs : les habits portés par les moines et les sœurs, ou les croix autour du cou, par exemple. S'en offusque-t-on ? Trouve-t-on dans ces tenues vestimentaires matière à s'insurger ? Et tout à coup, parce que des femmes décident de mettre un voile qui cache légèrement leur visage, le danger surgirait à nos portes et ferait peser une menace sur nos vies ? Mais ma grand-mère avait un fichu sur la tête, et ça ne gênait personne ! Récemment, on s'est interrogé pour savoir s'il fallait empêcher les étudiantes de porter un voile à l'université, voire les exclure. Et pourquoi faudrait-il intervenir, et les condamner ? Les israélites portent bien la kipa alors qu'on apprend, dès l'école primaire, que la tête doit être découverte à l'intérieur des bâtiments. On s'y est habitué et plus personne n'y prête attention. Aurait-on idée de leur interdire aujourd'hui ce qui est entré dans les mœurs ?

Il faut prôner la tolérance avec les uns et les autres, dans un monde qui doit être apaisé. Rien, dans tous ces comportements, ne donne matière à un quelconque trouble de l'ordre public.

Je suis peut-être influencé par mon éducation sportive. Mais je me dis que, dans le domaine de la religion, il existe plusieurs équipes et qu'elles peuvent cohabiter, en complète harmonie. Qu'elles doivent jouer non pas les unes contre les autres mais les unes à côté des autres.

Je reste persuadé qu'une collaboration intelligente et qu'un mélange accepté par tous peuvent déboucher sur l'épanouissement d'excellents Français.

Abbé Deschamps, à toi de jouer !

Quand mon équipe était menée 1-0 à cinq minutes de la fin, dans notre stade, il m'arrivait de lever les yeux au ciel et d'implorer secrètement l'abbé Deschamps : « C'est le moment d'intervenir. Si tu veux porter secours à l'AJA, c'est maintenant ! Dans dix minutes, il sera trop tard… » Je savais bien que ma supplique resterait lettre morte sinon j'aurais remporté une bonne dizaine de Coupes d'Europe, et autant de titres de champion de France. Mais je tentais malgré tout ma chance.

Ou bien, alors, je disais autour de moi, sur un ton railleur : « Je ne vais pas à la messe cette semaine car j'ai gagné tellement de matchs avec Auxerre que Dieu me pardonne pour tous les péchés que j'ai commis… »

C'était peut-être la preuve, finalement, que tout sentiment religieux, même diffus, même inconscient, ne m'a pas été totalement étranger.

26

Serein face à la mort

À l'abri, dans le jardin

C'est mon grand-père qui, le premier, me parla ouvertement de la mort, qu'il présentait sous un angle pour le moins singulier. Il me disait : « Tant que j'irai dans le jardin pour m'occuper de mes fruits et de mes légumes, la mort ne me surprendra pas. Elle ne pourra jamais me trouver là-bas. » Cette réflexion étonnante alimenta pendant très longtemps mes pensées. J'imaginais la mort arriver sans faire de bruit, à pas légers, dans la maison familiale, avec sa grande faux, pour tenter d'abattre mon grand-père dans la pièce principale. Mais il travaillait, à cet instant, dans le fond de son jardin et il ne risquait donc rien. Sauvé, à l'abri de tout danger !

Pour lui, la mort avait forcément un visage. Il savait qu'elle viendrait un jour le cueillir par surprise, mais il n'éprouvait aucune peur. Il l'avait trop vue en face, pendant la Première Guerre mondiale, pour se montrer ébranlé ou tétanisé. Avec le 4e régiment d'infanterie, il participa à la seconde bataille de Champagne dans la forêt d'Argonne, où il vit mourir, à ses pieds, tous les gars de son village, au milieu des vingt-cinq mille disparus de cette abominable boucherie. Il en garda d'effroyables souvenirs, pour toujours.

Un jour, en mon absence et en l'absence de ma tante, qui était grippée, il avait été hospitalisé d'urgence. Le lendemain, j'étais venu lui rendre visite dans sa chambre, qu'il partageait avec trois autres malades. L'un d'eux s'était éteint brutalement dans la nuit et j'avais demandé au chef de service qu'il place immédiatement mon grand-père dans une chambre individuelle. Je ne supportais pas l'idée qu'il puisse cohabiter avec des mourants. Il en allait de son moral, et de ses chances de rétablissement, pensais-je.

Mais il s'insurgea presque.

«Tu n'aurais pas dû me changer de chambre. Tu sais, à l'hôpital militaire de Nice où j'avais été amené, à l'automne 1914, on devait être deux cents soldats parqués dans une salle commune. J'avais été immobilisé à la suite d'une blessure au mollet, touché par un éclat d'obus. Les blessés arrivaient les uns après les autres sur des brancards et prenaient la place, chaque matin, des cinquante morts de la nuit. La mort rôdait parmi nous, Alors ça ne me gênait vraiment pas d'être dans une chambre de quatre. Tu aurais dû m'y laisser…»

Ce n'était pas une formule de circonstance. Il le pensait vraiment.

«C'est fini, je le sais…»

Je venais lui rendre visite chaque jour à 14 heures, après l'entraînement, pour lui tenir compagnie. Je l'aidais à marcher à petits pas dans le couloir, je le soutenais, je lui parlais, je l'encourageais. Mais, à plus de 99 ans, ses forces le lâchaient. Il n'avait plus beaucoup d'énergie et, au réveil, le matin, il était souvent victime d'étourdissements.

Le samedi 28 février 1981, au moment de la sieste des joueurs, j'avais filé quelques minutes à l'hôpital pour prendre de ses nouvelles et pour maintenir la flamme de l'espoir. Il devait résister au mal ! Dans la soirée, Auxerre recevait Laval pour la 28e journée de championnat. Mon grand-père devait en principe sortir le lundi, pour regagner son domicile où il retrouverait son cadre familier.

Il me parla doucement.

« Je te dis adieu, Guy. Je meurs ce soir. Je le sais : ce soir, c'est fini ! »

« Mais non, tu ne vas pas mourir ce soir, que dis-tu ? »

« C'est fini… »

« Non, tu rentreras à la maison lundi et tu retrouveras ton jardin où la mort ne t'attrapera pas. Tu le sais, c'est toi qui me l'as dit quand j'étais gamin. Le printemps arrive bientôt, tes légumes, tes fruits… Penses-y. »

« Non, non, il n'y aura ni légumes ni fruits, la mort va m'appeler à elle ce soir. Je le sens. »

Comme il était d'un anticommunisme viscéral, j'avais utilisé un argument dont je n'étais pas très fier mais qui pouvait susciter un sursaut chez lui.

« Si tu meurs ce soir, tu ne pourras pas aller voter à l'élection présidentielle de mai. N'oublie pas que les communistes risquent d'arriver au pouvoir. Si tu veux les en empêcher… »

« Oui, je suis au courant. Mais j'en ai assez fait dans ma vie. J'arrive au terme, Guy, j'arrive au terme… »

À la fin du match contre Laval, qu'Auxerre avait battu 1-0, je trouvai un mot glissé sous la porte de mon vestiaire. Il m'apprenait le décès de mon grand-père, dont le corps avait été ramené chez lui, à Appoigny.

Toute la famille était rassemblée dans sa maison mais, en passant devant sa chambre, où il avait été installé, je l'entendis. Il râlait. Le râle de la mort. Je ne voulus pas l'admettre.

« Mais il n'est pas mort, il n'est pas mort ! »

Ma tante me calma.

« Non, il est déshydraté. »

« Eh bien, il faut le réhydrater ! Allez chercher une seringue, appelez le médecin. »

Je m'excitais en pure perte.

« Tu fais ce que tu veux mais le médecin nous a expliqué que son cerveau était mort. Le cœur bat encore faiblement mais il est en état de mort clinique. On pourrait encore le maintenir artificiellement en vie en le nourrissant mais il vaut mieux que ça s'arrête. »

Au petit matin, dans un dernier souffle, mon grand-père s'en alla.

Un sommeil prolongé

Le jour de mes 75 ans, le vendredi 18 octobre 2013, *L'Yonne républicaine* me consacra le titre principal de son édition, plus une page intérieure où je répondais aux questions d'un journaliste. Le journal avait même fait fabriquer des affichettes avec mon nom inscrit en gros caractères, collées dans toute la ville d'Auxerre. J'étais très honoré de l'attention qu'on m'accordait mais, en même temps, je me fis la réflexion : « On me fête mon anniversaire un peu trop bruyamment… »

75 ans, trois quarts de siècle !

Le temps s'écoule à très grande vitesse et, autour de moi, je ne compte plus les amis, les proches, les voisins, les connaissances, qui disparaissent peu à peu du paysage. Je n'ai plus aucun ascendant. C'est une impression bizarre que de se dire qu'on est l'aîné de la famille et que, dans la pyramide des âges, vous êtes là-haut. Tout là-haut.

La mort, pourtant, ne me préoccupe pas.

Je veux en parler comme mon grand-père l'évoquait. D'une manière élégante, sereine, calme, sans rien dramatiser.

J'ai cette faculté de pouvoir m'endormir facilement, vite et n'importe où. Au cours de ma carrière, les soirs de matchs disputés à l'extérieur, il m'arrivait très souvent de fermer les yeux avant même que l'avion du retour ne finisse sa course d'envol. En deux minutes, je me retrouvais dans le noir complet. Ailleurs. Hors du temps et de la vie. C'était fini!

La mort doit ressembler à cet état de sommeil plus ou moins prolongé.

J'ai subi de nombreuses opérations dans ma vie, des plus bénignes aux plus graves, une quinzaine environ, qui justifièrent une anesthésie locale ou générale. Quand l'infirmière m'administrait un produit pour m'endormir, je «partais» instantanément. Je n'avais plus aucune existence intellectuelle. C'était fini aussi! Mon cœur battait mais de façon mécanique. D'ailleurs, pour mon double pontage coronarien, les médecins enlevèrent mon cœur, et le remplacèrent par une machine, pour pouvoir le manipuler en le maintenant à 7 C°.

J'étais peut-être en vie mais je l'ignorais.

Au fond, je me fiche de la mort.

Mais je ne me fiche pas de ses conséquences, à cause du chagrin qu'il procurera à mon fils, à mes petits-enfants et à quelques autres personnes qui voudront bien m'accorder de l'intérêt.

C'est surtout à eux que je pense.

27

Petite reine, grande passion

À 10 ans, sur la ligne d'arrivée

Il faisait une chaleur si accablante, ce jour-là, que j'avais dû me protéger du soleil avec un morceau de tissu, avant que les coureurs ne surgissent de la route toute proche. Heureusement, j'avais pu me désaltérer et me verser un peu d'eau sur la tête. L'excitation me submergeait, ils n'allaient pas tarder à arriver ! Ce 22 juillet 1949, la caravane du Tour de France cycliste s'arrêtait dans la ville de ma naissance. Quelle aubaine : à 10 ans, j'étais au cœur d'un spectacle fascinant que je suivais depuis deux ans en écoutant les retransmissions de la TSF. Bloqué par la foule, trop petit, même dressé sur la pointe des pieds, je ne fus pas en mesure de discerner le sprint final, qui impliqua deux coureurs.

C'est Raphaël Geminani qui remporta l'étape, partie le matin de Lausanne. Il s'imposa en puissance devant Jean-Marie Goasmat, qu'il coiffa d'une demi-roue sur la ligne d'arrivée. Ma tête tournait dans tous les sens. Il y avait tellement de champions à contempler que je ne savais plus à qui m'en remettre. À droite, à gauche, il y en avait partout. Au bout de quelques minutes, je vis approcher deux coureurs cyclistes italiens, Ettore Milano et Luciano

Pezzi, des *gregarii* de Fausto Coppi et de Gino Bartali, qui se traînaient comme des âmes en peine, l'air défait, le visage déconfit. Arrivés hors délais, ils craignaient une disqualification, mais ils furent finalement tous les deux repêchés par les organisateurs car ils avaient été gênés par des spectateurs sur la route.

Hasard de la vie : dans le courant des années 1980, une étape de Paris-Nice emprunta la route d'Auxerre. Je ne pouvais pas la manquer : elle ne passait pas très loin de mon domicile. Ayant remarqué que le directeur technique d'une des équipes italiennes portait le nom de Pezzi, intrigué, je m'étais approché de lui pour l'interroger.

« Dis, ce n'est pas toi qui as participé au Tour de France 1949 avec l'équipe d'Italie ? »

« Si, si, bien sûr, c'est moi. »

« Tu n'as pas eu un problème à l'arrivée de l'étape de Colmar ? »

« Comment le sais-tu ? »

« Je me trouvais dans la foule, je t'ai vu te pointer avec beaucoup de retard. Tu étais avec un de tes coéquipiers. »

« Oui, on avait été bloqué par le public. On n'arrivait pas à passer. »

« J'ai tout vu de la scène. J'aurais même pu te serrer la main… »

Ce rappel d'un modeste épisode de sa vie datant d'une trentaine d'années suscita chez lui une réelle émotion. J'ai remarqué que lorsque vous évoquez le souvenir de l'une de ses courses à un cycliste de cette génération, souvent, il se met à pleurer. Ce fut presque son cas.

C'est mon grand-père qui m'initia à la culture du cyclisme, à ses secrets, à ses intrigues, à ses méthodes et à la grandeur de ceux qui le pratiquent. Non pas parce qu'il circulait lui-même à vélo, car trop pauvre, mais parce qu'il me raconta avec force détails comment René Pottier fut déclaré vainqueur du Tour de France 1906. Né à Moret-sur-Loing, Pottier demeurait à Sens et, chaque jeudi après-midi, à la même heure, il longeait la ferme habitée par mon grand-père, alors âgé de 25 ans. Arc-bouté sur un engin inconfortable, privé du dérailleur qui lui aurait offert une aide précieuse, il pédalait tout en puissance sur la chaussée blanche, empierrée et truffée de nids-de-poule de la Nationale 6. Il s'entraînait seul, comme un damné de la terre, sans aucune aide. Il prévenait les gamins de Bries, accourus à son passage, quand il venait de doubler une voiture quelques kilomètres auparavant. Il pouffait : « Dans un quart d'heure, vous la verrez arriver… » Et tous les gamins de s'esclaffer, et d'applaudir leur champion.

Pottier, me soufflait mon grand-père, avait été désigné « roi de la montagne » pour avoir escaladé, le premier, le col du ballon d'Alsace au cours d'une montée épique. Il me parlait des ravitaillements improvisés dans les bistrots, des jaunes d'œufs couplés avec du porto qu'il avalait pour démultiplier son énergie, des courses parfois interrompues par une heure ou deux de sommeil dans une meule de foin. Une multitude d'anecdotes. Émerveillé, je buvais ses paroles. Je ne perdais aucune bribe de ses petites et grandes indiscrétions, avec lesquelles je m'endormais chaque soir en rêvassant.

Mon grand-père omit seulement de me préciser les conditions de sa mort, le 25 janvier 1907. Il fit bien :

Pottier s'était pendu, son suicide relevant, paraît-il, d'un immense chagrin d'amour.

Au fil du temps qui s'écoulait, je ne songeais plus qu'à une chose : grimper sur un vélo à défaut de pouvoir en posséder un. Garder l'équilibre sur un pneu relevait d'un vrai mystère pour moi, une forme de magie que j'avais cherché à expérimenter avec la bicyclette de ma mère. Les mains tendues sur le guidon, les pieds calés sur les pédales et les fesses en l'air devant une selle trop élevée pour moi : mon apprentissage connut des hauts et des bas mais, dès l'âge de 7 ans, je commençais à bien me débrouiller. Plus rien ne m'arrêterait.

Je décidais aussi de prendre la roue de notre champion local, Jean Poirier, qui me renseigna sur les mœurs du peloton, les tactiques de course comme les combines entre équipes. De trois ans plus âgé que notre petit groupe de copains, il en « imposait » auprès de nous : adhérent au Vélo Club 19e, il participait à quelques classiques de renom comme Paris-Cheny ou Paris-Ézy, dont on avait entendu parler. Il eut même l'honneur de concourir au championnat de France amateurs. Une référence. Un jour, histoire de me jauger par rapport aux autres, je m'étais engagé dans une course de non-licenciés à Bassou, à cinq kilomètres d'Appoigny. Avec le vélo de ma mère, j'avais terminé à un tour de Jean, vainqueur en solitaire. Un tour, ce n'était pas déshonorant. Je n'étais pas si mécontent de ma performance.

J'ai eu le bonheur d'avoir mon premier vélo en guise de récompense pour mon brevet. L'été, je l'enfourchais pour parcourir de deux à trois mille kilomètres. Je partais d'Appoigny pour me rendre à Aix-les-Bains, où ma mère était hospitalisée. Une fois, dans le Morvan, j'ai eu une fringale terrible. Je n'arrivais plus à avancer. Je donnais des coups de pédale dans le vide tellement j'étais à bout de forces. Planté sur le bas-côté! Je suis allé dans une ferme où l'on était en train de traire les vaches. Ils ont rempli mon bidon de lait et, une demi-heure après, je me remettais en selle, presque fringant!

Tout autant que le football, le cyclisme a fait partie intégrante de ma vie d'adolescent.

La Sorcière aux dents vertes et la Dame Blanche

J'ai écouté le compte-rendu du premier Tour de France de l'après-guerre, en 1947, place de la Liberté, à Appoigny, devant la boutique du cordonnier du village, celui-là même qui prenait soin de notre ballon de football à lacets. Il réglait sa TSF à fond et nous nous laissions guider par la voix grésillante de Georges Briquet. Dans un pays encore dévasté par les déchirures de la guerre, il nous donnait quelques bonnes raisons de nous changer les idées et d'espérer en des jours meilleurs. À la fin de chaque étape, je m'occupais d'établir le classement général à la craie sur un grand tableau noir. Et pas à l'aide d'une calculatrice: par simple calcul mental!

Sans avoir même porté le maillot jaune ne serait-ce qu'un seul jour, Jean Robic brûla la politesse à tous ses adversaires lors de la dernière étape. Très bon rouleur et excellent grimpeur, il ne courait pas sous les couleurs de l'équipe de France, qui l'avait refusé dans son groupe, mais sous celles de la région de l'Ouest. Il fut mon premier héros. Je découpais des photos le représentant en plein effort à flanc de montagne dans les magazines *But* et *Club* ou *Miroir Sprint*, de même que des dessins humoristiques de Pellos dont les légendes relevaient d'un style homérique. Je me souviens d'un col qu'il avait rebaptisé «La Sorcière aux dents vertes». J'étais enthousiasmé face à une telle imagination.

Mais le coureur le plus doué du peloton, à l'époque, se nommait Fausto Coppi, qui exerçait un grand pouvoir de fascination auprès de nous. Dans une période où l'Italie misérable nous envoyait quelques-uns de ses enfants, il symbolisait une forme de poésie de la vie. Il présentait des jambes démesurément longues, avec des fémurs immenses qui lui conféraient un levier plus fort pour appuyer sur les pédales. Sous une «carrosserie» d'apparence légère et friable, il faisait penser à un échassier. Je l'avais vu de loin, en 1949, à Colmar, pour sa première participation au Tour de France. Il le remporta haut la main, devenant ainsi le premier cycliste de l'histoire à réaliser le doublé Tour d'Italie et Tour de France la même année. Je l'avais noté dans mes carnets car je commençais à m'intéresser de très près aux palmarès.

C'est grâce à Coppi que j'appris le sens du mot «adultère». Car au mythe du champion s'ajoutait la légende du séducteur. Il trompait sa femme légitime avec une maîtresse toute vêtue de blanc, surnommée la Dame Blanche, qui illuminait de sa présence les lignes d'arrivée. Dans l'Italie catholique de l'après-guerre et dans la France bien-pensante brossée dans les colonnes de *Paris Match*, cette union adultérine ne passa pas inaperçue et provoqua d'innombrables commentaires réprobateurs. Pour notre part, nous nous en amusions.

Louison Bobet ne possédait pas la classe de Coppi mais j'étais pourtant son fan numéro 1. Champion populaire et courageux dans l'effort, têtu et volontaire, élégant et pourtant simple, il batailla pendant des années avant de trouver la consécration. Il souffrait un jour d'un furoncle, un autre d'une induration ou d'une quelconque autre gêne: il peinait à devenir le conquérant qu'il rêvait d'être. Il lui arrivait de s'en plaindre et ses souffrances endurées sur le vélo firent parfois couler des larmes sur son visage. Non sans une certaine méchanceté, on l'affubla de sobriquets tels que «La Pleureuse», «Bobette», ou «Louisette Bonbon». Je me suis souvent retrouvé en lui: assez bon en tout, très bon en rien. C'est ainsi que je me jugeais dans mon activité de footballeur. Pas assez doué pour faire une carrière professionnelle. Et pas suffisamment capable et compétent, bien sûr, pour gagner un jour le Tour de France – ce qui demeure le plus grand regret de ma vie. Bobet arriva à ses fins, lui, en 1953, en remportant la Grande Boucle à sa sixième tentative. Il incarna alors le renouveau d'une France qui se rétablissait peu à peu, se relevait de ses plaies et dégustait les victoires de sa nouvelle idole.

J'étais allé le voir passer en haut du mont Ventoux en juillet 1955 avec mon vélo qui pesait 15 kilos. La vérité m'oblige à avouer que j'avais parcouru les deux derniers kilomètres à pied tellement la côte était pentue. Trop dure pour moi. L'étape se déroula sous la canicule, et de nombreux coureurs furent victimes de défaillance, comme Jean Malléjac qu'une insolation laissa sonné sur le bord de la route. Je vis aussi Ferdi Kübler qui, ayant sans doute trop présumé de ses forces dans l'ascension, zigzagua sous mes yeux. Je me souviens avoir donné des journaux à des coureurs pour qu'ils les glissent sous leur maillot avant de s'engager à corps perdu dans la descente. Il y avait de l'agitation partout, du bruit, des cris. Des pleurs, aussi. Après avoir franchi le sommet en tête, Bobet gagna l'étape à Avignon, cinquante kilomètres plus loin. Mon bonheur était total, renforcé par ma propre descente du mont Ventoux, dans la soirée, à la fin de l'étape: j'avais ressenti une jouissance intense à foncer, tête baissée, vers la vallée.

J'étais en admiration devant les phénomènes. Bobet en était un, selon moi. D'autres allaient se fondre dans son sillage, et couper la France en deux.

Plutôt Raymond que Jacques

À l'école, dans le monde du football, ou dans n'importe quelle autre activité humaine, le premier de la classe a toujours eu ma reconnaissance. Dans tout ce que j'ai entrepris, j'ai essayé de me mesurer aux meilleurs car je considère que, pour réussir, il faut d'abord savoir s'étalonner.

Comment ne pas s'extasier devant le talent exceptionnel de Jacques Anquetil, sans même parler de sa trajectoire hors du commun? Tant et tant d'exploits jalonnèrent sa carrière, dont cette faculté à combattre contre le temps dans les Grands Prix des Nations, dont il était le maître, ou à aller au-delà de lui-même dans ses tentatives de record de l'heure sur piste.

Anquetil avait toute ma bienveillance pour les formidables dons de champion qu'il exprimait. Mais je lui préférais néanmoins Raymond Poulidor, dont j'étais un fervent supporter. Un inconditionnel, même. Il me semble que la France, elle aussi, avait le cœur qui penchait plutôt en sa faveur.

Originaire de la Creuse, il habitait dans une maison en terre battue que ses parents, métayers, avaient eux-mêmes construite. Il n'était pas né avec une petite cuillère en argent dans la bouche, et sa condition sociale modeste avait son importance. J'avais vraiment l'impression que, quelque part, je lui ressemblais. Dans le bar de Limoges que je fréquentais à l'époque, et où des grandes tablées de «cyclards» dévoraient les images du Tour de France retransmises sur l'écran de télévision en noir et blanc, je vibrais à la lutte sans merci qu'il livrait à Anquetil.

Il gagna des classiques comme Milan-San Remo et la Flèche Wallonne, il remporta de nombreuses étapes du Tour de France, mais qu'il n'ait jamais trouvé le moyen de revêtir, ne serait-ce qu'une fois, le maillot jaune de l'épreuve, demeure pour moi un authentique mystère.

Il existe quelques petits arrangements au sein du peloton auxquels il n'a peut-être pas voulu se soumettre. Était-il trop près de ses sous pour s'interdire de demander à certains coureurs de rouler en sa faveur? Je me dis, parfois, que sa renommée de petit épargnant aurait pu lui valoir de figurer, en ma compagnie, aux «Guignols» de Canal+.

Mais l'argent n'est pas l'unique moteur qui fait avancer les cyclistes. Une sorte de savoir-faire général guide aussi la marche du peloton que Poulidor, d'après ce qui se murmure, négligeait trop.

Au critérium de Château-Chinon, une année, on apprit que deux des participants avaient été retardés à cause d'un accident de la circulation survenu à une trentaine de kilomètres de là. Il s'agissait de deux «porteurs d'eau», qui devaient toucher une prime de 500 francs d'engagement, une somme modeste pour les cracks mais assez importante pour eux. Anquetil exigea des organisateurs qu'ils retardent d'une demi-heure le départ de la course pour leur permettre d'être présents, alors qu'aucun ne figurait dans son équipe. Une intervention avisée et adroite de sa part: tout service rendu appelle, en retour, un petit coup de main. Pour demain ou après-demain. Anquetil savait s'attirer les bonnes grâces du peloton. Bien plus que Poulidor.

Raymond Riotte, qui fut un équipier dévoué de «Maître Jacques», me raconta souvent comment son leader lui tenait la bride sur le cou avant de l'autoriser à partir à l'aventure. D'autres fois, il avait droit à certains jours de congés durant lesquels il pouvait aller à son rythme, sans trop forcer, en queue de peloton. Mais dès qu'Anquetil sentait le besoin de mener la bagarre, il l'appelait à la rescousse ! Riotte faisait alors passer des messages auprès de certains coureurs, y compris d'équipes adverses, et la course se dessinait selon le tempo décidé en haut par le patron. Il savait aussi profiter des largesses qu'Anquetil lui accordait, puisqu'il accrocha de nombreuses victoires à son palmarès, dont quelques étapes du Tour et le maillot jaune. Anquetil avait l'intelligence des situations et le don du commandement.

La rumeur prétend aussi que Poulidor ne parvenait pas à gagner aussi souvent qu'il le souhaitait car il refusait d'ingurgiter des produits dont ne se privaient pas les autres cyclistes. Je n'y crois pas une seule seconde. Dès les années 1950, Fausto Coppi n'avait pas caché faire usage d'amphétamines, appelées *bomba*, chaque fois qu'il en ressentait la nécessité. Poulidor devait être soumis au régime commun, qui ne présentait d'ailleurs pas de danger majeur.

Je me rappelle avoir avalé des ampoules de phospho-amphétamines avant mes examens universitaires. Je n'avais pas constaté d'effet néfaste sur mon organisme.

Mais on peut raconter tout ce que l'on veut, je reste un partisan farouche de Poulidor avec lequel j'ai toujours plaisir à discuter chaque fois que le Tour de France m'accueille dans sa caravane.

Je n'en démordrai pas : dans le cyclisme, je suis plus Raymond que Jacques.

J'aime la fréquentation des coureurs cyclistes. Chaque fois que j'en rencontre un, l'émotion me gagne, et les souvenirs remontent à la surface. Une année, avant un match de championnat, à Nice, j'ai eu la chance de parler avec un petit homme qui se présenta à moi avec timidité. Il s'appelait Apo Lazaridès, surnommé « l'Enfant grec » en raison de ses origines. Je me rappelais de lui comme d'un équipier modèle de René Vietto. Son nom revenait souvent dans la bouche de Georges Briquet à la radio en raison de ses nombreuses participations au Tour de France. J'en avais encore l'écho dans les oreilles. Il s'était aussi classé à la deuxième place du championnat du monde 1948. Lazaridès m'avait fait rêver au point que l'un de mes petits coureurs en fer, avec lesquels je jouais dans la cour, portait son nom. Il se battait avec fougue contre Jean Diederich ou Charly Gaul pour atteindre, en première position, la ligne d'arrivée fictive de mon parcours virtuel. En discutant en sa compagnie, j'avais effectué un retour en arrière de quarante ans! Le plus bouleversé des deux n'était pas forcément celui qu'on imagine.

Et que dire de Jacques Marinelli, le seul Français qui tenta de résister à Coppi en 1949, troisième au terme d'une lutte héroïque? Un jour, Auxerre alla jouer un match amical à Melun. Je savais qu'il était devenu le maire de la ville aux élections de mars 1989, sous la bannière du RPR. J'avais donc demandé à le saluer avant le coup d'envoi, et c'est dans les vestiaires que je pus lui dire quelques mots. Et mon admiration sans limite. Surnommé « la Perruche », il porta pendant six jours le maillot jaune en 1949, et fut le premier cycliste participant au Tour à tenir une chronique quotidienne dans *L'Équipe*. Ses résultats liés et ses articles entraînèrent à l'époque des records de vente pour le journal sportif. De Jacques Marinelli aussi, Georges Briquet parlait souvent, en magnifiant ses exploits.

Toutes ces figures légendaires nées dans le peloton, des plus majestueuses aux plus obscures, me passionnent. Un dîner avec Pierre Chany, l'une des plus belles plumes de *L'Équipe*, parfait connaisseur du monde du cyclisme, conforta cette forme d'excitation qui s'empare de moi dès que le sujet vient sur la table. J'aurais pu passer la nuit entière à l'écouter. Voire deux, tant ses talents de conteur étaient fameux. Je ne me lassais pas de ses anecdotes à profusion qui m'éclairaient sur les mœurs de cette microsociété.

Les liens de grande sympathie qui m'unissent à Jean-Marie Leblanc m'ont souvent permis de suivre des étapes de montagne dans sa voiture lorsqu'il était le directeur du Tour. J'apprécie tout autant la compagnie de Bernard Hinault qui, dans mon panthéon des gloires du cyclisme, occupe une place de choix. Je le situe au même niveau qu'Anquetil. Il avait une telle faculté à se faire souffrir sur un vélo ! Il semble qu'il ait beaucoup de mal à accepter certaines tactiques actuelles de course, rendues monocordes à cause de l'utilisation des oreillettes. À l'arrière de sa voiture, je l'entends maugréer contre des coureurs qui, selon lui, ne font pas le boulot. Ou pas assez. « Mais qu'est-ce qu'ils attendent pour attaquer ? Moi, là, je leur ferais tout péter à la gueule ! » En le regardant gesticuler, je me dis parfois qu'il n'a pas changé. Il est de la race des champions, au tempérament de feu. Et au verbe enlevé.

Depuis plus d'un siècle, le Tour de France appartient au patrimoine national. Il est la fierté de notre pays et tout doit être mis en œuvre pour en préserver le lustre et en assurer la pérennité. Je ne supporte pas tous ces esprits chagrins qui le salissent et l'abîment en permanence. Je dénonce, aussi, ceux qui cherchent à l'utiliser pour atteindre des objectifs partisans que je réprouve. Par exemple, dans la fameuse affaire Festina qui affecta Richard Virenque, en 1998, je m'étais prononcé contre la férocité du ministère des Sports de Mme Buffet où officiait, pourtant, mon ami Serge Mesonès. Était-il nécessaire de traiter les coureurs comme des criminels? Était-il opportun de les arrêter, en direct, devant les caméras de télévision? Était-il convenable de les livrer à la vindicte publique, entre deux gendarmes, offrant d'eux des images dégradantes? Ils avaient commis une entorse à la loi? C'est exact. Ils s'étaient détournés de l'esprit sportif? Là, ce n'est pas si sûr: une partie du peloton se dopait peut-être…

Je n'aime pas cet acharnement systématique contre les coureurs cyclistes, qui devient une sorte de sport national pratiqué chaque été.

Que Laurent Jalabert ait pu être montré du doigt par une commission d'enquête sénatoriale, avant le départ du Tour du Centenaire, sur la base de tests rétroactifs effectués sur des échantillons stockés depuis des années dans un laboratoire, me paraît totalement honteux. Et moralement inacceptable. En droit français, il existe une prescription de dix ans pour les crimes. Les contrôles antidopage échapperaient, eux, avec le temps, à toute forme de prescription? Où est la justice? Pourquoi seraitelle plus intransigeante pour les cyclistes que pour les assassins? Je ne comprends pas.

Ma philosophie, concernant le suivi médical du peloton, est précise. Ce qui est interdit est prohibé: si le coureur se fait prendre, il est sanctionné. En revanche, ce qui n'est pas interdit est permis.

Et si l'on s'en tenait là ?

Je n'ai qu'un seul voeu à formuler : que notre grande République laisse notre petite reine tranquille. Elle donne tant de bonheur aux gens…

28

Avec le temps va, tout s'en va...

Bravo André, merci Johnny

Chaque année, à l'approche des fêtes de Noël, André Verchuren contribuait au succès populaire du gala de l'AJ Auxerre, qu'il animait au son de l'accordéon. Il ne dérogeait jamais à une tradition qui comblait d'aise le public bourguignon. Les gens applaudissaient, ils dansaient, ils chantaient, ils étaient heureux. Lui-même ancien déporté, arrêté par la Gestapo, torturé et envoyé dans un «train de la mort» au camp de Dachau, en 1944, dont il ressortira un an plus tard, il acceptait de répondre aux invitations à l'unique condition que la demande émane d'un prisonnier de guerre. C'était le cas à Auxerre, où de nombreux dirigeants du club avaient été capturés et placés sous les verrous par les forces d'occupation.

Une seule fois, André Verchuren déclara forfait pour des raisons personnelles, laissant la place à un jeune chanteur en devenir: Johnny Hallyday. Dans le marché couvert d'Auxerre, on se faisait une joie d'accueillir la nouvelle idole «yé-yé», une sorte de bête curieuse dont on commençait à parler. Malheureusement, le verglas qui recouvrait les routes de la région incita le public à rester au chaud chez lui. Et l'AJA ne récolta pas assez d'argent pour honorer ses engagements contractuels. Une vraie galère. Après le concert, tout le monde se retrouva au Bar du Marché pour dîner mais aussi… négocier. Dur en affaires, son agent semblait inflexible sur les clauses du contrat, mais Johnny se montra bien plus magnanime. «Laisse, tu vois bien qu'ils n'ont pas enregistré les rentrées escomptées, lui dit-il. Ce n'est pas leur faute. Donnez-nous la recette guichets, et ça ira comme ça.» L'agent puisa donc dans la caisse pour se payer. Sans sonner le creux, elle ne contenait pas le cachet initialement prévu. On était même loin du compte. Les dirigeants de l'AJA n'apprécient peut-être pas tous la musique de Johnny Hallyday, mais ils lui seront toujours reconnaissants d'avoir eu, un soir d'hiver, un geste si généreux à l'égard du club.

Johnny n'était pas un parfait inconnu dans la région. Le 16 avril 1960, il avait donné son tout premier concert en public, à l'âge de 17 ans, au cabaret L'Escale de Laroche-Migennes, en première partie du tour de chant de Jean Constantin. Plusieurs de ses titres excitèrent une salle surchauffée: «T'aimer follement», «Laisse les filles», «J'étais fou» ou «Premier amour» firent un tabac. À plusieurs reprises, il s'était allongé sur le sol dans une position inhabituelle, et souleva la ferveur des spectateurs. Son costume rose eut un effet dévastateur sur un public survolté.

On n'avait encore jamais connu une telle soirée enfiévrée à Laroche-Migennes.

Une scène, une guitare sèche, une chaise

L'Escale était un dancing localisé au sous-sol de l'Hôtel de la Réunion, à quelques mètres de la gare de

Laroche-Migennes, distante d'une vingtaine de kilomètres d'Auxerre. À l'époque, tous les trains s'arrêtaient dans cette station pour opérer un changement de locomotives. Après une halte qui pouvait durer une bonne heure, ils repartaient ensuite en direction de Lyon ou de Marseille. Nombre de vedettes de la chanson effectuèrent leurs classes dans ce cabaret réputé, qui avait été reconstruit après-guerre : Jacques Brel y chanta pour la première fois « Les Bonbons », Sidney Bechet s'assura un véritable triomphe trois fois de suite, Charles Aznavour, Gilbert Bécaud, Fernand Raynaud, Charles Trenet, Juliette Gréco, Jean Ferrat, Les Chaussettes noires avec Dick Rivers… Et bien d'autres encore. Édith Piaf s'y exhiba souvent pour des récitals qui rencontraient d'immenses succès. La rumeur courait qu'elle puisait dans la compagnie d'un charmant Migennois une solide source de motivation lors de ses visites répétées.

Tout au long de ma vie, la musique a escorté mes pas. Au plus loin que remontent mes souvenirs, je me revois tendre l'oreille pour écouter à la TSF, à côté de mon grand-père, « Le Relais des vedettes », une émission qui nous enthousiasmait, lui comme moi. Je n'avais pas 10 ans. Pendant une semaine, un artiste assurait, chaque midi, une sorte de fil rouge à l'antenne. Il se racontait, évoquait sa jeunesse, parlait de son métier, et chantait quelques morceaux de son répertoire. Parmi les invités : André Claveaux, Maurice Chevalier, Line Renaud ou Georges Guétary, qui faisaient les délices de mon grand-père. Il appréciait aussi Suzy Delair, dont personne, dans la région, n'ignorait le statut officieux de… première dame d'Auxerre !

Mes goûts évoluèrent à l'adolescence, lorsque des surveillants de mon lycée me firent découvrir le jazz. Sidney Bechet, Louis Armstrong, la musique de

La Nouvelle-Orléans : je possède encore quelques anciens 45 tours, au milieu de plusieurs 33 tours, que je réécoute de temps à autre. J'ai même racheté, dernièrement, un tourne-disque qui avait attiré mon œil sur une publicité en dernière page de *Rustica.* Il m'en a coûté 40 euros, une affaire à côté de laquelle je ne pouvais pas passer.

Mais c'est à L'Escale que j'ai pu entretenir et cultiver mon éducation musicale, vers la fin des années 1950. J'ai ressenti mon premier grand coup de cœur pour Jacques Brel. Ce soir-là, la salle était comble, et le public, composé essentiellement de professeurs, d'instituteurs et de commerçants, lui réserva un accueil triomphal. J'y étais allé avec Jean-Claude Charlet, le journaliste sportif de *L'Yonne républicaine*, qui abandonnait ses attributions habituelles pour rédiger un article à la demande de son rédacteur en chef. Brel figurait seul sur la scène, avec une guitare sèche et une chaise pour uniques compagnes. À la fin de son tour de chant, le public refusa qu'il regagne sa loge ! « Une autre, une autre, une autre… », hurlait-il sur l'air des lampions. J'avais accompagné son envie avec la fougue de ma jeunesse, en redoublant mes applaudissements et en tapant au sol avec mes pieds. Les vêtements de Brel étaient détrempés par la sueur, tellement il se donnait sur scène. Une vraie performance physique.

Après avoir changé de costume, il nous retrouva au restaurant pour un dîner mémorable, que nous avions partagé avec le patron de L'Escale. Durant toute la durée du repas, Charlet n'arrêta pas de l'interroger et de prendre des notes, avec frénésie. Assis à côté d'eux, je buvais les paroles de Brel. Au petit matin, quand les lueurs du jour commencèrent à filtrer, nous nous étions quittés, à peine fatigués. J'en avais pris plein les yeux et les oreilles.

Ferré, c'est extra

Si Brel, dans mon hit-parade personnel, occupe une place de choix, il ne supplante pas celui qui demeure, de loin, mon chanteur préféré : Léo Ferré. Lui, c'est autre chose ! Après la Seconde Guerre mondiale, la réputation de Saint-Germain-des-Prés dépassa les limites de la capitale et Appoigny n'échappa pas au phénomène ambiant. Je découvrais les noms de Boris Vian, de Juliette Gréco ou de Léo Ferré. La poésie qui se dégageait de ses chansons, avec une expression riche et profonde, correspondait à mon état psychique.

Il y eut une première période féconde avec les disques produits par Le Chant du monde. Je goûtais en particulier « Le Pont Mirabeau » dont l'exquise mélodie enveloppait mon esprit.

« Sous le pont Mirabeau coule la Seine
Et nos amours
Faut-il qu'il m'en souvienne
La joie venait toujours après la peine... »

Ferré signa ensuite un contrat avec le label L'Odéon, et poursuivit l'adaptation des poèmes d'Apollinaire, qu'il mit en musique. Plus tard, il s'engagea avec les éditions Barclay, et se retrouva au sommet avec plusieurs tubes : « Paname », « Jolie Môme »... Je suivais sa carrière pas à pas.

Je suis même allé de nombreuses fois à Paris pour assister à ses concerts, notamment à L'Olympia et à L'Alhalmbra, pendant la guerre d'Algérie. Ce couplet bouleversant de l'une de ses chansons resta à jamais gravé dans ma mémoire :

« Donne-moi ton pote mon petit Youssef,
ou je te branche sur l'EDF... »

Le propos provoqua un scandale auprès des autorités publiques qui se déchaînèrent, et la radio n'osa pas diffuser la chanson.

Mandaté par la direction de l'Unef, j'avais réussi à obtenir un rendez-vous avec Léo Ferré pour le convaincre de donner un récital en solidarité avec les étudiants blessés en Algérie. Mais il ne donna pas suite, sous l'influence de son agent.

Il n'était pas un artiste consensuel, il existait aussi chez lui un côté râleur et grinçant qui pouvait déplaire.

Je lui rendis visite, quelque temps plus tard, dans les coulisses de L'Olympia, où il m'accueillit fort bien. Depuis ce jour, je peux même dire que nous entretenions des relations de grande sympathie.

J'écoutais « La Vie d'artiste » en boucle, encore et encore, tellement la chanson me transportait. Je connaissais chaque mot par cœur.

« Je t'ai rencontrée par hasard,
ici, ailleurs ou autre part [...]
Sans se connaître on s'est aimés. »

Merveilleux texte, que je ne me lassais pas de réentendre. Il le chanta un soir de 1961 à Annecy. Apprenant qu'il se produisait en public, j'avais bondi dans ma Simca 1000 un après-midi pour aller le voir sur scène. Je n'avais pas de billet et une pancarte affichait « Complet ». Mais je me débrouillai pour franchir les portes d'entrée. Un beau souvenir. J'étais retourné à Auxerre tard dans la nuit, la tête dans les étoiles. À 8 heures du matin, j'ouvrais mon cabinet d'assurances pour une journée de travail qui fut illuminée par le spectacle de la veille. J'avais une vraie flamme intérieure qui brûlait pour Léo Ferré. Je m'étais aussi rendu à un festival de chansons françaises à L'Alhambra, à Paris, dont il était l'une des principales vedettes.

Dès qu'une occasion de le voir se présentait, je n'hésitais pas à bouleverser mon emploi du temps. Un dimanche soir, après un match de football, j'avais pris la direction du théâtre libertaire Déjazet, à Paris, où Léo Ferré était à l'affiche. Une nouvelle fois, j'avais un peu forcé les portes de la salle car plus aucune place n'était disponible à la vente. La direction me proposa de me poster sur le côté de la scène, derrière le rideau. Pas de problème : tout m'allait dès lors que je pouvais l'écouter chanter ! Je m'étais même transformé ce soir-là en porteur d'eau : plusieurs fois au cours de la soirée, je lui avais transmis une bouteille pour qu'il se désaltère. Je m'aperçus, avec surprise, qu'il perdait un peu la mémoire. Quelques feuilles jaunies, placées juste devant lui, semblaient indispensables au bon déroulement de son tour de chant. Il lisait ses propres textes, faute de pouvoir s'en souvenir.

Je le retrouvai, une autre fois, au Festival de la forêt d'Othes, organisé à Saint-Florentin, à trente kilomètres d'Auxerre, par une association locale. Les festivités se terminaient chaque année au Théâtre de Verdure, en plein air. Ferré fut la grande attraction de l'édition 1992, avec « Tu chanteras » et « La Mauvaise Graine », deux titres totalement inédits. J'avais eu la chance de dîner avec lui, son accordéoniste, ses techniciens, de même que son fils Mathieu qui le suivait dans sa tournée estivale. La discussion s'étira jusqu'à 2 heures du matin. Il parla beaucoup de la Toscane où il s'était installé dans la dernière période de sa vie. J'avais remarqué, avec surprise, qu'il s'exprimait avec une certaine brutalité. Je crois même avoir ressenti une petite gêne.

Je fus l'objet de remarques moqueuses de la part des professeurs et des instituteurs présents au festival. Ferré véhiculait l'image d'un homme libertaire plutôt catalogué à gauche. Moi, celle d'un homme qui ne vivait que par le prisme du football. Pour certains, ma présence en ce lieu apparaissait presque saugrenue. Pour un peu, il aurait fallu que je me justifie. «Je suis un mordu de Ferré, et alors?», leur avais-je répondu, en faisant fi des clichés.

Dix ans après sa disparition, le Festival d'Othes organisa en août 2003 une représentation avec plusieurs chanteurs et chanteuses qui interprétèrent une bonne vingtaine de morceaux de son répertoire. Une belle soirée de recueillement, avec pour ambition le désir de faire vivre la mémoire de l'artiste. Je m'étais assis au même endroit, sur les rangées de pierre, pour retrouver mes perceptions passées. Auprès de moi, Mathieu Ferré saluait avec émotion l'œuvre de son père. Éric Cantona aurait sans doute aimé partager ce moment. Il était devenu un fanatique de Léo Ferré depuis que je le lui avais fait découvrir, un jour, dans le car qui nous ramenait d'un déplacement. J'avais mis une cassette qui éveilla aussitôt son intérêt.

«Qui c'est celui-là?»

«Léo Ferré.»

«Vous me prêtez la cassette?»

«Oui»

«Et vous avez des disques de lui?»

«Oui.»

«Je peux les avoir?»

«Naturellement, Éric!»

Quelques jours plus tard, après avoir dévalisé le marchand de disques d'Auxerre, Cantona partit à la rencontre de Ferré. Après s'être entretenu un après-midi avec lui, il le sollicita pour qu'il lui signe quelques autographes. Presque comme une groupie, en admiration devant son idole.

De la part de Cantona, la demande n'était pas banale. Mais, au fond, je le comprenais assez, Éric...

Du charme, du rire, du bon vin

Léo Ferré vole au-dessus des autres. De tous. Mais je ne peux oublier les très bons moments que d'autres chanteurs m'ont procurés. Comment, par exemple, ne pas tomber sous le charme de Barbara ? De ses textes, en particulier ceux écrits par Georges Moustaki, s'échappait une poésie exquise qui provoquait chez moi une sorte d'enchantement. J'ai dû la voir deux fois à Paris. Quand elle se déplaçait sur scène, sa prestance forçait l'admiration. Elle ne répondait pas aux canons classiques de la beauté mais il était difficile de ne pas éprouver quelque chose de très fort en l'observant. J'avais parfaitement compris, à deux ou trois de ses attitudes, pourquoi François Mitterrand n'avait pas été insensible à son charme quand il la rencontra à l'âge de 25 ans.

Je ne portais pas tout à fait le même regard sur Georges Brassens, que j'appréciais néanmoins. Son nom m'évoque une anecdote qui fit les beaux jours de ma vie de lycéen à Limoges. Je comptais de nombreux copains étudiants, en faculté de médecine ou de droit. Ils passaient parfois me rendre visite, et ouvraient en grand la fenêtre de chez moi qui donnait sur une maison où habitait un policier. Et là, pour provoquer son énervement paroxysmique, ils mettaient à la puissance maximale la chanson de Brassens qui évoquait « un orang-outang qui se fait la femme d'un flic... ». Quelle franche rigolade ! Des minutes entières à se tordre de rire...

Charles Aznavour figure, lui aussi, dans le lot de mes artistes préférés. Un soir, j'étais allé lui rendre visite dans sa loge pour le saluer et le féliciter de sa performance. Il m'avait offert un verre de bordeaux pour me remercier. Nous avions trinqué ensemble, et discuté quelques minutes. Dans le contrat qui le liait à l'organisateur, il imposait qu'une vingtaine de bouteilles de médoc 1989 lui soit déposée chaque jour. Il buvait peut-être un verre avant le spectacle, un autre après. Le reste était réservé à ses invités, toujours nombreux à vouloir l'honorer.

Les chanteurs savent vivre, eux aussi.

29

Brèves histoires d'une longue vie

Gloire à de Gaulle

La Seconde Guerre mondiale détermina le reste de ma vie. De Colmar, mon grand-père nous rapatria vers sa terre natale, à Appoigny, à dix kilomètres d'Auxerre, afin de nous éloigner du danger. En août 1944, j'ai vu passer dans notre village le repli de la division Das Reich dont une partie avait perpétré le massacre d'Oradour-sur-Glane. Les Américains se trouvaient juste à côté, à Joigny. Un jour, un obus cassa un marronnier du jardin du notaire du village. Si je m'en souviens! C'est l'arbre qui nous servait de poteau de but. Deux maquisards tuèrent un motocycliste allemand, puis se cachèrent chez nous avant de s'enfuir par le soupirail arrière vers les champs de maïs. Quand les Allemands débarquèrent quelques minutes plus tard, je pensais qu'ils allaient tous nous massacrer. Ce qui nous sauva, c'est que mon grand-père, qui avait été fait prisonnier lors de la Première Guerre, et ma mère, élevée en Alsace, parlaient tous les deux allemand. Du coup, les soldats prirent juste des pots de confiture et les jumelles de mon grand-père, et filèrent chasser les maquisards.

Mon attachement viscéral au gaullisme vient de ces événements dramatiques qui se déroulèrent sous mes yeux. Vainqueur de la guerre, le général de Gaulle fut un grand négociateur. Il eut la chance de trouver plus tard face à lui un homme de sa trempe, Konrad Adenauer, qui disposait d'une telle autorité dans son pays que la réconciliation franco-allemande se matérialisa assez rapidement.

Ce n'était pas gagné d'avance. Car les questions étaient nombreuses au sujet des vaincus. Que fallait-il faire d'eux? Chercher à les humilier? Les laisser se réarmer? Et le bloc de l'Est, devait-on le briser? À la sortie de la guerre, toutes ces interrogations chahutaient ma conscience.

Dès 1961, l'AJ Auxerre obtint des crédits importants pour envoyer ses équipes de jeunes en Allemagne afin d'y disputer des tournois. Il y eut aussi des jumelages avec des villes de la région. On recevait nous-mêmes des petits Allemands à Auxerre.

On avait engagé trois guerres contre l'Allemagne, en 1870, en 1914 et en 1939, et on ne se demandait plus désormais quand aurait lieu la quatrième. Quel soulagement pour les gens de ma génération : nous allions enfin pouvoir vivre en paix !

Antoine à Pontaillac, et nulle part ailleurs

Au sein de l'équipe de Poitiers, je m'entendais particulièrement bien avec le gardien de but. Dix-huit ans nous séparaient mais on évoluait dans des univers assez proches. Lui était professeur de gymnastique et moi surveillant au lycée de Montmorillon. À la fin de l'année scolaire 1958, il me demanda comment je comptais occuper mes vacances. Je n'avais pas d'autre projet que celui de retrouver ma famille à Appoigny.

« Voudrais-tu venir une semaine ou deux au bord de la mer avec moi ? »

« Pourquoi pas ? Ça me changerait de la campagne bourguignonne… »

« Écoute, je suis gérant du Club Mickey de Pontaillac, à Royan. Je te propose de m'aider à m'occuper des gamins. Ce n'est pas bien compliqué mais il faudra que tu leur consacres quelques heures par jour. »

« Parfait ! »

« Tu pourrais organiser des jeux sur la plage, du genre balle au prisonnier, et leur donner quelques cours de natation. Tu seras logé juste à côté. »

C'est avec un immense plaisir qu'au lieu d'emprunter la route de l'est je bifurquai vers l'océan Atlantique. Ça me changeait.

Parmi tous les vacanciers qui accompagnèrent leurs enfants au Club, Jacqueline Joubert arriva un jour avec le sien, âgé de 4 ans, pour que je lui apprenne à nager. Je la connaissais vaguement par le biais de la télévision où elle présentait une émission de variétés. Elle vivait avec Georges de Caunes, qui était une de mes idoles pour avoir créé le premier journal télévisé avec Pierre Sabbagh et Jacques Sallebert.

J'eus donc l'honneur de m'occuper, pendant une dizaine de jours, de leur fils Antoine que je guidais au fil de l'eau pour qu'il y barbote et qu'il effectue quelques brasses, non sans l'avoir au préalable muni d'une bouée protectrice.

Quand je le vis apparaître à son tour sur les écrans, une trentaine d'années plus tard, un doute m'envahit. Était-ce bien lui, le petit bonhomme dont j'avais eu la responsabilité cet été-là à Pontaillac ?

Pour en avoir le cœur net, j'avais sollicité mes amis de TF1 pour qu'ils me procurent le numéro de téléphone de

Jacqueline Joubert. Je souhaitais l'interroger, pour obtenir confirmation.

«Aviez-vous bien inscrit votre fils Antoine au Club Mickey, durant l'été 1958?»

«Tout à fait!»

«Et il avait pris des cours de natation?»

«C'est exact.»

«Eh bien, madame, sachez que c'est moi, Guy Roux, qui les lui avais donnés…»

Quelque temps plus tard, Philippe Gildas m'invita à «Nulle Part Ailleurs», l'émission décapante de Canal+, où Antoine de Caunes changeait de personnage chaque jour pour se mettre en scène dans des sketches désopilants. Je mis Philippe Gildas dans la confidence, en le prévenant: «Je vais tutoyer de Caunes durant toute la durée de l'émission. Et, à la fin, je lui expliquerai pourquoi je me suis autorisé cette liberté.»

Lorsqu'il apprit, de ma propre bouche, qu'il savait nager grâce à mes leçons, il n'en revint pas.

On dit parfois que le monde est petit. C'est vrai, même pour l'animateur du «Grand Journal».

Acte manqué

L'instituteur d'Appoigny avait une personnalité hors norme. Il m'influença à ce point que mon désir le plus profond fut de devenir moi-même instituteur. J'avais décidé, par conséquent, de m'inscrire au concours de l'École normale qui, à l'époque, représentait un passage obligé pour exercer ce métier. Le matin de l'examen, tout se déroula selon un scénario satisfaisant. Je pensais avoir réussi mes épreuves. J'étais assez confiant pour celles de l'après-midi qui me semblaient à ma portée.

En mangeant mon casse-croûte sur le pouce, lors de la pause déjeuner, je jetais de temps en temps un coup d'œil distrait à l'horloge de la Poste. 13 h 30, 13 h 35... La reprise des examens était prévue à 14 heures, avec une dictée, un exercice essentiel au programme. Je ne sais plus exactement pourquoi mais je ne fis plus attention à l'heure, jusqu'au moment où je relevai la tête et m'aperçus que les aiguilles étaient restées bloquées sur 13 h 35 ! Panique. Renseignement pris, il était en fait 13 h 59. À une minute du « coup d'envoi » ! Je courus comme un dératé pour rejoindre le bâtiment mais il était trop tard pour espérer arriver à l'heure.

Lorsque je fus installé à ma place, tout essoufflé, l'inspecteur s'approcha de moi, l'air narquois : « Tu commences quand tu veux, mais sache que je te compterai une faute par mot manquant ! »

C'en était fini de mes espoirs de réussir le concours. Pour un acte manqué, j'étais éliminé. Je ne serais donc pas instituteur. Qu'allais-je bien pouvoir devenir ?

Jospin, camarade de régiment

Au Centre d'instruction des divisions blindées de Trèves, j'entraînais l'équipe de football dont le principal objectif, chaque année, consistait à remporter la Coupe de l'Otan, organisée à Cologne. C'est là que je fis la connaissance de Lionel Jospin, qui effectua son service militaire dans ce même régiment, en 1962. Son principal centre d'intérêt, à l'époque, tournait autour d'une grosse balle orange : le basket, qu'il pratiquait avec ferveur et talent. On avait 24 ou 25 ans et nous nous occupions de « gamins » de cinq ans nos cadets. Il nous arrivait de partir ensemble, le dimanche, pour participer à des compétitions sportives dans les environs. Des voyages en bus qui nous permirent de dialoguer et de nous apprécier. Lionel Jospin, qui nous dépannait parfois comme gardien de but, nous quitta au bout de trois mois pour devenir élève officier de réserve.

J'ai eu l'occasion de le revoir à plusieurs reprises, comme ce jour où, à Toulouse, je l'entendis clamer dans les couloirs du stade: «Il est où mon copain de régiment?» C'était vers la fin des années 1980, il arpentait la région dans tous les sens et battait la campagne des élections législatives. Avant le match qui opposerait Auxerre au TFC, je pus lui parler une bonne demi-heure. Plus tard, lorsqu'il accéda au rang de ministre de l'Éducation nationale, je l'ai côtoyé dans les tribunes officielles lors de matchs de l'équipe de France. Il m'arrangea quelques affectations de personnels enseignants dans la région de Bourgogne, le type de service qu'un homme politique doit pouvoir rendre à ses concitoyens...

Le soir où tomba le communiqué AFP annonçant sa candidature pour l'élection présidentielle de 1995, il assistait à Auxerre-Bordeaux, un match de Coupe de la Ligue. Après la rencontre, autour d'un verre de chablis, je lui mis un pari entre les mains. «C'est simple. Si vous gagnez au second tour, vous m'invitez à déjeuner à l'Élysée. Si vous perdez, je vous offrirai le repas de consolation.» Trois mois plus tard, nous nous retrouvions face à face à la Côte Saint-Jacques, à Joigny, en présence de Gérard Bourgoin et de Henri Nallet. Il avait été battu par Jacques Chirac, c'était à moi d'honorer le pari. Pendant les quatre heures que durèrent le déjeuner, nous avons refait la France. Au détour d'une phrase, il m'assura, sans l'ombre d'un doute: «Je serai Premier ministre dans les dix-huit prochains mois.» Quelques mois après, Jacques Chirac procédait à la dissolution de l'Assemblée nationale, perdait la majorité parlementaire et nommait Lionel Jospin à Matignon !

TF1, qui n'ignorait pas mes relations privilégiées avec lui, me demanda de l'accueillir au Stade de France le jour de la finale de la Coupe du monde, en 1998. Dès sa descente de la voiture officielle, je l'avais conduit jusqu'au grand plateau de la chaîne installé au dernier étage du stade, où Patrick Poivre d'Arvor présentait une édition exceptionnelle du « 20 heures ». L'ascenseur étant en panne, nous avions gravi ensemble les très nombreuses marches et, comme l'épouse de Lionel Jospin, Sylviane Agacinski, portait une longue robe, je dus l'aider pour qu'elle ne se prenne pas les pieds dedans. Chacun peut imaginer la scène. Elle provoqua quelques rires à peine étouffés à notre passage.

Au moment de l'interview de son mari, elle s'approcha de moi et me questionna :

« Pouvez-vous me dire comment il était à 25 ans ? Vous étiez ensemble à Trèves, il me semble. Gardez-vous quelques souvenirs de lui ? »

« Il était tondu ! Il n'avait pas les belles boucles de cheveux qu'on lui a ensuite connues. Il aimait beaucoup le sport. Il entretenait de bonnes relations avec tout le monde. J'avais bien noté qu'il était de gauche. Mais j'avais aussi remarqué qu'il était intelligent… »

Il me reçut à déjeuner à Matignon après l'annonce de mon retrait de la vie active, en 2000, lorsque les forces m'avaient trop abandonné pour espérer continuer dans le métier. Il voulait comprendre mes raisons profondes. « Pourquoi arrêtez-vous ? Que ressentez-vous de particulier qui vous pousse à cesser d'exercer votre profession ? »

Il me paraissait très intrigué.

Avait-il une idée spéciale en tête ?

Devant l'insistance de Pierre Lemarchand, le député de l'Yonne, j'avais accepté en 1965 de figurer sur sa liste pour tenter de rafler la municipalité d'Auxerre au maire en place, Jean Moreau – une personnalité bien installée dans son fauteuil malgré son passé de pétainiste et de vichyste. Ancien as de l'aviation pendant la guerre de 1914, il était connu pour tenir le manche de son biplan entre ses jambes, afin d'avoir les mains libres pour tirer à la carabine sur les avions prussiens! Personne ne nous accordait la moindre chance de le battre. À juste raison: la liste Lemarchand reçut une belle claque dans les urnes, qui étouffa dans l'œuf toutes mes velléités de carrière politique.

Jean Moreau ne goûtait pas particulièrement aux joies du sport. Un jour, le ton monta entre nous après l'une de ses campagnes triomphales, au cours de laquelle il fut néanmoins chahuté.

Il s'emporta.

«Est-ce que je fais faire mon jardin par les employés municipaux, moi?»

Il pensait sans doute que je ne relèverai pas.

«Je crois bien que oui, monsieur le maire, et je vous en félicite car vos concitoyens préfèrent que vous passiez votre temps à les défendre plutôt qu'à tondre votre pelouse! Laissez les employés municipaux s'en occuper à votre place...»

Magnanime, il fit voter des crédits municipaux pour l'implantation de deux nouvelles pelouses, l'une pour le Stade auxerrois, l'autre pour l'AJ Auxerre, dont j'étais l'entraîneur. De temps en temps, j'allais rendre une petite visite à nos voisins pour voir si leur herbe poussait convenablement. Histoire d'établir une comparaison avec la nôtre. Une nuit, je pris deux sacs de graines de radis pour aller les semer discrètement dans leurs six mètres. Quelques jours plus tard, venu constater de visu le résultat de mes plantations, je pus observer avec une satisfaction non dissimulée que le président du Stade auxerrois courbait l'échine pour ramasser de magnifiques petits radis roses près des buts. En plein dans le mille : mon coup avait formidablement réussi.

J'ai compris très tôt que, pour avancer plus vite que les autres, il valait mieux être hardi que gentil.

Petit standardiste de VGE

Jusque-là membre de plusieurs cabinets ministériels, Jean-Pierre Soisson se présenta pour la première fois à des élections législatives en 1967, dans la première circonscription de l'Yonne. Il était investi par les Républicains indépendants, et se trouvait sous la surveillance étroite des gaullistes, raison pour laquelle Valéry Giscard d'Estaing se déplaça en personne pour le soutenir.

Au premier tour, pendant le grand meeting électoral, Jean-Pierre Soisson me confia le soin de répondre au téléphone dans une pièce jouxtant la salle principale. Je devais prendre tous les appels destinés à Valéry Giscard d'Estaing et les noter scrupuleusement sur une feuille de papier avant de la lui remettre. Beaucoup émanèrent de jeunes femmes qui voulaient s'entretenir avec lui. Elles étaient toutes charmantes, du moins au bout du fil, mais aucune ne désira laisser de messages. Je fus invité au dîner qui suivit, organisé au domicile de Jean-Pierre Soisson, qui avait convié une dizaine de personnes triées sur le volet. Personne n'osa prendre la parole. Seul VGE s'exprimait, monopolisant l'attention sur lui. La semaine suivante, pour le second tour, il fit une nouvelle halte à Auxerre. Et le dîner donna lieu à la même mise en scène. J'avais eu la désagréable impression qu'il ne me reconnaissait pas. Pas un mot, pas un regard, rien. Je ne devais pas exister à ses yeux.

Une autre occasion s'offrit à lui de me saluer, lors de la finale de la Coupe de France 1979, opposant Auxerre à Nantes au Parc des Princes. Occasion ratée, elle aussi. À l'époque, le protocole de présentation des deux équipes au président de la République, effectué sur la pelouse, ne prévoyait pas la présence des entraîneurs, si curieux que cela puisse paraître. Les joueurs étaient là, bien sûr, les présidents de club également, mais pas les entraîneurs, cantonnés à leur banc de touche ! En guise de protestation, je refusai de monter dans la tribune officielle après le match pour serrer la main du président de la République. Je n'avais pas eu le droit de le faire avant ? Eh bien, je m'interdisais de le faire après ! Jean-Pierre Soisson insista vigoureusement mais, vraie tête de lard, je ne crus pas nécessaire de consentir le moindre effort.

C'est à la suite de cette manifestation d'humeur que la Fédération procéda, à ma demande, au changement de protocole, incluant les deux entraîneurs dans la présentation qui précède le coup d'envoi de la finale de la Coupe de France.

Ma bouderie ne fut pas inutile.

Un communiste au patronage

Milieu de terrain offensif de Nancy, qui évoluait en Deuxième division, Serge Mesonès ne pouvait plus espérer demeurer en Lorraine bien longtemps : un petit phénomène répondant au nom de Platini, poussé par son père Aldo qui lui déblayait le terrain pour le propulser sur l'avant-scène, avait besoin d'espace pour s'exprimer. Il fallait lui laisser la place. En 1975, il valait mieux ne pas porter le numéro 10…

Je savais que Serge Mesonès était blessé au genou mais, en même temps, j'avais la certitude qu'il pourrait nous rendre de grands services. Il accepta de venir à Auxerre, sous réserve de trouver du travail dans la région car nous ne proposions pas de contrat professionnel. Il était journaliste de formation et *L'Yonne républicaine*, où le Syndicat du Livre pesait d'un poids non négligeable, représentait le meilleur endroit pour qu'il exerce son métier. Le rédacteur en chef, Charles Rivais, avec qui il avait déjà travaillé à Châteauroux, lui tendit les bras. La condition à sa venue était donc remplie. Restait à convaincre mon président.

Petit-fils d'un combattant républicain espagnol ayant fui son pays avec armes et bagages, Serge était le fils d'un mineur de la région de Rodez, responsable CGT et animateur des grandes grèves dans le secteur après-guerre. Serge perpétuait la tradition communiste de la famille avec une certaine flamme. Mais son militantisme n'était pas tout à fait neutre pour un club de patronage comme l'AJA, dont le président, Jean-Claude Hamel, se situait, lui, aux antipodes sur l'échiquier politique. Il me fallut argumenter.

«C'est un garçon très bien. J'ai mené mon enquête à Châteauroux et à Nancy, et j'ai obtenu d'excellents renseignements sur sa moralité. Et puis *L'Yonne républicaine* est prête à l'accueillir, c'est une assurance supplémentaire…»

Jean-Claude Hamel prit le temps de réfléchir, en fronçant les sourcils.

«Bon d'accord, Guy, mais à condition qu'il ne fasse pas de prosélytisme ! S'il n'en fait pas, il est le bienvenu !»

Il reçut Serge Mesonès en tête à tête et le lui répéta de vive voix. Personne n'eut jamais à regretter l'arrivée, à Auxerre, de celui qui était bien plus qu'un footballeur. Et qui laissa une trace indélébile.

Szarmach, un transfert de haute volée

J'ai découvert Andrzej Szarmach pendant la Coupe du monde 1974. Il formait avec Gadocha et Lato l'attaque de l'équipe de Pologne qui fut la révélation du tournoi. Il m'avait mis l'eau à la bouche. Quatre ans plus tard, il disputait la Coupe du monde en Argentine et je me suis décidé à aller à sa rencontre. Les Polonais avaient trouvé refuge dans un hôtel à Mendoza, sur une colline dont l'accès était gardé par des militaires. Pour passer, il fallait montrer patte blanche. En me renseignant, j'ai trouvé le fournisseur de bières qui montait approvisionner la sélection trois fois par semaine. Je me suis déguisé en livreur, avec casquette et blouson, et muni d'un laissez-passer, j'ai pu pénétrer dans les lieux. Et converser avec Szarmach, par l'intermédiaire d'un gars qui logeait à l'hôtel et qui parlait allemand.

Je rêvais de l'engager à Auxerre ! Szarmach faisait partie de cette génération de joueurs de l'Est « coincés » dans leur pays jusqu'à l'âge de 30 ans. Né en 1950, il pouvait donc en principe le quitter en 1980. C'est cette année-là que j'entrepris un périple jusqu'à Lodz où il jouait avec son équipe de Stal Mielec. En arrivant au stade, je vis des voitures du Bayern Munich et d'Anderlecht. Je me suis dit : « Mince, je ne fais pas le poids face à eux. Je n'aurai jamais Szarmach ! » Mais en poussant mes investigations, j'appris qu'il avait eu un accrochage assez sérieux avec un fonctionnaire du ministère des Sports, et qu'il ne recevrait donc pas d'autorisation de sortie du territoire. Affaire terminée ? Pas sûr !

À mon retour, je m'en ouvris auprès de Jean-Pierre Soisson, à l'époque ministre de la Jeunesse, des Sports et des Loisirs du gouvernement Raymond Barre.

« Vous ne connaîtriez pas le ministre des Sports de Pologne, par hasard ? »

« Si, bien sûr. C'est un ami. »

« Au point de pouvoir lui demander un service ? »

« Je suis en train de lui en rendre un : il souhaite se faire élire au CIO, et il a besoin des voix francophones. »

« Parfait : moi, je veux que Szarmach nous rejoigne. Il n'y a pas une entente possible entre nous ? Ne pourrait-il pas lever la sanction qui le frappe, en échange de votre aide ? »

Sur cette base-là, Jean-Pierre Soisson fit le nécessaire, sachant qu'il convenait de « dédommager » les autorités polonaises en vertu de « l'amitié » qui présidait à nos relations.

Restait à conclure le transfert officiel. Avec Gérard Bourgoin, on se déplaça à Mielec, dans les Basses-Carpates, où l'armée soviétique fabriquait des Mig. L'aéroport était interdit aux civils ? On prit le risque d'atterrir en déclenchant la procédure d'urgence. Une fois au sol, Gérard Bourgoin parlementa et distribua aux soldats des volailles qu'il avait embarquées dans son avion. Comme par enchantement, les portes s'ouvrirent devant nous. C'était à peine croyable : on avait certes reçu des visas d'entrée mais Gérard avait oublié son passeport ! À 1 heure du matin, alors que l'aéroport était en principe fermé, on décollait de Mielec en direction d'Auxerre avec la certitude que Szarmach serait bientôt chez nous. On avait dû « taper haut » pour parvenir à nos fins. Le club avait donné son aval, le ministère des Sports aussi et, dans la négociation, nous avions accepté de payer une partie du transfert avec des chronomètres Longines et des appareils de mesure pour le saut en longueur et le triple saut qu'on nous avait réclamés, à notre grande surprise.

Le lendemain de son arrivée à Auxerre, le 21 novembre 1980, Szarmach ouvrait son compteur buts en marquant face à l'Olympique Lyonnais, en championnat. Le premier d'une longue série puisqu'en 148 matchs, il réussit à en inscrire 94.

On n'avait pas fait le voyage à Mielec pour rien…

Roger la Balance

Au centre de formation d'Auxerre, le règlement intérieur ne souffrait d'aucune interprétation : quiconque s'aventurait à faire le mur était immédiatement sanctionné. Un jour, Basile et Roger Boli, accompagnés d'autres pensionnaires trop heureux de les suivre dans leur escapade, prirent la liberté de braver les interdits. Manque de chance pour eux, ils se firent surprendre les doigts dans le pot de confiture. Le lendemain, j'avais convoqué tout ce petit monde dans une salle pour une explication entre quatre yeux qui promettait d'être chaude. Et j'annonçais la couleur : cotisation de chacun des fugueurs pour l'achat d'un billard d'une valeur de 1 000 francs, avec réduction de 10 % pour celui qui m'indiquerait par quel endroit ils avaient filé la veille. Silence dans les rangs. Chacun regardait ses pieds ou le plafond. Jusqu'à ce que Roger ne sorte de sa réserve : « Moi, je vais vous le dire, coach, car j'ai besoin d'argent… »

Tous ses copains éclatèrent de rire. Roger était tellement « nature » que personne ne songea à lui adresser le moindre reproche.

Je pus ainsi percer le secret des fugueurs. Mais rien n'indique qu'ils mirent pour autant un terme définitif à ce «sport» en vogue au centre de formation.

Malin comme Soisson

Jean-Pierre Soisson n'avait pas pour habitude de me téléphoner au petit matin. Mais ce jour-là, à 8 heures, c'est bien sa voix que j'entendis dans le combiné. «Guy, pouvez-vous passer à la mairie tout de suite? C'est urgent.»

Le temps de monter dans ma voiture, et je lui faisais face dans son bureau, une dizaine de minutes plus tard.

«Le président François Mitterrand demande à me voir avant 13 heures. Il me proposera sans doute un poste de ministre car il veut ouvrir son gouvernement. Qu'en pensez-vous?»

«Ministre centriste d'un gouvernement de gauche? Pourquoi pas?»

En lui répondant avec franchise, je pensais intérieurement au profit que l'AJA pourrait tirer de son éventuelle promotion ministérielle: des crédits supplémentaires à grappiller pour construire de nouvelles tribunes, par exemple. Il fallait qu'il y aille!

«Acceptez, Jean-Pierre, acceptez! Mais si je peux me permettre une recommandation, je vous conseille d'être prudent. Car si l'opération échoue, vous êtes foutu. Les gens de votre camp vont vous descendre. Surtout, ne vous faites pas voir…»

«Cela va de soi, Guy.»

«S'il vous tend la main, François Mitterrand devrait vous donner un grand ministère. Mais, vraiment, passez par la porte arrière de l'Élysée pour éviter les journalistes…»

Au journal télévisé de 13 heures, ça n'avait pas loupé : gros plan sur la voiture de Jean-Pierre Soisson, immatriculée 89, qui avançait doucement sur le gravier de la cour de l'Élysée !

Il hérita finalement du portefeuille du Travail, de l'Emploi et de la Formation professionnelle. Et, le 29 juin 1988, il devenait le Premier ministre d'ouverture de la Ve République.

J'admirais son habileté politique. Il était très malin, et faisait ses principales conquêtes sans jamais déclencher la guerre. Il m'inspira beaucoup par l'emprise qu'il exerçait sur les hommes et par sa maîtrise des événements. Au début, j'étais passionné et coléreux. Au fil du temps, l'âge aidant, je suis arrivé à réfléchir plus posément, à simuler quelques colères et à déterminer froidement le moment où je pouvais frapper.

Mais je n'ai pas ménagé Jean-Pierre Soisson pour autant. Une nuit, je fis couper les deux platanes plantés par son père – que l'on avait baptisés Jean et Pierre – parce qu'ils empêchaient l'extension d'une tribune du stade. Il entra dans une colère noire lorsque les services municipaux l'en informèrent, très tôt, le lendemain matin.

Je n'ai pas hésité à lui mettre, parfois, une grosse pression sur les épaules. Une forte conviction m'anime : si vous voulez obtenir un avantage quelconque d'un homme politique, vous l'obtiendrez par le combat plutôt que par l'amitié et la sympathie. Une fois, par exemple, un engin des travaux publics avait défoncé la chaussée juste devant chez moi. Je pris une photo et la lui envoyai, avec ce commentaire : « Notre rue est prête à accueillir le prochain Paris-Roubaix. Vous êtes prié de réclamer le détournement de la course cycliste par Auxerre. » La rue fut goudronnée en un rien de temps, et le revêtement encore plus lisse qu'avant.

Lui et moi arrivions souvent à trouver un terrain d'entente.

Sondage express en salle de presse

Le départ d'Alain Roche pour Paris laissait un grand vide dans ma défense centrale. Par qui le remplacer? Je me creusais la tête, sans réussir à trouver l'oiseau rare. Mes amis suisses me mirent sur une piste : un jeune Hollandais, ancien pensionnaire d'Ajax Amsterdam, qui venait de quitter Lausanne Sports. Motif : non retenu par la direction du club, car jugé trop lent. Les renseignements sur son compte n'étaient pas mauvais mais, ne l'ayant jamais vu jouer, il m'était difficile de me faire une opinion. Je me trouvais en Suède pour l'Euro 1992 comme consultant pour TF1 et Europe 1, lorsque je pris la décision d'interroger les journalistes suisses que j'avais l'habitude de fréquenter et en qui j'avais confiance. Dans la salle de presse de Malmö, j'en regroupai une petite dizaine autour de moi et les consultai. « Vous attrapez chacun un papier et vous mettez une note à Frank Verlaat. Je ramasse les copies dans trois minutes ! » Au total, il récolta une très bonne moyenne, qui m'incita à prendre contact avec lui. Verlaat habitait Amsterdam, et se présenta dès le lendemain à moi, en compagnie de son épouse. Dans le cadre convivial d'un restaurant de Malmö, on se mit d'accord sur l'essentiel. Gérard Bourgoin fit le reste. Pendant trois saisons, Verlaat me donna entière satisfaction, au-delà même de mes prévisions les plus optimistes. Preuve que les journalistes suisses savaient de quoi ils parlaient !

Gare aux gorilles

La demi-finale de la Coupe de France 1996 nous réserva un sacré programme : un match au Stade Vélodrome, contre l'Olympique de Marseille. À l'époque, l'équipe évoluait certes en Deuxième division, mais elle possédait des joueurs expérimentés, comme Bernard Casoni, Marcel Dib ou Tony Cascarino, et s'appuyait sur un public bouillant qui nous préparait un accueil « musclé ». L'hostilité à notre égard était telle dans l'environnement du club marseillais que Gérard Bourgoin prit la décision d'embarquer des « gorilles » d'origine antillaise dans notre délégation pour une protection rapprochée. Spécialistes des campagnes électorales, rien ne leur faisait peur. Ils avaient le cou épais, qui s'enfonçait dans leurs épaules. De sacrés gaillards. Le jour du match, Gérard Bourgoin avait amené avec lui un quartier de bœuf et il taillait des biftecks d'un kilo, qu'il distribuait. En quelques coups de fourchette, les gorilles les avalèrent comme un rien, tout comme Gérard Depardieu qui avait fait le déplacement avec nous. Le soir du match, personne n'osa s'approcher de nous, comme par hasard.

La fin du karaoké, c'est 2 heures !

Le soir de notre victoire en finale de la Coupe de France 1996, j'ai négocié, avec Laurent Blanc et deux ou trois autres joueurs chevronnés, l'extinction des feux : ce serait 2 heures du matin ! Pas une minute de plus. Nous étions tous réunis au Trianon Palace, à Versailles, pour fêter l'événement. Mais je ne pouvais oublier que, la semaine suivante, un match nous attendait à Guingamp. Un match ô combien important : celui qui nous consacrerait champions de France, pour la première fois de notre histoire. Nous ne devions pas gâcher nos chances de victoire en prolongeant exagérément nos festivités.

Gérard Depardieu se trouvait avec nous, de même que son fils Guillaume et sa fille Julie. Il mettait une ambiance enflammée à une soirée où Gérard Bourgoin avait eu la bonne idée de convier le disc-jockey professionnel de chez Castel pour assurer l'animation musicale. Les chansons étaient reprises en chœur par toute l'assemblée, femmes de joueurs comprises. À 1h55, Depardieu m'appela sur la petite scène pour que je pousse la chansonnette. Impossible de m'échapper : je ne voulais pas jouer au rabat-joie. J'ai donc chanté, ou fait semblant, puis j'ai prévenu tout le monde.

« Attention, il ne reste que trois minutes. À 2 heures, on arrête tout ! »

« Mais non, mon Guy, on va continuer ! On ne peut pas s'arrêter comme ça. »

« Non, Gérard, j'ai dit qu'on arrêtait à 2 heures, on arrêtera à 2 heures ! »

« Allez, on peut pousser encore une demi-heure ! »

« Non, on arrête ! »

Et comme il s'empara du micro pour reprendre une autre chanson, j'ai aussitôt attrapé la table de mixage dans mes mains pour le défier.

« À ton avis, je peux le jeter à combien de mètres ? »

« Tu es fou, ne fais pas ça, ça vaut 300 000 francs cet engin ! »

Il stoppa son tour de chant, la lumière se ralluma et… je fus copieusement sifflé par tous mes joueurs et leurs épouses. Qu'importe : il était 2 heures, tout le monde au lit !

N'ayant qu'une confiance modérée en leur volonté d'aller se coucher, j'ai endossé un manteau et je me suis posté devant la borne d'entrée de l'hôtel jusqu'à 5 heures du matin. Je pense que, cette nuit-là, personne n'est sorti. Mais il est vrai, aussi, qu'au loin, j'ai pu observer quelques ombres apparaître et disparaître. Certains avaient peut-être réussi à déjouer ma vigilance…

Mozart, pas Hitler

Le soir de notre élimination en quart de finale de la Ligue des champions par le Borussia Dortmund, en 1997, je n'avais pas pu me retenir. En conférence de presse, j'avais chauffé la salle. Premier assaut : « Je ferai une remarque liminaire : on aurait pu trouver un autre arbitre qu'un Autrichien pour diriger ce match. Sa désignation a trop facilité la conversation avec les joueurs allemands. » Autre salve : « Je n'affirme pas que c'est grâce à cela que le Borussia s'est qualifié, mais sa situation était confortable. M. Benko, quand il ouvre son poste de télévision, tombe sur les images de la Bundesliga… » Enfin, la dernière pique fit plus de bruit : « On ne peut pas choisir un arbitre autrichien pour diriger un match contre des Allemands, les deux pays ont une trop longue Histoire commune et trop de héros en commun. »

Je vis le visage des journalistes se crisper. Ils supposaient tous que j'avais fait référence à Hitler, dont je n'avais pourtant pas prononcé le nom. Il fallait vite reprendre la main. « Je parlais de Mozart, bien sûr ! » Là, sourires dans la salle, sans plus.

Dès le lendemain, l'ambassade d'Autriche protesta officiellement auprès du gouvernement français, qui fit redescendre la protestation jusqu'à la Fédération, laquelle me demanda d'exprimer des excuses. « Vous avez dépassé les limites », me reprocha le secrétaire général de la FFF.

J'ai aussitôt cherché la photo où Hitler entrait dans Vienne sous les vivats de la foule agitant des drapeaux autrichiens. Après l'avoir trouvée, je rappelai le score du référendum organisé par les nazis pour légitimer l'annexion de l'Autriche : 99,73 %. Et je collai le tout sur une feuille, accompagnée de mes plates excuses et de ma signature.

Les services de la FFF me rappelèrent : « Mais vous voulez déclencher une Troisième Guerre mondiale ou quoi ? Nous ne pouvons pas envoyer cette lettre à l'ambassade ! »

« Alors ne l'envoyez pas ! C'est un fonctionnaire de l'ambassade d'Autriche qui, probablement, vous a demandé d'intervenir. Vous l'avez fait, très bien. Mais il ne vous en reparlera plus ! »

« Je suis obligé d'insister, la demande a transité par le ministère des Sports. »

« Mais il ne vous réclamera rien non plus, ne vous en faites pas… »

J'avais réussi à noyer le poisson et, finalement, je n'ai jamais eu de nouvelle d'une affaire qui fut vite oubliée. Ni l'ambassade, ni le ministère, ni la Fédération : personne ne se manifesta. Ils s'étaient tous agités pendant quarante-huit heures, en brassant du vent, avant de se consacrer à d'autres dossiers plus importants que le mien.

En attendant, la situation m'avait beaucoup amusé.

La question qui change tout

Le profil de William Gallas m'intéressait. Jeune stoppeur formé à Caen, il était international des moins de 20 ans et son talent naissant me sauta très vite aux yeux. Je souhaitais le recruter, aussi avions-nous organisé, avec son agent, un rendez-vous dans un grand hôtel parisien pour parler ensemble d'un éventuel transfert à Auxerre. En ce printemps 1997, la concurrence avec l'Olympique de Marseille était réelle mais les propositions financières des deux clubs n'étaient pas si éloignées l'une de l'autre. Au cours de la conversation, Gallas manifesta un léger penchant pour nous car il avait envie de travailler sous ma responsabilité. Il pensait que le cadre que je pouvais lui offrir lui permettrait de poursuivre sa formation de jeune footballeur dans d'excellentes conditions. Vu la tournure de la discussion, je croyais vraiment que sa décision basculerait du bon côté, jusqu'à ce qu'il me pose une question qui changea la donne.

« Monsieur Roux, est-il exact que vous empêchez vos joueurs d'aller en boîte de nuit ? »

« Oui, c'est vrai ! »

« Vous confirmez, donc ? »

« Tout à fait ! »

« Alors, monsieur Roux, je n'irai pas chez vous. Je vais aller à Marseille... »

Voilà comment j'ai raté le recrutement d'un grand espoir du football français que je tenais presque dans ma main et qui s'échappa au tout dernier moment. J'avais une sorte de théorème personnel que je développais souvent dans mes conférences : « Une nuit de discothèque = trois matchs. » J'ajoutais : « Allez vous promener sur les Champs-Élysées un mercredi soir d'une semaine sans tour de Coupe d'Europe, vous y verrez le gotha du football européen. »

L'honnêteté intellectuelle m'oblige à dire que, même avec les sorties en boîte dont il ne voulait apparemment pas se priver, William Gallas devint un très bon défenseur central. Elles ne l'empêchèrent pas de porter le maillot de l'équipe de France à quatre-vingt-quatre reprises et de défendre les couleurs de trois clubs de Londres : Arsenal, Chelsea et Tottenham.

Tant mieux pour lui. Tant pis pour moi.

Moitié, moitié

Quand un agent me rendait visite avec le jeune joueur dont il défendait avec ardeur et dévouement les intérêts, en présence de la maman du gamin, je laissais la discussion se dérouler. Étaient abordés les différents aspects relatifs à l'arrivée du nouvel élément à Auxerre : humain, sportif, éducatif, financier... Rien n'était laissé dans l'ombre. Alors, lorsque la question de la commission arrivait sur le tapis, je regardais l'agent fixement dans les yeux : « Bon, pour la commission, naturellement, vous la partagerez équitablement avec la maman, après tout ce qu'elle a fait pour le petit. » Je le voyais blêmir, pratiquement à chaque fois. Je m'en amusais beaucoup. Pour le reste, je n'ai jamais été au-delà de ce que le club pouvait faire en termes de proposition financière. Mais je n'ai jamais été en deçà de ce que le joueur méritait. Car j'ai toujours su que si Auxerre sous-payait un joueur, il sous-jouerait.

Et ça, ce n'était pas concevable !

Le bébé donne des ailes

Pendant la Coupe du monde 1998, j'ai effectué de nombreux commentaires de matchs pour TF1, dont les trois impliquant le Chili. J'avais pu admirer la sobriété et l'efficacité de Pedro Reyes, l'arrière central de la sélection chilienne, dont le comportement exemplaire retint mon attention. Six mois plus tard, en fin de contrat avec son club de Colo-Colo, Pedro Reyes chercha à rebondir en Europe et, conseillé par son agent Omar Da Fonseca, il s'engagea finalement avec nous. Son transfert revêtait une certaine importance : il était le premier joueur sud-américain à intégrer notre effectif – et il fut d'ailleurs le seul durant toute ma carrière auxerroise. L'événement rejaillissait aussi sur le football français, qui n'avait plus vu de Chilien depuis plus de vingt ans avec le passage d'Ignacio Prieto à Lens et Laval et celui d'Alberto Fouilloux à Lille.

Sans qu'il ne soit personnellement en cause, l'arrivée de Pedro Reyes coïncida avec l'une des périodes les plus noires du club sur le plan sportif. Après un large succès sur Lorient (5-0), le 16 janvier 1999, lors de la 21e journée, nous n'avions plus remporté la moindre victoire pendant les douze journées suivantes ! Je ne savais plus trop quoi faire, j'étais même désemparé, incapable de trouver la moindre solution pour nous sortir de l'ornière.

La veille d'Auxerre-Rennes, décisif pour notre maintien en Ligue 1, notre mise au vert dans le Morvan s'annonçait pesante. Mais elle fut égayée par un événement inattendu. La femme de Pedro Reyes était retournée au Chili où elle devait accoucher dans une clinique d'Antofagasta. Vers 22 heures, je le voyais soucieux près du téléphone. Une demi-heure plus tard, nous apprenions que sa femme venait de donner naissance à une petite fille. Il laissa percer une émotion bien compréhensible. À ma demande, tous les joueurs nous ont alors rejoints, pour que nous remettions une gourmette que j'avais achetée. Dans cette atmosphère morose que nous traversions, il y eut un moment d'allégresse générale qui nous requinqua.

Le lendemain, face à Rennes, Pedro Reyes marqua le premier but de notre délivrance collective sur une reprise de la tête. Le seul but à son actif en trois ans de présence à Auxerre !

Son bébé lui avait manifestement donné des ailes.

Grâce à lui, nous avions évité l'enfer de la relégation.

La fleur jaune du bonheur

À chacune de nos mises au vert, que ce soit à Auxerre, dans une autre ville en France ou à l'étranger, je n'avais qu'une idée en tête : trouver une fleur jaune. Il m'en fallait une, absolument. Une petite, une moyenne, une grande, une belle, une fleur de pissenlit au besoin, mais une jaune ! Dans la poche de mon éternel K-Way en plastique, je cachais toujours une fleur jaune, qui avait le don inestimable de me porter bonheur. Je la remplaçais, au fur et à mesure des matchs, par une nouvelle. J'en ai cueilli des milliers et, si je les avais toutes gardées, j'aurais aujourd'hui une sacrée collection. Dans toutes les activités humaines qui requièrent une part de hasard, on essaie de mettre les forces supérieures à son service. On les appelle à l'aide. C'est un peu ce que je faisais. De la même façon, je garais toujours ma voiture à la même place, au parking du stade, près de la piscine. Elle était située loin du vestiaire mais tant pis : c'était la place qui gagnait. C'est là que je l'avais garée quand l'AJA accéda pour la première fois à la Première division. Je ne pouvais pas en changer, c'était plus fort que moi.

C comme Chirac et chablis

Mon grand-père était sorti trois fois des tranchées en courant, en 1914. Le jour des assauts, il avait vu mourir tous ses copains autour de lui, il fut lui-même blessé par un éclat d'obus, et on avait voulu lui couper la jambe. Il avait été aussi fait cinq ans prisonnier en Poméranie.

Pourtant, il ne reçut aucune distinction. Pas même la Croix de Guerre. Alors, par solidarité, pendant longtemps j'ai refusé la médaille du Mérite national qu'on voulait me remettre. Un an avant sa mort, mon grand-père m'expliqua qu'elle marquait la reconnaissance de la République, et qu'il fallait que je l'accepte. J'étais donc allé la chercher, puis j'eus droit à la Légion d'honneur. La première fois en 1999, où je fus fait chevalier par Jacques Chirac; je me trouvais juste à côté de Jean Reno.

Jacques Chirac lut un texte écrit par ses collaborateurs, du genre: «Guy Roux est un chantre du chablis, dont il possède quelques arpents...» Dès mon retour à Auxerre, je lui avais expédié une caisse de bonnes bouteilles en lui indiquant, dans un petit message de remerciements, qu'il valait mieux laisser passer trois ou quatre semaines avant de les boire. Le même colis fut adressé à son directeur de cabinet, Bertrand Landrieu, qui avait été gardien de but de l'équipe des 12 ans d'Appoigny. Cinq jours plus tard, la secrétaire de l'AJA me passa un appel en provenance de l'Élysée, en baissant le timbre de sa voix: «C'est le président...» Jacques Chirac me remercia pour le colis et s'excusa presque: «Avec Bernadette et Claude, nous vous avons désobéi. Nous avons ouvert une bouteille: ce chablis est vraiment excellent!»

La seconde fois, en 2008, j'ai été fait officier par Nicolas Sarkozy, qui commença son discours par ces mots: «Guy Roux, c'est une marque!» À ma droite, un monsieur était promu au même grade que moi. Pilote dans l'unité de chasse Normandie-Niémen, lors de la Seconde Guerre mondiale, il avait inventé ensuite la Méhari, une voiture avec une carrosserie en plastique vendue à un million d'exemplaires, et le berlingot de shampooing Dop.

Une profonde gêne s'empara de moi. Comment pouvais-je figurer dans la même promotion d'un homme tel que lui ? Qu'avais-je fait de si important, dans ma vie, pour mériter un tel honneur ?

Opération recrutement au bar

L'équipe d'Auxerre se rendait traditionnellement à la montagne pour préparer chaque saison. En Suisse, notamment, dans le village d'Anzère, dans le Valais, juste au-dessus de Sion. J'avais pris mes habitudes là-bas, et il m'arrivait assez souvent de boire un coup de fendant avec les dirigeants du club du village, des paysans pour la plupart. En cet été 2002, le FC Sion venait de déposer son bilan, et je m'inquiétais auprès de mes amis du sort réservé aux nombreux joueurs sous contrat.

« Il n'y a pas de bons joueurs à prendre dans cette équipe ? »

« Bien sûr que si ! »

Un gars m'invita à m'éloigner du bar et à regarder vers l'extérieur.

« Tu vois la vallée au loin ? Juste après, y a un village où vit un jeune qui s'appelle Grichting. Un bon petit jeune qui promet. Celui-là, il vaut le coup. »

« Et il n'a pas de boulot ? »

« Ben non. »

« Je peux le voir ? Vous avez son téléphone ? »

Il alla chercher l'annuaire, et trouva son numéro. Cinq minutes après, je lui parlai. « Ça vous dirait de venir une semaine en stage avec nous ? » Il ne mit pas longtemps avant d'accepter. L'essai fut probant.

Dix jours plus tard, Stéphane Grichting repartait avec nous à Auxerre, où il resta… dix ans ! Il devint international et fut la clé de voûte de la sélection suisse qui infligea à l'Espagne sa seule défaite pendant la Coupe du monde 2010. Une très belle réussite.

J'étais toujours à l'écoute, prêt à sauter sur la moindre occasion. Il avait suffi que des paysans, venus souffler au bar avant de remonter en altitude pour se préoccuper de leurs vaches, m'entreprennent au coin du zinc, pour que l'idée du transfert prenne forme.

Ils n'étaient pas agents mais ils avaient de bons tuyaux.

Suivez le guide !

Je ne me rappelle plus exactement pour quelles raisons je m'étais égaré aux abords du Bourget en cet automne 2005. J'avais dû faire fausse route à un croisement et je n'arrivais plus à me repérer pour me rendre à mon hôtel ! J'avançais dans la nuit noire avec ma Citroën sans trop savoir ce que j'allais découvrir devant moi : des émeutes déchiraient la banlieue parisienne et un climat d'insécurité régnait dans les rues. Et puis, la galère ! Une bande de jeunes avec des capuches m'arrêta alors qu'à cent mètres de là des voitures brûlaient. Sans me démonter, j'ouvris ma portière pour leur demander la direction que je devais emprunter. Le leader du groupe me reconnut, et ses copains affluèrent vers moi en courant. « C'est Guy Roux, c'est Guy Roux ! T'es gonflé, toi, de venir dans les parages parce qu'ici ça craint ! » Ils étaient comme des fous, tous très sympas avec moi, presque chaleureux. Il est vrai que ma connaissance du football africain et ma proximité avec certains joueurs comme Basile Boli ou Djibril Cissé m'ont toujours rendu populaire dans les cités. Le chef exigea d'un type en Clio qu'il me mène jusqu'à mon hôtel pour me dépanner. Avant de le prévenir : « Fais gaffe, c'est bourré de CRS dans le coin… »

Noah dans les toilettes à cause de Sarkozy

On ne le sait peut-être pas mais je suis aussi l'entraîneur d'une équipe composée de députés et de sénateurs qui, chaque année depuis 2006, donne la réplique au Variétés Club de France dans le cadre d'un match à but caritatif, remarquablement organisée par Marie Lebey, une femme dynamique qui travaille dans l'événementiel. Une équipe très particulière puisqu'elle présente la particularité de ne jouer qu'une seule fois par an, sans assurance et sans licence. Dans le vestiaire, j'installe mon *paperboard* où je coche les noms des arrivants, députés ou sénateurs, de toutes sensibilités politiques : de droite, du centre ou de gauche. Entre ceux qui devaient venir et qui sont finalement retenus ailleurs, et ceux qui n'avaient pas prévu de venir et qui ont finalement pu se libérer, l'inventaire des forces en présence n'est pas toujours facile à établir. Surtout quand l'un n'entend jouer que la première demi-heure car il a un avion à prendre ou l'autre dix petites minutes car une réunion l'attend à l'Assemblée. Mais je jongle avec les impondérables ! Je n'ai qu'une crainte, en réalité : perdre un de mes joueurs en cours de route, sur le terrain ! Ce sont des hommes qui ne sont plus tout jeunes, qui mangent bien pour la plupart, et dont le niveau d'entretien physique n'atteint pas les sommets. Je redouble de vigilance devant mon banc de touche, et je m'inquiète en permanence de leur état de santé.

L'atmosphère est toujours bon enfant, et je vis chaque fois des moments très agréables. Une année, j'avais interpellé Maxime Gremetz, député communiste de la Somme, avant d'entrer sur le terrain : « Bien sûr, je vous mets à l'aile gauche ! » Du tac au tac, cela donna : « Moi à gauche ? Jamais de la vie ! » Et il préféra trouver refuge à un autre endroit sur le terrain. Une année, j'ai associé Jérôme Cahuzac, ministre du Budget, arrière latéral, à Éric Woerth, son prédécesseur au ministère, en position de milieu droit. C'était une situation assez cocasse. Deux ans auparavant, François Baroin, un très bon joueur de football, proche du niveau CFA, me fit part de son forfait par téléphone : « Excusez-moi, monsieur Roux, je ne vais pas pouvoir me libérer : je planche sur le budget de la France… » Dans ces conditions…

Mais l'anecdote la plus croustillante concerne Nicolas Sarkozy. Ministre de l'Intérieur, il devait prendre part à notre match en 2006, et je m'étais naturellement préparé à lui réserver une place au sein de l'équipe. Hélas pour lui, la gestion des incidents à la Sorbonne occupait toutes ses pensées et l'empêchait de fouler la pelouse du Parc des Princes. Souhaitant toutefois honorer l'invitation qui lui avait été faite, il arriva à la mi-temps pour saluer rapidement les deux équipes. Et là, on frisa un autre type d'incident. Yannick Noah avait déclaré que si Nicolas Sarkozy était élu président de la République, l'année suivante, il quitterait la France. Il semblait prêt à le lui dire de vive voix mais Jacques Vendroux, manager du Variétés, le ramena à la raison. Il pria Yannick Noah de s'enfermer dans les toilettes du Parc pendant que Nicolas Sarkozy faisait la tournée des vestiaires pour serrer les mains de tous les participants !

Jamais la mi-temps d'un match de football ne dura aussi longtemps. Sans doute beaucoup plus pour Yannick Noah que pour nous tous.

Mylène, pas Gloria !

J'avais passé un après-midi formidable à l'Emirates Stadium, à Londres, où Manchester United venait de battre Arsenal (3-0) grâce à trois attaques fulgurantes. Dans l'Eurostar qui me ramenait à Paris, dans la soirée, je me suis installé en face d'un *trader* qui me parla de son métier. C'était instructif. À côté de nous, deux jolies femmes – une rousse, une blonde – conversaient discrètement. Le *trader* paraissait très excité et me souffla, l'air entendu : « Regardez, c'est Mylène Farmer... » J'ignorais qui elle était. « C'est une chanteuse. » Au bout d'un moment, après avoir réfléchi, je décidai d'engager la discussion.

« Excusez-moi, je ne connais pas très bien le nom des chanteurs et des chanteuses modernes. C'est bien vous qui avez fait danser la France entière pendant la Coupe du monde 1998, avec cet hymne célèbre ? »

Elle me regarda, visiblement surprise. Je pensais à la chanson « I Will Survive ».

« Ah non, vous faites erreur ! »

« Ah bon, je suis désolé... »

Je l'avais confondue avec Gloria Gaynor. Pauvre de moi ! Elle rigola, tout en m'avouant qu'elle ne savait pas qui j'étais, contrairement à son amie qui avait entendu parler de moi.

De retour à Auxerre, j'ai cherché quelques renseignements sur cette fameuse Mylène Farmer. J'appris qu'elle était très populaire, qu'elle se produisait très peu sur les plateaux de télévision mais qu'elle était l'une des rares artistes françaises à pouvoir remplir le Stade de France !

Je n'étais vraiment pas à la page...

Pour présider la 152e vente aux enchères des vins des Hospices de Beaune, en novembre 2012, les organisateurs firent appel à trois personnalités : Carla Bruni-Sarkozy, Gérard Depardieu et moi. Retenu en Pologne pour le tournage d'un film, Gérard déclara forfait au dernier moment. Je fus présent pendant les deux jours de la manifestation, alors que Carla Bruni-Sarkozy ne l'honora de sa présence qu'à partir du dimanche midi. La grande table du déjeuner était aménagée dans la salle Louis XIV de la mairie de Beaune. Elle avait été baptisée ainsi car, Anne d'Autriche n'arrivant pas à avoir d'enfant, on l'incita à venir à Beaune où le climat, disait-on, était propice à la fécondation. La légende veut que Louis XIV ait été conçu en ce lieu. D'après mes suppositions toutes personnelles, fruits de quelques recherches, c'est un Bourguignon de très grande qualité qui aurait aidé Louis XIII dans son entreprise. Mais ceci est une tout autre histoire.

Un peu réservée, presque timide, Carla Bruni-Sarkozy salua tout le monde en arrivant. En s'approchant de moi, elle me déclara :

« Vous êtes Guy Roux ? Je suis Carla Bruni… »

« Enchanté, je suis ravi de faire votre connaissance. »

« Nous allons œuvrer ensemble cet après-midi. Je pense que ce sera agréable. »

« Je n'en doute pas. Tenez, pendant que je vous tiens, pourriez-vous demander à votre époux qu'il se prépare à revenir aux affaires, si jamais la situation l'exige… »

« Alors là, il faudra qu'il me passe sur le corps ! »

Et elle éclata de rire.

Après le déjeuner, nous nous sommes installés tous les deux face à une vaste assemblée comprenant au moins deux mille personnes, parmi lesquelles de nombreux

Russes et Chinois fortunés. Un objectif clair nous était assigné : vendre au prix fort la « Barrique du président », d'une contenance de 260 litres. Le record appartenait à Fabrice Luchini qui, lors d'enchères précédentes, avait réussi à atteindre la somme record de 180 000 euros. Nous avions bien l'intention de le battre, et Carla Bruni-Sarkozy annonça très vite la couleur, histoire de faire monter les prix.

« Si quelqu'un se décide à mettre 200 000 euros, je suis prête à livrer moi-même le vin ! » Que n'avait-elle dit : la barre fut vite franchie. Si vite qu'elle reprit la parole : « À 250 000 euros, mon mari vient avec moi ! » Ce fut l'effervescence dans la salle. Un richissime Ukrainien mit la main sur la fameuse barrique pour 260 000 euros. Il s'avança vers l'estrade, reçut les félicitations de Carla Bruni-Sarkozy et déclara à l'assistance : « Je suis très fier d'avoir gagné. Quand le vin me sera livré par M. et Mme Sarkozy, je le remettrai aussitôt aux enchères au profit d'une œuvre humanitaire... »

Le délai de livraison, incompressible, étant de deux ans, c'est dans le courant de l'automne 2014 qu'il devrait voir arriver devant le pas de sa porte l'ancien président de la République, accompagné de son épouse. À moins que ce ne soit l'inverse.

D'un Brésil à l'autre

Mon père ne pratiquait pas le football, ou occasionnellement. Il était plutôt porté sur l'athlétisme, le 100 mètres en particulier dont il avait fait sa spécialité. Ma mère, elle, n'avait rien d'une sportive accomplie. Mais tous les deux ne ratèrent pas l'occasion de suivre un match de la Coupe du monde 1938 dont l'organisation avait été confiée à la

France. Ils habitaient à Neuf-Brisach, dans le Haut-Rhin, à quelques centaines de mètres de la frontière. Pas très loin, non plus, de Strasbourg où, le 5 juin 1938 au stade de le Meinau, le Brésil se mesura à la Pologne, sous une pluie diluvienne. Le monde entier était curieux de savoir comment se comporteraient ces footballeurs brésiliens relativement inconnus, qui avaient cependant démontré à ceux qui les avaient approchés leurs exceptionnelles qualités de jongleurs de balle et leur aisance stupéfiante à exécuter des gestes difficiles au plan individuel. Enthousiasmés par ce match qui fut présenté comme le premier « match du siècle » de la compétition, mes parents vécurent un événement inoubliable, dont mon père me parla souvent. Ma mère se leva de son siège à chaque but marqué, pour exprimer sa joie. Elle exécuta ce mouvement pas moins de onze fois en deux heures : le match se termina en effet sur le score de 6-5 en faveur des Brésiliens, après prolongation. Elle aurait pourtant pu se ménager : elle était enceinte de cinq mois. Et le petit bonhomme qu'elle portait dans son ventre n'était autre que… moi ! Je ne peux donc pas dire que j'ai assisté à ce match historique mais je peux affirmer, en revanche, que j'y étais. C'est ce jour-là, sans doute, que me sont venus mon goût pour le football d'attaque et mon envie d'entraîner des équipes offensives. Et depuis, à chacun des matchs des représentants de la Seleção, j'ai une tendre pensée pour ma mère qui, il y a soixante-quinze ans, m'a transmis le virus du football sans le savoir.

30

Un Brésil à multiples facettes

Une trop grande charge émotionnelle

Cette nuit-là, je ne suis pas prêt de l'oublier. En sortant du stade de Belo Horizonte, ce mardi 8 juillet 2014, la tête encore un peu engourdie par l'incroyable spectacle auquel je venais d'assister, j'ai rejoint notre bus, garé à une centaine de mètres, en contrebas de l'entrée principale. J'étais le premier à grimper dedans, les autres, la plupart des journalistes, travaillaient encore frénétiquement dans la salle de presse surpeuplée. Ils viendraient plus tard. Comme j'avais le choix de la place, je n'ai pas hésité une seconde : je me suis assis dans la première rangée, où je pouvais allonger mes jambes. Je me suis emparé d'une couverture, j'ai saisi un oreiller, j'ai avalé un cachet et je n'ai pas demandé mon reste. Je peux dormir à n'importe quelle heure et en tout lieu. Rien ne me perturbe. Lorsque j'ai ouvert les yeux, environ sept heures plus tard, le bus était arrivé à destination. Plus précisément à Rio de Janeiro, après un parcours de quatre cent cinquante kilomètres. Une nuit entière passée à rouler pour découvrir le jour se lever en front de mer.

En regagnant mon hôtel à Ipanema, un quartier chic et branché, au sud de la ville, j'ai eu l'impression d'avoir fait un mauvais rêve – comme le peuple brésilien prostré depuis plusieurs heures, perdu dans ses pensées lugubres. Mais je n'avais pas rêvé, et les gros titres des journaux étaient là pour me ramener à la réalité : la veille, à Belo Horizonte, dans cette grande ville de l'État du Minas Gerais qui signifie « Horizon magnifique », le Brésil avait été laminé par l'Allemagne (1-7) en demi-finale de la Coupe du monde. Je n'avais jamais vu une telle raclée de ma vie. Je n'en reviens toujours pas.

Tout avait pourtant bien commencé dans un pays qui accueillait la compétition pour la seconde fois de son histoire, après l'édition organisée en 1950. On prétendait que le peuple brésilien y était violemment hostile. Il estimait qu'au lieu de construire des stades il aurait mieux valu améliorer l'enseignement, prêter davantage attention à la santé et s'occuper des services publics. Les esprits, paraît-il, s'étaient échauffés depuis plusieurs mois. Je m'attendais au pire. Je n'ai pas vu grand-chose. Un soir, au bas de mon hôtel, une manifestation bloqua la circulation. Il devait y avoir deux cents personnes, guère plus, qui brandissaient des banderoles et criaient des slogans. L'attroupement prit de l'ampleur avec la présence d'une bonne dizaine de voitures de police, tous gyrophares allumés, et une flopée de cameramen, alléchés par de possibles incidents. Il n'y en eut pas. Aucune réelle tension ne flottait dans l'air. Ce fut la seule manifestation à laquelle j'ai été confronté en un mois de présence au Brésil. Pour un Français, habitué aux défilés revendicatifs qui rythment si souvent notre vie sociale, c'est quantité négligeable. Si une minorité a développé cette idée respectable de contestation, la Coupe du monde était néanmoins souhaitée par une majorité écrasante de la population, en phase avec la culture d'un pays passionné par le *futebol.* Le peuple adhérait. J'ai pu en juger de visu. À Ribeiro Preto, lieu de résidence de l'équipe de France, par exemple, toutes les rues étaient décorées en jaune et vert, et chaque petit commerce arborait des signes extérieurs de soutien à la Seleção. Le jour où la sélection nationale jouait, tout fermait à midi, les écoles, les bureaux et les usines. Il n'y avait plus personne dans les rues, jusqu'au coup de sifflet final. Après, la ville se réveillait bruyamment. C'était la liesse. Jusqu'à ce fatidique mardi 8 juillet.

Que s'est-il passé ce jour-là? Pourquoi le Brésil concéda-t-il cette défaite si stupéfiante? Comment en est-il arrivé à se désagréger? Il existe parfois des événements qui dépassent l'entendement. Parmi le millier de journalistes brésiliens qui suivaient pas à pas la Seleção, plusieurs m'ont assuré que, l'avant-veille de la demi-finale, le sélectionneur brésilien avait organisé un match d'une heure, disputé avec acharnement par des joueurs qui cherchaient à gagner coûte que coûte leur place de titulaire. Ont-ils laissé un surcroît d'énergie dans cette confrontation interne? Sont-ils apparus, le jour J, sans aucun ressort? C'est une hypothèse à laquelle je donne un peu de crédit. Sans plus. Autre raison invoquée: l'absence de Neymar, la jeune star, pour cause de blessure contractée lors du match précédent. Toute l'ambition du Brésil reposait sur ses frêles épaules, de façon assez étonnante car il ne présentait pas une stature telle qu'il pouvait répondre à lui seul à une attente aussi démesurée. Ses coéquipiers cherchèrent à compenser son absence, manifestant ostensiblement leur désarroi, comme s'ils étaient devenus subitement orphelins. Ce fut une erreur. Une de plus. Mais faut-il aller chercher ailleurs les causes de cet effondrement historique? Je le crois. Conditionnés par un environnement proche du fanatisme, les joueurs voulaient représenter leur pays bien au-delà de ce qui leur était réclamé par le peuple brésilien. La pression psychologique qu'ils s'imposèrent fut trop forte. On a vu Thiago Silva en pleurs, David Luiz en transe, comme si leur vie dépendait d'un match de football. Chacun aura pu évaluer, en cette circonstance, la démesure de ce sport – suis-je presque au regret d'admettre. On me rétorquera qu'il vaut mieux ça que la démesure de la guerre. J'en conviens.

Je me souviens qu'en 1998, à Paris, une sorte de longue chaîne humaine se forma, le jour de la finale, entre Clairefontaine, lieu de résidence de l'équipe de France, et le Stade de France. Au passage du bus des Bleus, le périphérique parisien était pratiquement à l'arrêt ! Le transfert d'émotions avait été aussi phénoménal qu'au Brésil, mais il fut mieux digéré par la sélection française, en raison d'un tempérament national moins volcanique et de la présence dominante, dans le groupe, d'individualités réservées comme Laurent Blanc, Didier Deschamps ou Zinedine Zidane. On ne comptait pas beaucoup d'exaltés en équipe de France ! Peut-être Fabien Barthez, dans un autre contexte, aurait-il donné libre cours à son caractère plus méridional. Et encore… La plupart des internationaux brésiliens sont chrétiens, d'une confession voisine des religions britanniques, beaucoup plus mystique que le catholicisme. Ils prient, ils invoquent le ciel, ils se signent. Il suffit d'observer comment se comportent les Brésiliens du PSG avant chaque match, ou lorsqu'ils marquent un but, pour comprendre que la religion façonne leur personnalité. Mais, le 8 juillet, la foi ne leur fut d'aucun secours, ils craquèrent tous, les uns après les autres, victimes d'un phénomène bien connu : celui des jambes de laine. Il est équivalent à l'annonce d'une catastrophe qui, subitement, s'abat sur vous. Quand vous apprenez qu'un de vos proches vient de mourir, vous ressentez un trouble profond, comme si le sang ne circulait plus dans votre corps. Vous vous tenez à un mur pour éviter de tomber. Les Brésiliens vécurent cette situation en entrant sur le terrain. Dès lors, ils étaient condamnés.

Ce mardi 8 juillet 2014 restera à tout jamais, pour le pays, un jour de deuil national. En arrivant à Rio de Janeiro le lendemain, au petit matin, après ce voyage en bus si particulier, je m'en rendis vite compte. Dans les stands, près de Copacabana, les maillots du Brésil avaient déjà été retirés de la vente, comme si les marchands ressentaient une honte à les proposer au public. Cette décision fit un heureux : moi ! On me sait économe, et j'attendais la baisse des prix pour m'en procurer quelques-uns, histoire de faire plaisir à plusieurs membres de ma famille et à quelques amis. Il n'y en avait plus sur les étalages ? Qu'importe ! J'en achetai à un marchand ambulant, qui les exposait sur un trottoir. Sans même avoir besoin de marchander, il me fit un très bon prix. L'élimination de la Seleção, finalement, avait eu du bon pour mon porte-monnaie.

Bleus, un chaînon manquant

Au Brésil, l'équipe de France a bénéficié d'un parcours plus clément que d'autres sélections, bien plus mal loties. Elle n'est pas tombée, par exemple, sur les Pays-Bas ou l'Angleterre et, sans diminuer son mérite, hériter du Nigeria en huitième de finale ne relevait pas de la mission impossible. Il n'avait rien à voir avec celui des années 1990, lorsque Taribo West en était l'un des leaders. J'espère, pour la morale publique, que seul le hasard a bien fait les choses. Pour avoir fréquenté, un jour, un prestidigitateur, je pense en effet qu'il est possible d'arranger tous les tirages au sort du monde. Lors d'un séjour au Hilton de l'île Maurice, où j'étais invité, il y a quelques années, je déjeunai en face d'un homme que je ne connaissais pas. J'engageai la conversation.

« Que faites-vous comme métier ? »

« Je suis magicien. J'ai un contrat avec le Club Med, où j'assure la saison. Je m'accorde ensuite une semaine de repos dans cet hôtel. »

Arriva le patron de l'établissement, venu saluer ses clients. On plaisanta ensemble. Et je l'avertis :

« Dites, faites attention à votre portefeuille, vous avez face à vous un magicien, il est capable de tout… »

Amusé, le directeur prit congé de nous après cinq bonnes minutes, et se dirigea vers une autre table. C'est alors que le magicien l'interpella :

« Monsieur, monsieur, vous avez oublié votre montre ! »

Il la tenait dans sa main et la lui rendit, avec un large sourire. Puis, il le rappela.

« Décidément, c'est pas votre journée : vous avez aussi oublié votre portefeuille. »

Malgré la présence de témoins, il avait réussi à subtiliser la montre à son poignet et le portefeuille dans sa poche sans se faire surprendre. On n'y avait vu que du feu. C'était à peine croyable. Depuis ce jour-là, je sais que tout est possible, y compris de manipuler un tirage au sort. En Coupe de France, lorsque PSG tirait systématiquement des équipes inférieures, on évoqua non sans raison, me semble-t-il, ce fameux principe des boules chaudes et des boules froides qui autorisait tous les miracles. Et qui me faisait personnellement enrager. Si l'équipe de France n'a pas réalisé de miracle, battue en toute logique par le futur vainqueur de l'épreuve, l'Allemagne, en quart de finale, elle a tenu honnêtement son rang. Pour qui se remémore les événements de Knysna, quatre ans plus tôt, le progrès fut assez considérable. Il s'illustra, d'abord, par l'excellente communication du sélectionneur, Didier Deschamps, qui ne laissa jamais percer la moindre agressivité, même quand les questions, notamment sur Franck Ribéry, lui déplaisaient. Alors que Raymond Domenech prenait un malin plaisir à se moquer de ses interlocuteurs et que Laurent Blanc se donnait un mal fou à justifier ses choix, lui pratiquait avec habileté le sens de la rhétorique et l'art de l'esquive. Il frisait parfois la perfection. Quand Deschamps ne veut rien dire, il est le roi ! C'est toute la science d'un entraîneur : il ne doit jamais donner des armes à son adversaire en livrant à l'avance son plan de bataille.

Un lundi, j'ai eu le malheur de m'endormir au cours d'une de ses conférences de presse. Le sujet abordé ne m'intéressait sans doute pas mais, surtout, j'étais rentré de déplacement à 4 heures du matin et j'étais totalement épuisé. Impossible de lutter contre le mouvement des paupières qui, peu à peu, s'affaissaient lourdement. Les images passèrent en boucle sur tous les réseaux sociaux dans l'heure qui suivit, et j'en ai entendu de belles sur mon compte. De quoi alimenter les bêtisiers… Autant en rire ! Je me suis également fait remarquer lors d'une autre conférence de presse, donnée par Noël Le Graët une semaine plus tard. Ce jour-là, j'ai posé au président de la Fédération une question que certains de mes confrères journalistes ont qualifiée d'interminable. Elle a certes duré plus de deux minutes, mais au moins tout le monde a pu constater que je ne dormais pas ! Cependant, le plus amusant, à mes yeux, était la tenue que je portais pour l'occasion, un T-shirt noir sur lequel j'avais fait floquer : « GUY ROUX, il n'y a pas que le foot dans la vie. » Là encore, les images ont été largement relayées par les réseaux sociaux. Mais c'était le but. Ce n'est pas parce que je me trouvais loin de la métropole que la promotion de mon livre devait s'interrompre! Une promotion qui m'aura bien occupé d'avril à début juin 2014. J'ai couvert des milliers kilomètres, dédicacé presque autant de livres, arpenté de nombreux studios de radio et de télé – je pense que Laurent Ruquier et Teddy Riner, mon infirmier d'un soir, se souviendront longtemps de mon arrivée pour le moins mouvementée sur le plateau de « On est pas couché ». Après, n'allez pas me dire que la promotion d'un livre est de tout repos. Mais quel bonheur de rencontrer ces fans de tout âge qui viennent vous manifester leur sympathie.

Une Coupe du monde n'est pas non plus de tout repos, notamment pour la caravane des suiveurs à laquelle j'appartenais. Au gré de mes rencontres au Brésil, ou en réponse aux auditeurs d'Europe 1 qui m'interrogeaient chaque jour sur l'antenne, on m'a souvent demandé ce que je pensais de la valeur réelle de l'équipe de France. Dans mon rôle de consultant, je m'interdis de pratiquer la langue de bois. Je répondais donc invariablement : c'est une bonne équipe, mais pas une *très* bonne équipe. Il lui manque le joueur d'exception qui transforme radicalement le destin d'un groupe. Celui qui se montre capable de faire la décision n'importe quand, n'importe où. Celui qui inspire, à lui seul, le jeu d'une équipe. Celui qui invente. Cet oiseau rare, Didier Deschamps ne le possède pas dans son effectif, et il est fort peu probable qu'il puisse se révéler en deux ans pour le championnat d'Europe 2016. Peut-être Paul Pogba sera-t-il un jour celui-là, mais la nature même de son poste limite de fait son influence. Le grand joueur doit de préférence évoluer en position avancée, comme ce fut le cas des deux artistes : Michel Platini et Zinedine Zidane, auxquels on économisait le boulot d'ouvrier. Certains voient en Karim Benzema ce leader tant espéré.

Je le connais depuis longtemps : avec l'Olympique Lyonnais, il venait se confronter à nos équipes de jeunes à Auxerre, et ce fut l'occasion pour moi, à l'époque, de découvrir un talent naissant. Il fait très bien le métier, comme on dit, et il joue parfaitement le jeu en équipe de France. Mais il a contre lui le racisme latent des Français. Quand des gens de mon entourage se déclaraient furieux après la grève des joueurs à Knysna, ils tempêtaient : « Il ne faut plus jamais les sélectionner, jamais, jamais, jamais ! » Je les questionnai : « Mais qui visez-vous en particulier ? » Dans leur liste à rallonge, ils inscrivaient les noms de Benzema et de Nasri, soulignés en rouge. Or, ni l'un ni l'autre n'avait été retenu pour la Coupe du monde 2010 ! Désignés coupables alors qu'ils brillaient par leur absence ! Il y a matière à s'interroger. Tant que Benzema inscrit des buts, tout va pour le mieux. Mais s'il a le malheur de ne pas être efficace pendant une longue période, les mêmes rengaines reviennent. « Il ne chante pas *La Marseillaise* » en est une, en forme d'accusation. Mais, en 1984 et en 1998, certains internationaux, et non des moindres, ne la chantaient pas. Qui cela gênait-il ? Et comme il est barbu, on fait parfois référence à des situations ou à des drames extérieurs au football, pour le condamner. Il faut aussi avoir conscience de cette réalité-là, qui n'a rien de réjouissante.

Pour l'heure, Didier Deschamps remplit excellemment sa tâche, et il semble à ce point heureux dans ses habits de sélectionneur qu'il songe déjà à la prochaine Coupe du monde en 2018. L'idée de le reconduire dans ses fonctions jusqu'à cette échéance n'apparaît pas saugrenue : un travail sur le long terme offre la garantie de la continuité et de la cohérence. Pour lui succéder le jour venu, on cite déjà un nom, qui s'imposerait à tous : Zinedine Zidane ! Il s'exprime si peu souvent, quoique toujours intelligemment, que j'ai du mal à percer ses sentiments profonds. A-t-il suffisamment faim pour se mettre à l'ouvrage, et plonger ses mains dans le cambouis? Aura-t-il l'humilité nécessaire pour s'engager dans un parcours du combattant? Quelles réactions manifestera-t-il face à la multitude de problèmes posés à un sélectionneur? Il bénéficiera certes d'un état de grâce. On lui fera crédit de deux matchs. Mais pas un de plus. Dans un grand moment de franchise, Michel Platini m'avoua un jour combien il fut frustré lorsqu'il était le patron de l'équipe de France au début des années 1990 : « Je suis hors de moi quand je vois tout ce que les joueurs ratent à l'entraînement et quand je constate tout ce qu'ils ne distinguent pas en match ! Ça m'énerve tellement ! » Sur l'instant, je n'avais pas osé répliquer. J'aurais dû lui dire cette vérité qui pouvait apparaître blessante : « Tu ne te rends sans doute pas compte qu'ils ont compris que tu les méprisais. Tu n'obtiendras rien d'eux. » Moi, j'admirais mes joueurs, dont je pensais avec raison qu'ils étaient bien meilleurs que je ne l'avais jamais été. Avec Zidane comme sélectionneur, les joueurs risquent de se juger insignifiants en comparaison de sa carrière. Est-ce le meilleur moyen pour les guider sur le bon chemin ?

En route vers la quatorzième

Je conserve un souvenir extraordinaire de la Coupe du monde 2014, et mon seul regret, finalement, ne concerne pas l'épreuve qui m'enchanta du début à la fin. Même en cherchant bien, je n'ai vu aucune Brésilienne de rêve sur le sable de Copacabana ! Pour le seul plaisir des yeux, j'aurais apprécié en croiser une ou deux quand j'allais me baigner le matin, avant de réfléchir à mes chroniques quotidiennes pour la radio. Mais je n'ai pas eu cette chance. À se demander si elles ne me fuyaient pas. Il est vrai aussi qu'à cette heure-là il ne faisait que 10°. Tant pis. J'en resterai aux images d'Épinal qui égaient les magazines imprimés sur papier glacé.

Après le Chili (1962), l'Angleterre (1966), le Mexique (1970), l'Allemagne de l'Ouest (1974), l'Argentine (1978), l'Espagne (1982), le Mexique à nouveau (1986), l'Italie (1990), les États-Unis (1994), la France (1998), le Japon et la Corée du Sud (2002) et l'Afrique du Sud (2010), le Brésil me donna l'occasion d'assister à ma treizième Coupe du monde. J'ai pleinement conscience de ma chance. Que de souvenirs enivrants ! Que de joies partagées ! Que d'émotions ressenties ! Que de rencontres formidables ! Que d'images inoubliables ! Impossible d'en opérer le tri, tant elles se superposent les unes aux autres. Je sais qu'un jour viendra où il faudra que je me retire, de gré ou de force, et que ces grandes compétitions que j'affectionne tant se dérouleront loin de ma présence. Mais je ne me résous pas à abdiquer, et à m'imaginer hors du théâtre des opérations. Je veux finir en beauté en me rendant à la Coupe du monde 2018 en Russie. Il s'agirait de ma quatorzième Coupe du monde. « Mon » top 14 : un record.

Quatorze fois quatre ans : 56 ans au front, à observer les étoiles. Au simple énoncé de ce chiffre, j'en aurais presque le vertige. À moi de me maintenir en forme et de veiller sur ma santé pour pouvoir y prétendre dans trois ans.

Guy Roux, un itinéraire

Bourguignon pure souche, Guy Roux est pourtant né le 18 octobre 1938 à Colmar (Haut-Rhin), où son grand-père maternel, ruiné par la Grande Guerre, avait trouvé du travail. Il est encore enfant lorsqu'il revient en Bourgogne et débute dans l'équipe de son village, Appoigny (Yonne), lieu du berceau familial, avant de rejoindre Auxerre, en 1952, en minimes. Ses études supérieures le conduisent à Poitiers, où il évolue en Division d'Honneur (1957-1958), puis à Limoges, où il dispute le championnat de France amateurs (1958-1961). Sa rencontre avec Pierre Flamion, ancien international rémois, marque sa destinée.

Le 9 avril 1961, à 22 ans, il écrit au président de l'Association de la jeunesse auxerroise (AJA), Jean Garnault, pour poser sa candidature au poste d'entraîneur. Il propose de supprimer les primes de match, réclame une balance et souligne « qu'il n'est pas cher ». Après examen de son dossier, il est nommé entraîneur-joueur de ce club de patronage qui évolue en division d'Honneur. Il en restera l'entraîneur durant quarante-quatre ans, hormis deux intermèdes : en 1962-1963, pour effectuer son service militaire en Allemagne, à Trèves, où il s'occupera de l'équipe du régiment, et en 2000-2001, lorsqu'il laissera sa place sur le banc à Daniel Rolland pour se contenter du rôle de manager. Autodidacte, il fréquente très tôt les stages d'entraîneurs. En 1966, il s'offre même un voyage en Angleterre pour assister à la phase finale de la Coupe du monde, un déplacement financé en écrivant des articles pour le journal local, *L'Yonne républicaine.*

En 1970, l'AJA accède pour la première fois au CFA et équipe son terrain d'honneur d'éclairages afin de pouvoir jouer en nocturne. Quatre ans plus tard, c'est une forme de consécration avec la montée en Deuxième division. L'année 1975 donne lieu ensuite à la création du centre de formation, avec le soutien de l'abbé Bonnefoy, qui cède les terrains du diocèse. En 1979, Auxerre réalise son premier exploit en se qualifiant pour la finale de la Coupe de France. Le 16 juin, au Parc des Princes, les petits Poucet résistent à Nantes mais doivent néanmoins s'incliner (4-1 après prolongation).

Le 21 mai 1980, en battant Cannes lors de la dernière journée, l'AJA parvient à se hisser en Première division, qu'elle ne quittera plus sous l'ère Guy Roux. Ce dernier recrute alors le buteur polonais Andrzej Szarmach, l'un des héros du Mondial 1974. Le 24 juillet 1980, Guy Roux s'assied pour la première fois sur un banc de touche de Division 1, face à Bastia (0-2) dans un match disputé à Toulon. Sa première composition d'équipe est la suivante : Pesant – Denis, Charles, Wieczorek, Noël – Cuperly, Sab, Lanthier – Schaer, Félix, Klose. En 1982, le succès des juniors du club en Coupe Gambardella et la première sélection d'un Auxerrois en équipe de France A, Jean-Marc Ferreri (qui sera suivie de celle de Joël Bats), offrent à son centre de formation une sorte de certificat d'excellence dans la conduite des affaires de la jeunesse. Cette année-là, Guy Roux élargit ses fonctions et devient manager général du club, qu'il continue de structurer. Des locaux neufs dédiés au centre de formation sont construits juste derrière le stade Abbé-Deschamps et, en 1983, l'AJA décroche pour la première fois le titre de champion de France cadets. En 1984, le club termine 3e du championnat de France de D1 et se qualifie pour la première fois en Coupe de l'UEFA. Il la découvre face au Sporting Portugal (0-2, 2-2 après prolongation) et est éliminé. En 1985, le Milan AC tombe à l'Abbé-Deschamps (1-3) mais se qualifie au retour (3-0).

Les années 1990 jettent les fondations du palmarès de l'AJA. Après avoir manqué d'un rien, face à Dortmund (0-2 ; 2-0, 5-6 aux tirs au but), une place en finale de la Coupe de l'UEFA 1993, l'AJA remporte la première de ses quatre Coupes de France en 1994, face à Montpellier (3-0). Deux ans plus tard, il réalise le doublé championnat-Coupe (1-0 contre Nîmes en finale), avec des joueurs comme Laurent Blanc, Bernard Diomède, Alain Goma, Sabri Lamouchi, Lilian Laslandes, Corentin Martins, Franck Silvestre… Puis, l'accession aux quarts de finale de la Ligue des champions dès la première participation (élimination par Dortmund, 1-3, 0-1) marque une nouvelle progression dans la vie du club. En 1998, Guy Roux est pressenti pour assurer la succession d'Aimé Jacquet à la tête de l'équipe de France. Mais Jean-Claude Hamel, son président, ne veut pas le libérer.

Le 22 novembre 1999, Guy Roux reçoit la Légion d'honneur. En mai 2000, il annonce en direct au journal de 20 heures de TF1 qu'il quitte son poste d'entraîneur d'Auxerre, qui sera confié à Daniel Rolland, tout en restant manager général du club. Le 19 mars 2001, il quitte également la présidence de l'Unecatef, le syndicat des entraîneurs qu'il dirigeait depuis 1977, sur fond de polémique avec Raymond Domenech, alors responsable de l'équipe de France espoirs. Deux mois plus tard, il revient aux affaires à la tête de l'équipe professionnelle d'Auxerre, à la demande de son président. Affecté par la disparition tragique de Serge Mesonès, son ancien capitaine emblématique, Guy Roux est opéré en urgence d'un double pontage coronarien, le 23 novembre 2001, un accident cardiaque qui lui fera rater cinq matchs de championnat. Cela ne l'empêche pas de battre le record de l'ancien entraîneur nîmois Kader Firoud en s'installant pour la 783e fois sur un banc de touche de D1, le 11 septembre 2002, lors du déplacement de l'AJA à Sochaux. Le 31 mai 2003, il ajoute une autre ligne à son palmarès en gagnant la Coupe de France contre le Paris-Saint-Germain (2-1). Le 4 juin 2005, contre Sedan (2-1), il remporte ce trophée la 4e fois, égalant le record détenu par le Lillois André Cheuva.

Au total, Guy Roux aura dirigé l'équipe d'Auxerre à l'occasion de 1 184 matchs, dont 890 pendant ses 26 saisons en Première division, 204 pendant les 6 en Deuxième division et 100 en Coupe d'Europe. Après un court passage au Racing Club de Lens (4 matchs, en août 2007), il redevient administrateur de l'association AJA, délégué à la formation.

Denis Chaumier

Table

Cet ouvrage a été composé
par Atlant'Communication
au Bernard (Vendée)

Impression réalisée par

CPI
BRODARD & TAUPIN

La Flèche
en janvier 2015
pour le compte des Éditions Archipoche

Imprimé en France
N° d'édition : 333
N° d'impression : 3007906
Dépôt légal : février 2015